너무 과한데 만족을 모르는

트럼프에 관한 가장 치명적이고 은밀한 정신분석 보고서

너무 과한데 만족을 모르는
TOO MUCH AND NEVER ENOUGH

메리 트럼프
MARY L. TRUMP, PH.D
지음 — 문수혜 · 조율리 옮김

디앤북

나의 딸 애버리Avary

그리고

아버지에게

어둠 속에 남겨진 영혼은 죄를 짓는다.

진짜 죄인은 죄를 짓는 사람이 아니라, 어둠을 만든 사람이다.

– 빅토르 위고, 『레미제라블』

이 책에 수록된 내용 대부분은 내 기억에서 길어 올린 것들이다. 직접 경험하지 않은 사건들은 가족과 이웃, 측근들과 나눈 녹음된 대화나 인터뷰에 의존했다. 몇몇 대화는 개인적인 기억과 다른 이들의 말을 참고하여 재구성한 것이다. 따라서 이 책에 인용된 대화는 단지 누군가의 말을 그대로 옮겨 적은 것이라기보다는 대화의 참뜻을 재창조하는 방향으로 수록하였음을 밝힌다. 이외에도 나는 법률 문서, 은행에서 발행한 영수증, 납세 신고서, 일기장, 가족 문서, 서신, 이메일, 문자 메시지, 사진을 비롯한 기타 여러 기록물을 참고했다.

　이 책의 전반적인 배경은 《뉴욕타임스》에 의존했다. 특히 2018년 10월 2일에 게재된 데이비드 바스토David Barstow, 수잔 크레이그Susanne Craig, 러스 뷰트너Russ Buettner의 폭로 기사가 이 책을 집필하는 데 큰 도움을 주었다. 그 밖에도 《워싱턴포스트》, 《배니티페어》, 《폴리티코》 등의 보도 기사나 TWA 항공사 박물관의 웹사이트, 책 『노먼 빈센트 필의 긍정적 사고방식』을 참고했다. 놀이공원인 스티플체이스파크에 관한 배경지식은 '코니아일랜드 역사 프로젝트' 웹사이트와 《브루클린페이퍼》, 데이나 슐츠Dana Schulz가 2018년 5월 14일 웹사이트 「6sqft」에 쓴 기사 등으로 파악했다. 관계자 여러분께 감사드린다. 또한 "도널드 트럼프는 일화적인 남자Donald Trump is the Episodic Man"라는 통찰을 제시한 댄 맥아담스Dan P. McAdams 교수께도 감사를 표한다. 더불어 트럼프 가문의 사업을 비롯해 범죄 혐의와 관련한 정보를 알려준 웨인 배럿Wayne Barrett, 데이비드 콘David Corn, 마이클 단토니오Michael D'Antonio, 데이비트 케이 존스턴David Cay Johnston, 팀 오브라이언Tim O'Brien, 찰스 피어스Charles P. Pierce, 애덤 서워Adam Serwer에게도 고마운 마음이다. 내 아버지는 '43세'가 아닌 '42세'를 일기로 세상을 떠났다고 밝히면서, 마지막으로 궨다 블레어Gwenda Blair, 마이클 크래니쉬Michael Kranish, 마크 피셔Marc Fisher에게도 고맙다고 말하고 싶다.

차례

1부 핵심은 잔인함이다

2부 험한 곳

3부 교묘한 속임수

4부 최악의 투자

프롤로그

나는 늘 내 이름을 좋아했다. 내가 어렸을 적인 1970년대에 요트 캠프에 가면 모두가 나를 "트럼프_Trump_"라고 불렀다. 트럼프라는 이름은 내 자부심의 원천이었다. 이 이름이 권력이나 부동산과 관련이 있어서가 아니라(당시 우리 가족은 브루클린과 퀸스 이외의 지역에서는 유명하지 않았다), 이름을 발음할 때 풍기는 느낌이 '두려울 것 없는 씩씩한 여섯 살 여자아이'였던 나와 꽤나 잘 어울렸기 때문이다. 내가 대학생이던 1980년대에는 '트럼프'라는 이름에 대한 내 감정이 점점 복잡해졌다. 작은아버지인 도널드_Donald_가 맨해튼에 보유하고 있던 모든 건물을 우리 가족의 이름으로 브랜딩하기 시작하면서부터다.

30년이 지난 2017년 4월 4일, 나는 백악관에서 열리는 가족 만찬에 참석하기 위해 조용한 암트랙(전미여객철도공사에서 운영하는 기차 - 옮긴이)을 타고 워싱턴D.C.로 향했다. 그로부터 열흘 전에 올해로 80세가 되는 메리앤Maryanne 고모와 75세가 되는 엘리자베스Elizabeth 고모의 생신 축하 행사 초대장을 이메일로 받았기 때문이다. 고모들의 남동생인 도널드는 그해 1월부터 백악관 내 대통령 집무실에서 임기를 수행하고 있었다.

유니언역의 아치형 천장과 흑백의 대리석 바닥을 지난 후 이젤 위에서 단추를 진열해 팔고 있는 행상인 한 명을 지나쳤다. 그가 파는 단추 옆 빨간 원 안에는 내 이름이 쓰여 있었고, 그 위에 빨간 줄이 그어져 있었다. '트럼프 추방', '트럼프는 쓰레기다', '트럼프는 마귀다'와 같은 글귀도 쓰여 있었다. 나는 선글라스를 쓰고 빠르게 발걸음을 옮겼다.

택시를 타고 우리 가족이 하룻밤을 묵을 트럼프인터내셔널호텔에 도착했다. 체크인을 마치고 아트리움을 지나 유리 천장 너머로 푸른 하늘을 올려다보았다. 천장 높이 아치를 이루며 서로 연결된 대들보의 중앙 기둥에는 3층짜리 크리스털 샹들리에가 부드럽게 빛을 발하고 있었다. 한쪽에는 감청색과 청록색과 아이보리색을 띤 암체어, 긴 소파, 카우치가 작은 공간을 이루며 한데 모여 있었고, 다른 한쪽에는 테이블과 의자가 커다란 스탠드바를 둘러싸고 있었다. 금박을 입힌 저속한 인테리어일 것이라 예상했지만 호텔은 전혀 그렇지 않았다. 이곳에서 나는 오빠를 만날 예정이었다.

객실 역시 우아했다. 그러나 '트럼프 샴푸'를 비롯해 '트럼프 컨디셔너', '트럼프 슬리퍼', '트럼프 샤워캡', '트럼프 구두 광택제', '트럼프 바느질 세트', '트럼프 목욕 가운' 등 사방의 모든 물건에 내 이름이 도배되어 있었다. 나는 냉장고에서 스플릿 사이즈의 '트럼프 화이트와인' 한 병을 꺼내 '트럼프(나)'의 목구멍에 들이부었다. 와인은 '트럼프'의 혈류를 통과해 '트럼프' 뇌의 쾌락 중추에 도달했다.

한 시간 후 나의 오빠인 프레더릭 크라이스트 트럼프 3세Frederick Crist Trump, Ⅲ를 만났다. 나는 어릴 적부터 오빠를 '프리츠Fritz'라고 불렀다. 오빠의 아내인 리사Lisa도 함께 왔고, 곧이어 다른 가족들도 합류했다. 우리의 조부모인 프레드Fred와 메리Mary 트럼프의 다섯 자녀 중 첫째이자 연방항소법원의 판사로도 유명한 메리앤 고모, 트럼프 가족의 막내이자 1990년대 초 도널드와 사이가 나빠져서 퇴사하기 전까지 애틀랜틱시티에서 도널드의 직원으로 근무한 로버트Robert 삼촌과 삼촌의 여자친구, 둘째 고모인 엘리자베스와 그녀의 남편 짐Jim, 메리앤 고모의 외동아들이자 트럼프 가문의 첫째 손주인 나의 조카 데이비드 데즈먼드David Desmond 부부도 행사에 참석했다. 여기에 고모들의 친한 친구들도 우리와 함께했다. 이번 생일 축하 행사에서 찾아볼 수 없는 유일한 구성원은 내 아버지이자 트럼프 가문의 장남인 프레더릭 크라이스트 트럼프 주니어 Frederick Crist Trump, Jr뿐이었다. 사람들은 나의 아버지를 '프레디Freddy'라고 불렀다. 그가 세상을 떠난 지는 35년이 지났다.

마침내 온 가족이 한자리에 모였다. 바깥에 있던 백악관 보안 요원들에게 연락을 한 우리는 마치 2군 라크로스(크로스라는 라켓을 사용하는 하키와 비슷한 구기 - 옮긴이) 팀원들처럼 무작위로 나뉘어져 두 대의 백악관 전용 차량에 탑승했다. 나이가 많은 가족 중 몇몇은 걸음을 걷기 힘겨워했다. 기다란 벤치 시트에 비좁게 마주 앉은 우리 중 편안해하는 사람은 아무도 없었다. 백악관에서 고모들을 위해 리무진을 한 대만이라도 더 보낼 생각은 하지 않았는지 궁금해졌다.

10분 후 백악관 남쪽 잔디밭인 사우스론 진입로에 도착했다. 경비원 두 명이 초소에서 나와 우리가 탄 차량의 바닥을 검사했다. 이어서 정문을 통과한 우리는 동관과 인접한 작은 보안 건물 앞에서 내렸다. 한 명씩 이름이 호명될 때마다 안으로 들어가 휴대전화와 가방을 제출하고 금속 탐지기를 통과했다.

백악관 안으로 들어선 우리는 두세 줄로 걸으며 정원과 잔디밭이 내다보이는 창문과 전직 영부인들의 모습이 실물 크기로 그려진 그림이 있는 긴 복도를 통과했다. 나는 잠시 힐러리 클린턴 Hillary Clinton의 초상화 앞에 말없이 서 있었다. '어떻게 미국에서 이런 일이 일어날 수 있을까?' 다시 한 번 궁금해졌다.

내가 백악관을 방문하게 될 것이라는 건 도무지 상상도 할 수 없는 일이었다. 특히 이러한 시기에는 더더욱 그랬다. 모든 것이 초현실적으로 느껴졌다. 나는 주위를 둘러보았다. 백악관은 우아하고 웅장하고 위엄 있는 자태를 뽐내고 있었다. 그리고 나는 이곳에 사는 나의 삼촌을 8년 만에 만나게 될 참이었다.

그림자가 드리워진 복도에서 로즈가든을 둘러싸고 있는 주랑 현관으로 나와 대통령 집무실 밖에서 걸음을 멈췄다. 유리문 너머로는 회의가 한창 진행되고 있었다. 마이크 펜스 Mike Pence 부통령만이 한쪽에 멀찍이 떨어져 서 있었다. 폴 라이언 Paul Ryan 미국연방하원의회 의장과 찰스 슈머 Charles E. Schumer 상원의원을 비롯한 십여 명의 의원과 직원들은 '결단의 책상'(미국 백악관 대통령 집무실의 대통령 전용 책상-옮긴이)에 앉아 있는 도널드와 가까운 곳에 있었다.

문득 이 광경을 보며 생전에 할아버지가 쓰시던 전술 중 하나가 떠올랐다. 할아버지는 자신에게 탄원하는 사람들이 항상 브루클린 사무실이나 퀸스 자택으로 찾아오게 만들었다. 그들이 서 있는 동안 할아버지는 늘 자리에 앉아 있었다. 내가 터프츠 대학을 휴학한 지 1년이 지난 1985년의 어느 늦가을, 나는 할아버지의 맞은편에 서서 복학을 허락해달라고 요청했다. 그러자 할아버지는 나를 올려다보며 이렇게 말했다. "멍청하긴. 왜 복학을 하려는 게냐? 그냥 직업학교를 졸업하고 안내원이 되거라."

"학위를 취득하고 싶어요." 나는 짜증이 났다는 기미를 보이며 이렇게 대답했던 것 같다. 할아버지가 잠시 동안 눈을 가늘게 뜨고 나를 재평가하기라도 하듯 바라보았기 때문이다. 할아버지는 한쪽 입꼬리를 올리고는 비웃음을 지었다. "그것 참 고약하군."

몇 분 후 회의가 끝났다.

대통령 집무실은 내가 상상했던 것보다 작았고 친밀한 분위기도 덜 느껴졌다. 도널드 삼촌의 둘째 아들이자 나의 사촌인 에릭Eric과, 그간 한 번도 만나본 적 없는 그의 아내 라라Lara가 문 옆에 서 있었다. 나는 이들에게 인사를 건넸다. "안녕, 에릭. 나는 사촌 메리야."

"누구신지 당연히 알죠." 에릭이 말했다.

"아, 너무 오랜만이라서. 네가 고등학생이었을 때 마지막으로 봤던 것 같네."

에릭은 어깨를 으쓱거리며 말했다. "그랬던 것 같네요." 에릭은 라라를 나에게 소개도 시켜주지 않은 채 그녀와 함께 휙 걸어가 버렸다.

주위를 둘러보았다. 멜라니아Melania와 이방카Ivanka, 이방카의 남편 재러드 쿠슈너Jared Kushner, 그리고 도널드 트럼프 주니어Donald Trump, Jr가 도착해 여전히 자리에 앉아 있는 도널드의 옆에 서 있었다. 마이크 펜스는 반쯤 죽어가는 사람의 미소를 띤 채 계속 방의 반대편에 숨어 있었다. 그는 놀고 있는 아이들의 흥을 깨지 않기 위해 멀찍이 떨어져 있는 보호자처럼 보였다.

나는 그와 눈을 마주치길 바라며 계속 그를 바라보았지만, 그는 한 번도 내 쪽을 쳐다보지 않았다.

"실례합니다, 여러분." 백악관 사진작가가 쾌활한 목소리로 말했다. 몸집이 작은 젊은 여자로 어두운 색의 바지 정장을 입고 있었다. "위층으로 올라가시기 전에 모두 모여 사진 한 장 찍으실까요?" 그는 우리에게 여전히 자리에 앉아 있던 도널드를 중심으로 서라고 했다.

사진작가가 카메라를 들어 올리며 말했다. "하나, 둘, 셋, 웃으세요."

사진을 찍은 후 도널드는 그제야 자리에서 일어나 책상 뒤에 있던 할아버지의 흑백사진을 가리켰다. "메리앤 누나, 아버지 사진 멋지지 않아요?" 할아버지 댁 서재 탁자 위에 놓여 있던 사진과 같은 사진으로 보였다. 사진 속 할아버지는 여전히 청년의 모습이었다. 머리카락은 벗겨지고 있었지만 어두운 색이었고, 콧수염도 있었다. 치매 증상이 시작되기 전까지 단 한 번도 흔들림 없이 명령하던, 할아버지의 표정도 그대로였다. 가족 모두는 그 표정을 수천 번도 더 보았을 것이다.

"어머니 사진도 같이 두는 게 좋겠다." 메리앤 고모가 제안했다.

"좋은 생각이네." 도널드는 단 한 번도 그런 생각을 해보지 않았던 것처럼 대답했다. "누가 어머니 사진 좀 찍어주세요."

우리는 결단의 책상에 차례대로 앉아보며 몇 분을 더 대통령 집무실에서 보냈다. 오빠는 내 사진을 찍었다. 나중에 그 사진을 다시 보니 할아버지가 귀신처럼 내 뒤를 맴도는 것이 보였다.

백악관 역사가가 집무실 바로 앞에서 우리와 합류했다. 저녁식사 전 순서인 중앙관저 관람을 위해 2층으로 향했다. 가장 먼저 링컨의 침실로 들어갔다. 침실 내부를 빠르게 둘러보던 나는 침대 옆 탁자에 반쯤 먹은 사과가 놓여 있는 것을 보고 깜짝 놀랐다. 역사가가 지난 세월 동안 이 방에서 일어난 일들을 이야기하던 중 도널드는 막무가내로 끼어들어 이렇게 말했다. "조지 워싱턴George Washington이 살던 때보다 이곳이 더 멋져 보였던 때는 없었죠." 너무나 공손했던 백악관 역사가는 워싱턴이 죽은 후에야 백악관이 완공되었다는 사실을 차마 지적하지 못했다. 우리는 트리티 룸(백악관 내 개인 집무실 - 옮긴이)과 중앙식당이 있는 홀로 내려갔다.

도널드는 출입구에 서서 입장하는 사람들에게 인사를 건넸다. 나는 마지막으로 도착한 사람들 무리에 있었고, 아직 그와 인사를 나누기 전이었다. 나를 발견한 도널드는 놀란 기색으로 나를 가리키며 말했다. "네가 꼭 이 자리에 참석하기를 바란다고 특별히 부탁했단다." 이는 사람들의 마음을 사로잡기 위해 그가 자주 하는 멘트 중 하나였다. 도널드는 상황에 꼭 들어맞는 말을 하는 데 소질이 있었다. 그러한 말에 진심이 담겨 있지 않았기에 훨씬 더 인상적으로 느껴졌다. 도널드는 두 팔을 벌려 생애 처음으로 나를 껴안았다.

중앙식당에서 가장 먼저 눈에 띈 것은 공간의 아름다움이었다. 어두운 색의 목재는 완벽하게 다듬어져 있었고, 공간 구성도 매우 정교했다. 좌석표와 메뉴는 캘리그라피로 쓰여 있었다(트럼프 가문이 즐겨 먹는 음식인 아이스버그 양상추 샐러드와 으깬 감자에 와규 필레가 더해진 메뉴였다). 자리에 앉은 후 두 번째로 눈에 띈 것은 좌석 배치였다. 언제나 우리 가족은 각자 배정받은 자리를 통해 자신의 가치를 가늠했다. 하지만 나는 신경 쓰지 않았다. 나와 친한 사람들인 오빠와 새언니, 메리앤 고모의 의붓딸과 고모부와 가까운 자리였기 때문이다.

웨이터들은 각각 레드와인과 화이트와인을 들고 다녔다. '트럼프 와인'이 아닌 진짜 와인이었다. 예상치 못한 일이었다. 평생 동안 우리 가족 모임에서 술을 본 적이 없었기 때문이다. 할아버지 댁에서는 늘 콜라와 사과주스만 마실 수 있었다.

식사 도중 재러드가 식당으로 내려왔다. "오, 보세요." 마치 우리가 대통령 집무실에서 그를 보지 못한 것이라도 한 마냥 이방카는 손뼉을 치며 말했다. "재러드가 중동 여행을 마치고 돌아왔네요." 재러드는 아내 이방카의 곁으로 다가가 짧게 볼에 입을 맞춘

후 그녀의 옆에 앉은 도널드를 향해 몸을 굽혔다. 둘은 몇 분 동안 조용히 대화를 나누었고, 곧 재러드는 자리를 떠났다. 그는 다른 사람들에게는 아는 체도 하지 않았다. 심지어 고모들과도 인사를 나누지 않았다. 재러드가 문턱을 넘어가자 도널드 트럼프 주니어는 마치 흥분한 강아지처럼 의자에서 뛰쳐나와 그를 쫓아갔다.

디저트가 제공되는 동안 로버트 삼촌은 와인잔을 들고 일어났다. "미국 대통령님과 이 자리에 함께하게 되어 영광입니다." 이어서 그가 말했다. "대통령님, 우리 형제들의 생일을 이곳에서 축하할 수 있게 해주셔서 감사합니다."

나는 아버지의 날(매년 6월의 세 번째 일요일 - 옮긴이)을 기념해 브루클린의 피터루거 스테이크하우스에 온 가족이 마지막으로 모였던 날을 떠올렸다. 그때도 지금처럼 도널드와 로버트는 나란히 앉아 있었고, 나는 두 삼촌의 맞은편에 앉아 있었다.

도널드는 갑자기 로버트를 향해 몸을 돌리며 말했다. "이것 봐." 그는 이를 드러내며 자신의 입을 가리켰다.

"뭐야?" 로버트가 물었다.

도널드는 입술을 더 당기며 다시 한 번 자신의 입을 가리켰다.

로버트는 긴장한 기색을 보였다. 나는 무슨 일이 일어나고 있는지 정확히 알지 못했지만 콜라를 마시며 이 광경을 재미있게 지켜봤다.

"보라고!" 윗니와 아랫니를 꽉 붙인 채 도널드가 말했다. "어때?"

"무슨 말이야?" 로버트의 얼굴에 당황한 기색이 역력했다. 그는 주위를 둘러본 뒤 아무도 자신을 쳐다보고 있지 않다는 것을 확인한 후 속삭였다. "내 이에 뭐라도 꼈어?" 테이블 곳곳에 시금치 크림이 담긴 그릇이 놓여 있었기에 그가 그렇게 생각할 만도 했다.

도널드는 입을 다물고 손가락을 내렸다. 그의 얼굴에 한껏 드러난 업신여기는 듯한 표정이 두 사람의 관계에 얽힌 모든 이야기를 요약하고 있었다.

"나 치아 미백 시술 받았어. 어때?" 도널드가 무미건조한 말투로 물었다.

로버트의 대답을 들은 도널드는 내가 20년 전 피터루거 스테이크하우스에서 보았던 그대로 경멸스러운 표정을 지었다. 그러고는 다이어트 콜라가 든 잔을 손에 든 채 형식적인 발언으로 고모들의 생신을 축하했다. 그다음 자신의 며느리를 향해 손짓했다.

"저기 있는 라라는, 솔직히 말해서 처음에는 어디에서 굴러 들어온 나부랭이인지 몰랐죠. 하지만 라라는 조지아에서 선거 유세를 할 때 나를 위해 훌륭한 지지 연설을 해줬답니다." 그때는 라라와 에릭이 함께한 지 8년이 되었을 때였다. 따라서 도널드는 적어도 결혼식장에서 한 번은 라라를 본 적이 있었을 것이다. 하지만 그는 선거 유세 기간에 자신에게 유리한 이야기를 해주기 전까지는 라라가 누구인지도 몰랐다는 듯 말했다. 늘 그렇듯 도널드는 이야기가 진실보다 더 중요하다고 생각했다. 그 앞에서 진실은 쉽게 희생당했다. 거짓말을 통해 이야기를 더 흥미롭게 만들 수 있을 때 특히 더 그랬다.

메리앤 고모가 발언할 차례였다. 그녀는 이렇게 말했다. "우리의 생일을 축하해주기 위해 함께 여행해준 가족들에게 고맙습니다. 버르장머리가 없다며 프레디가 도널드의 머리 위로 으깬 감자를 쏟아부은 날 이후로 참 오랜 세월이 흘렀네요." 전설의 으깬 감자 이야기를 아는 모든 사람이 그 자리에서 웃음을 터뜨렸다. 웃지 않은 사람은 도널드뿐이었다. 그는 팔짱을 꽉 낀 채 도끼눈을 뜨고 있었다. 그는 메리앤 고모가 이 이야기를 할 때마다 시종일관 이런 모습이었다. 도널드는 마치 일곱 살짜리 소년처럼 화가 나 있었다. 오래전의 굴욕이 가져다준 쓰라림을 여전히 느끼고 있는 게 분명했다.

재러드를 쫓아 나갔다가 돌아온 도널드 트럼프 주니어가 불현듯 자리에서 일어났다. 그러고는 고모들을 위한 건배사 대신 일종의 선거 유세 연설을 시작했다. "지난 11월, 미국 국민들은 특별한 무언가를 보았고, 자신들을 이해하는 대통령 후보에게 표를 던졌습니다. 국민들은 우리 가족이 얼마나 훌륭한지를 보았고, 우리 가족의 가치관을 자신들과 연결시켰습니다."

나는 오빠를 바라보며 눈알을 굴렸다. 그러고는 웨이터 한 명을 불러 세워 말했다. "와인 좀 더 주시겠어요?"

그는 와인 두 병을 재빨리 들고 돌아와 레드와인과 화이트와인 중 어느 쪽을 원하는지 물었다.

"네, 그냥 주세요." 내가 말했다.

디저트를 다 먹자마자 모두가 일어났다. 대통령 집무실에 들어간 지 고작 두 시간이 지났을 뿐인데 식사는 모두 끝이 났고 이제 떠날 차례였다. 이날 우리 가족이 백악관에서 함께 보낸 시간은 추수감사절이나 크리스마스에 할아버지 댁에서 보낸 시간보다 두 배는 더 길었다. 하지만 2주 뒤 도널드가 가수 키드 락Kid Rock, 세라 페일린Sarah Palin 전 알래스카주 주지사, 기타리스트 테드 뉴전트Ted Nugent와 보낸 시간보다는 짧았다.

누군가 갑자기 우리 각자가 (그날의 주빈이었던 고모들이 아닌) 도널드와 단독 사진을 찍는 게 어떻겠느냐고 제안했다. 내 차례가 되었고 도널드는 카메라를 향해 미소 지으며 엄지손가락을 치켜들었다. 하지만 나는 그 미소 뒤의 피로감을 보았다. 그는 쾌활한 겉모습을 가면처럼 계속 쓰고 있는 듯 보였다.

"적들에게 쓰러지지 마세요." 오빠가 사진을 찍을 때 나는 도널드에게 말했다. 당시는 그의 첫 국가안보보좌관이 불명예 파면을 당한 지 얼마 안 되었을 때로, 그의 대통령직 수행에 균열이 나타나기 시작한 무렵이었다.

도널드는 턱을 내밀고 이를 앙다물었다. 그 찰나에 그의 모습에서 할머니의 유령이 보였다. "그들은 날 쓰러뜨리지 못할 거야." 그가 말했다.

* * *

2015년 6월 16일, 도널드가 대통령 선거에 출마하겠다고 선언했을 때 나는 이를 심각하게 받아들이지 않았다. 도널드가 선거에 진지하게 임한다고 생각하지 않았기 때문이다. 그는 그저 자신의 브랜드를 자유롭게 홍보하고 싶어 했다. 그는 이전에도 비슷한 일을 한 적이 있었다. 그런데 여론조사에서 도널드를 지지하는 사람들의 수가 늘어나기 시작했고, 블라디미르 푸틴Vladimir Putin 러시아 대통령도 선거가 도널드에게 유리하게 돌아가도록 최선을 다하겠다는 무언의 보장을 건넸다. 그러자 승리의 손길이 점점 그에게 가까워졌다.

"광대 노릇을 하는 거지." 함께 점심을 먹던 어느 날 메리앤 고모가 말했다. "당선될 일은 없을 게다."

나도 같은 생각이었다.

고모와 나는 한물간 리얼리티쇼 스타이자 실패한 사업가로서의 도널드의 명성이 어떻게 그의 선거 운동을 파국으로 몰고 갈지 이야기했다. "삼촌이 자수성가한 사람이라는 헛소리를 믿는 사람들이 있기는 해요? 삼촌이 자기 스스로 이뤄낸 게 뭐가 있어요?" 내가 물었다.

"글쎄." 메리앤 고모가 사하라 사막만큼이나 건조한 말투로 말했다. "파산을 다섯 번 해내긴 했지."

오피오이드(마약성 진통제) 사태를 다루며 도널드는 약물 중독에 반대하는 목소리를 냈다. 그리고 자신의 주장에 진실성을 더하고 지지를 이끌어내기 위해 내 아버지의 알코올 중독 이야기를 이용하기 시작했다. 나와 고모는 무척 화가 났다.

"걔는 네 아버지 이야기를 정치적인 목적으로 활용하고 있는 거야." 메리앤 고모가 말했다. "그건 죄악이야. 게다가 우리 가족의 스타는 프레디였어야 했어."

우리는 선거 담화 중 도널드가 노골적으로 인종차별적 발언을 입에 올렸을 때 그것이 그에게 큰 걸림돌이 될 것이라 생각했다. 하지만 제리 폴웰 주니어Jerry Falwell Jr를 비롯해 다른 백인 복음주의자들이 그를 지지하고 나서기 시작하면서부터 우리는 우리의 생각이 틀렸다는 것을 깨달았다. 개종 이후 50년 이상 독실한 가톨릭 신자로 살아온 메리앤 고모는 격분했다. "저 사람들이 다 미친 것 아니니? 도널드가 교회에 가는 때는 카메라가 대동할 때뿐이었다고. 이해가 안 되는구나. 도널드에게는 원칙이 없어, 단 하나도!"

미국 역사상 가장 자격 있는 대통령 후보였던 힐러리 클린턴 국무장관을 '추잡한 여자Nasty Woman'라 부르며 조롱한 일부터 《뉴욕타임스》 소속 장애인 기자 서지 코발레스키Serge Kovaleski를 비하한 일에 이르기까지, 도널드가 선거 운동 기간 동안 내뱉은 모든 발언 중 내 예상을 벗어난 말은 단 하나도 없었다. 그것을 보며 나는 실제 가족 식사 자리에서 본 도널드의 태도를 떠올렸다. 그는 자신이 보기에 못생기고 뚱뚱하며 게으른 여자들을 자주 입에 올렸다. 자기보다 성공했거나 더 영향력 있는 남자들은 "루저"라고 놀려댔다. 할아버지와 메리앤 고모, 엘리자베스 고모, 로버트 삼촌은 도널드가 그런 이야기를 할 때마다 웃으며 거들었다. 이렇듯 트럼프 가족의 식사 자리에서는 아무렇지 않게 인간성을 말살하는 행동들이 흔하게 일어나곤 했다. 내가 놀란 점은 그가 그런 짓을 하고도 늘 처벌을 모면했다는 사실이었다.

결국 도널드는 대선 후보로 임명되었다. 그의 후보 자격을 박탈시키는 데 일조할 것이라 생각했던 모든 것은, 도리어 지지자들에게 더욱 강력한 호소력으로 작용했다. 그때까지도 나는 걱정하지 않았다. 그가 결코 당선될 수 없다고 확신했다. 하지만 그가 당선에 도전했다는 사실이 나를 불안하게 만들었다.

2016년 늦여름, 나는 내가 아는 도널드가 대통령이 되기에는 전혀 자격이 없다는 사실을 이야기해야 할지 숙고했다. 그때 그는 공화당 전당대회에서 비교적 무탈하게 부상하고 있었다. 총기 소지의 권리를 다룬 미국 수정헌법 제2조의 폐지를 반대하는 이들에게도 지지를 호소하며 힐러리를 막으려 했다. 그가 파키스탄계 미국인이자 이라크전에서 전사한 후마윤 칸Humayun Khan 미군 대위의 훌륭한 부모인 키즈르Khizr와 가잘라Ghazala 칸 부부를 비하한 일도 문제가 되지 않는 듯 보였다. 과거에 그가 「액세스 할리우드」 프로그램의 진행자와 나눈 음담패설이 담긴 녹음 파일이 세상에 드러났을 때도 공화당원 대다수가 여전히 그를 지지했다. 나는 내가 '옳은 결정'을 내릴 때임을 직감했다.

그때 나는 도널드가 중심이 된 우리 가족의 이야기가 대규모로 펼쳐지고 있는 것을 실시간으로 시청하고 있는 듯한 느낌을 받았다. 내 아버지가 늘 그랬듯 도널드의 경쟁 상대가 되면 훨씬 더 엄격한 잣대와 마주해야 했지만, 도널드는 놀라울 정도로 무신경하고 무책임하며 비열한 행동으로 상황을 빠져나갔다. 그뿐만 아니라 심지어 보상을 받기도 했다. 다시는 이런 일이 벌어져서는 안 된다고 생각했다. 하지만 그런 일이 또다시 일어나고 있었다.

언론은 도널드의 자녀와 사위, 그리고 현 아내를 제외하고 그어떤 가족도 선거 기간 동안 그를 지지하는 발언을 하지 않았다는 사실을 알아차리지 못했다. 메리앤 고모는 연방법원 판사로 객관성을 유지해야 했기 때문에 '운이 좋았다'고 말했다. 도널드의 누나이자 판사라는 직업을 가졌다는 점에서, 그녀는 도널드의 공직 부적합성에 대해 발언을 하며 변화를 만들어낼 수 있는 유일한 사람이었다. 하지만 그녀에게는 혼자만의 비밀이 있었다. 대선 후 메리앤 고모가 '가족 간의 의리'가 아닌 다른 이유로 동생에게 표를 던졌다고 말했을 때, 나는 그녀의 비밀을 알았기에 전혀 놀라지 않았다.

트럼프 가문에서 자란다는 것, 특히 내 아버지인 프레디의 자녀로 이 가문에서 자란다는 것은 몇 가지 시험대에 놓이는 일이기도 했다. 어찌 보면 나는 엄청나게 운이 좋았다. 뛰어난 사립학교에 다녔고, 오랜 기간 동안 1등급 의료보험 혜택도 누렸다. 하지만 도널드를 제외하고 우리 가족 모두는 결핍감에서 자유로울 수 없었다. 1999년에 할아버지가 돌아가신 후, 나는 트럼프 가문의 장남인 내 아버지 프레디가 마치 세상에 존재하지 않았던 사람인 마냥 유언장에서 이름이 지워진 사실을 알게 되었다. 소송을 시작했으나, 결국 나는 만약 삼촌에 대해 공개적으로 이야기를 한다면 상속을 받지 못해 기분이 상한 채로 삼촌에게 돈을 뜯어내려 하거나 삼촌에게 원한을 갚으려 하는 조카로 보이게 될 것이라는 결론을 내렸다.

도널드를, 그리고 우리 가족 모두를 이곳으로 이끈 것이 무엇인지 이해하려면 먼저 내 할아버지 프레드와 그의 인정 욕구(인정받고

자 하는 심리적 욕구-옮긴이)를 살펴보는 작업부터 시작해야 한다. 할아버지는 이 인정 욕구를 통해 도널드의 무모한 과장법과 노력 없이 얻은 자신감을 부추겼다. 도널드는 자신의 병적인 나약함과 불안정함을 그 뒤로 철저히 숨겼다.

도널드는 성장하면서 스스로 자신의 치어리더가 될 수밖에 없었다. 첫 번째 이유는 아버지가 자신을 형인 프레디보다 더 낫고 더 자신감 있는 아들이라고 믿게 만들어야 했기 때문이다. 두 번째 이유는 할아버지 역시 도널드에게 그러한 믿음을 줄 것을 요구했기 때문이다. 세 번째 이유는 역설적이게도, 도널드가 그 누구보다도 가장 깊은 의심을 지니면서도 자신의 과장법을 진실로 믿기 시작했기 때문이다. 대선 무렵 도널드는 분노를 통해 우월감을 표출했다. 내면의 두려움과 취약성을 효과적으로 감추기 위한 전략이었지만, 사실 본인에게 그런 감정이 존재하는지조차 몰랐을 가능성이 크다.

할아버지가 도널드를 더 좋아하며 밀어주기 시작한 지 수년이 지났을 무렵인 1970년대에, 뉴욕 언론들은 일제히 바통을 이어받아 도널드의 근거 없는 과장된 말을 널리 퍼트리기 시작했다. 1980년대에는 은행들까지 가세해 그의 벤처기업에 자금을 지원했다. 은행들은 도널드가 근거 없이 주장하는 사업을 키워내 성공시키겠다는 의욕을 드러냈다. (과거에 도널드로부터 입은) 손실을 만회할 필요가 있는 은행들은 도널드의 말에 희망을 걸었다.

이후 도널드는 파산의 늪에 빠져 허우적대다가 스테이크부터 보드카에 이르기까지 실패한 제품들의 목록을 정리하며 10년을 보냈다. 그러던 중 텔레비전 프로그램 제작자 마크 버넷(Mark Burnett)은 그에게 또 다른 기회를 주었다. 도널드의 자신만만한 자수성가형 협상가 이미지를 이용해 「어프렌티스」(도널드 트럼프가 진행했던 리얼리티 쇼. 2014년 1월 미국 NBC에서 첫 방영했다 - 옮긴이)를 방영한 것이었다. 이는 50년도 전에 할아버지가 만들어냈던 신화였다. 그러한 신화를 부정하는 증거가 어마어마하게 존재했지만, 놀랍게도 이 신화는 그 모습을 거의 그대로 유지한 채 뉴밀레니엄 시대에까지 살아남았다. 2015년에 도널드가 공화당 대통령 선거 후보 지명 후보자로서 대선 출마를 발표할 무렵, 미국 인구의 상당수가 그 신화를 사실로 믿고 있었다.

내 삼촌의 전부를 이루고 있는 거짓말과 허위 진술, 그리고 위조문서들은 공화당과 백인 복음주의 기독교인들에 의해 영속되고 있다. 또한 상원 다수당 지도자인 미치 매코널(Mitch McConnell)과 하원의원 케빈 매카시(Kevin McCarthy), 마이크 폼페이오(Mike Pompeo) 국무장관과 윌리엄 바(William Barr) 법무장관 등 더 많은 진실을 아는 수많은 사람이 (알고 그랬든 모르고 그랬든) 이러한 영속화 작업에 동참하게 되었다.

트럼프 가문의 형제자매 중 내 할아버지의 반사회적 인격 장애와 할머니의 질병으로부터 신체적·정신적 영향을 받지 않은 사람은 단 한 명도 없다. 다만 그중에서도 내 아버지 프레디와 삼촌 도널드는 다른 가족들보다 훨씬 더 큰 고통을 받았다. 도널드와 그의 정신질환, 기능장애성 행동에 담긴 의미를 완벽히 파악하기 위해서는 우리 가족의 이야기를 철저하게 파헤쳐야 한다.

나는 지난 3년간 수없이 많은 전문가와 현장 경험이 없는 심리학자, 그리고 기자들이 '악성 나르시시즘', '자기애성 성격장애'와 같은 말을 사용해 도널드의 기괴하고 자멸적인 행동을 이해하려 노력했지만 헛다리만 짚는 모습을 지켜봐왔다. 나는 도널드를 나르시시스트라고 부르는 데 반대하지 않는다. 그는 정신장애 진단 및 통계 편람(DDSM-5)의 9가지 기준을 모두 충족시키기 때문이다. 그러나 나르시시스트라는 꼬리표를 붙이는 것만으로는 그를 설명하는 데 한계가 있다.

나는 디너 고급 심리연구소에서 임상심리학 박사 학위를 받았다. 논문 연구를 하는 동안 맨해튼 주립 정신의학센터 입원 병동에서 1년간 근무하며 가장 병세가 심하고 취약한 환자들을 진단하고 평가하고 치료했다. 겸임교수로서 수년간 트라우마와 정신병리학, 발달심리학을 강의한 것 말고도 중독 전문 커뮤니티 클리닉에서 치료와 심리검사를 진행해왔다. 이러한 경험을 통해 한 개인을 그가 살아가는 가정환경, 사회환경, 교육환경 등의 외부 세계와 분리해서 바라보면 진단을 내릴 수 없다는 사실을 여러 번 목도했다. 도널드는 우리가 알지 못하는 또 다른 증상을 갖고 있을까? 지금만큼, 또는 지금보다 더 그를 잘 설명할 수 있는 다른 장애가 있지 않을까?

아마 그럴지도 모른다. 그가 반사회적 인격장애 기준을 충족시킨다는 것을 입증할 만한 또 다른 사례가 나올 수도 있다. 반사회적 인격장애의 가장 심각한 유형은 소시오패스지만, 만성적 범죄 행위, 거만함, 타인의 권리를 무시하는 행위 또한 반사회적 인격장애의 형태를 이룬다. 그가 동반질환(한 명의 환자가 두 가지 만성질환을 동시에 앓는 상태 - 옮긴이)을 앓을 가능성은 없을까? 이 역시 그럴 수도 있다. 도널드는 의사결정 능력과 책임을 지는 능력이 부재하고, 혼자 있는 것을 불편하게 느끼며, 타인의 지지를 얻어내기 위해 극도로 애를 쓰는 등, 의존적 인격장애를 판단하는 몇 가지 기준 또한 충족시킬 가능성이 있다. 그 밖에 고려해야 할 다른 요소는 없을까? 진단을 받지는 않았지만 정보처리 능력을 방해하는 학습장애를 오랫동안 겪었을 수도 있다. 또한 그는 하루에 다이어트 콜라를 최대 열두 잔 마시며, 잠을 거의 자지 않는 것으로 알려져 있다. 그렇다면 그는 물질(그의 경우 카페인으로 인한)과 관련된 수면장애를 앓고 있는 것인가? 식습관도 매우 나쁜 그는 운동도 하지 않는다. 이는 그가 또 다른 장애를 겪는 데 영향을 미치거나, 이미 갖고 있던 장애를 더욱 악화시킬 수 있다.

중요한 사실은 도널드가 매우 복잡한 병리현상을 지니고 있으며 설명할 수 없는 행동을 너무 자주 한다는 점으로 비추어 볼 때, 그에 대한 포괄적인 진단을 내리기 위해서는 일련의 심리검사 및 신경심리검사가 필요하다는 사실이다. 하지만 그가 이러한 검사에 응할 일은 결단코 없을 것이다. 그가 백악관 웨스트 윙에서 생활하고 있는 현 시점에서는 그의 일상적인 기능을 평가할 수도 없다. 도널드는 성인기의 대부분을 일상생활과는 거리가 먼 환경에서 보냈다. 이 때문에 그가 현실 세계에서 어떻게 잘 지낼 수 있을지, 심지어는 살아남을 수 있을지 알 길이 없다.

고모들의 생신 축하 모임이 있던 2017년 그날, 파티가 끝난 후 사진을 찍으려 줄을 서 있을 때 나는 도널드가 이전에는 한 번도 겪어보지 못한 스트레스를 받고 있다는 걸 알 수 있었다. 지난 3년간 그를 향한 세간의 압박이 고조되면서, 국정 운영에 필요한 역량 수준과 그의 무능 사이의 격차는 그 어느 때보다 커졌고, 도널드의 망상 또한 그 어느 때보다 오롯이 드러났다.

(모든 사람에게 해당되는 것은 절대 아니었지만) 많은 사람이 지금까지는 별다른 위기가 없는 정세와 안정적인 경제 덕분에 도널드의 정신병리학적 특징이 야기하는 최악의 영향으로부터 보호받을 수 있었다. 그러나 통제가 불가능한 코로나19 사태, 경기 침체의 가능성, (분열시키는 것을 좋아하는 도널드 때문에) 정치 노선을 따라 깊어지고 있는 사회적 분열, 그리고 미국 사회의 미래에 대한 크나큰 불확실성은 어마어마한 재앙의 폭풍을 일으켰다. 내 삼촌인 도널드보다 이 재앙을 감당할 준비가 덜 되어 있는 사람은 아무도 없다. 이 재앙을 이겨내기 위해서는 용기, 강인한 기개, 전문가를 존중하는 태도, 실수를 인정하며 일을 올바르게 처리하려는 책임감이 기반된 자신감이 있어야 한다. 거짓말, 말 돌리기, 얼버무리기 등으로 불리한 상황을 통제하려는 도널드의 능력은 현재 우리가 마주하고 있는 비극의 한가운데서 무력감을 느낄 정도로 그 효능을 잃었다. 터무니없을 뿐만 아니라 의도된 것이 틀림없는 그의 미숙한 사태 수습 능력은 이전까지 그가 경험해보지 못했던 수준의 반발을 일으켰고, 면밀한 조사가 진행되도록 만들었다. 이 시점에서 도널드는 호전적인 태도를 보이고 있다. 자신에게 충분히 굽신거리지 않는 주지사가 있는 주에는 필수적인 재정이나 개인보호 장비, 산소호

흡기 등의 지원을 보류하는 식으로 비열한 복수를 이어가고 있다. 이 모든 자원은 국민의 세금에서 비롯된 것임에도 말이다.

영국의 소설가 메리 셸리Mary Shelley의 작품을 영화로 각색한 「프랑켄슈타인」(1994)에서 괴물은 이렇게 말한다. "나는 내가 살아 있는 존재를 향해 느끼는 동정심으로 모두와 화해할 수 있다는 것을 안다. 내 안에는 당신이 거의 상상조차 할 수 없는 그런 종류의 사랑이 있고, 또한 당신이 믿지 못할 그런 종류의 분노가 있다." 찰스 피어스Charles P. Pierce 기자는 이 대사를 인용해 《에스콰이어》에 이런 기사를 썼다. "(도널드는) 자신이 만든 것을 의심하며 스스로를 괴롭히지 않는다. 그는 자신의 '괴물'을 자랑스럽게 여기며, 그 안에 있는 분노와 파괴성을 뽐낸다. 그는 괴물이 지닌 사랑을 상상도 하지 않으면서, 그의 분노는 진심으로 믿는다. 그는 양심 없는 프랑켄슈타인이다."

사실 이 말은 도널드보다 그의 아버지이자 나의 할아버지인 프레드 트럼프를 더욱 정확하게 설명한다. 다만 한 가지 중대한 특이점이 있다. 프레드가 유일하게 인정하는 자식이자 그가 만든 '괴물'이었던 도널드는 결국 아버지가 자신을 편애한 그 본질적인 이유 때문에 결국에는 사랑받지 못하는 존재가 될 것이다. 결국 도널드를 향한 사랑은 존재하지 않을 것이며, 그는 고통스러울 정도로 사랑을 갈망하게 될 것이다. 홀로 버려진 채 무럭무럭 자라난 분노가 결국 다른 모든 것을 집어삼킬 것이다.

도널드의 오랜 비서이자 '수문장'이라고도 불린 로라 그래프Rhona

Graff가 나와 내 딸을 뉴욕 개표 현장 파티에 초대했을 때 나는 이를 거절했다. 힐러리 클린턴의 당선 발표를 보며 기쁨을 감추지 못하는 무례를 범하고 싶지 않았기 때문이다. 그러나 그로부터 불과 몇 시간 뒤인 이튿날 아침 5시에 내 예상과는 정반대의 결과가 발표되었고, 나는 수많은 다른 사람들처럼 정신적으로 큰 충격을 받은 채 집 안을 서성거렸다. 그러나 내게 이 사실은 좀 더 개인적인 일로 다가왔다. '62,979,636명의 미국 유권자가 이 나라를 역기능 장애를 겪는 트럼프 가족의 거시적 확장판으로 바꾸겠다'는 선택을 한 것처럼 느껴졌기 때문이다.

대선이 끝나고 한 달 동안 텔레비전 뉴스와 트위터에서 눈을 떼지 못했다. 너무 불안해서 다른 일에 집중할 수 없었다. 도널드가 하는 일은 전혀 놀라울 것이 없었지만, 그가 지닌 최악의 충동에 따라 이 나라에 해를 입히는 속도와 정도를 보며 어쩔 줄을 몰랐다. 그는 취임식에 참가한 군중의 규모를 거짓으로 부풀렸고, 자신이 푸대접을 받는다며 불평을 했다. 환경보호에 관련한 각종 제도를 축소했고, 건강보험 개혁법의 폐지를 주장하며 수백만 명의 보험 혜택을 앗아가려 했다. 무슬림 입국 금지법을 제정하면서 인종차별을 일삼기도 했다. 하루에도 열두 번씩 도널드의 얼굴을 보거나 나의 이름이 언급되는 것을 듣는 일은 과거, 즉 할아버지의 잔혹성과 경멸 아래 쇠약해져 가던 나의 아버지가 돌아가신 때로 나를 데려갔다(아버지가 42살의 나이로 돌아가셨을 때 나는 고작 16살이었다). 이제는 도널드의 행위가 미국의 공식적인 정책이 되어 수백만 명의 사람들에게 영향을 미친다는 사실에, 그의 잔혹성에 대한 나의 공포감은 커져만 갔다.

할아버지가 트럼프 가문에 조성한 분열의 공기 안에서 도널드는 늘 유영한다. 분열은 다른 가족을 희생시키며, 그에게 지속적인 혜택을 주었다. 분열은 내 아버지에게 그러했듯 미국을 닳아 없어지게 하고 있으며, 도널드만은 건드리지 않은 채 우리를 변화시키고 있다. 분열은 우리에게 친절해질 수 있는 능력이나 용서의 힘을 믿는 마음을 빼앗아가고 있다. 이 두 가지는 도널드에게 아무런 의미도 없는 개념이다. 트럼프 행정부와 정당은 그가 펼치는 불평과 특권의 정치에 잠식되었다. 더 심각한 것은 역사, 헌법 원칙, 지정학, 외교(를 비롯한 모든 것)에 대한 이해가 전무할 뿐 아니라, 그와 관련된 지식을 보여줘야 한다는 압박을 단 한 번도 받은 적이 없었던 도널드가 자신의 아버지에게 배운 대로 '돈의 프리즘'을 통해서만 미국의 모든 동맹국과 사회 정책을 평가하고 있다는 것이다. 국가 경영의 비용과 혜택은 오로지 재정적인 측면에서만 고려된다. 마치 미국 재무부가 자신의 돼지저금통인 것처럼 말이다. 그는 돈이 빠져나가면 자신의 손해이고, 돈이 절약되면 자신의 이익이라고 생각했다. 터무니없이 거대한 부의 한가운데서 모든 힘의 지렛대는 한 방향으로 향하고 있으며, 그 모든 이익을 자신의 것으로 취하는 사람이 혜택의 전부를 가져갈 것이다. 도널드의 직계가족과 친구들, 그에게 아첨하는 사람들에게는 조건부로 이득이 돌아갈 것이다. 나머지 사람들에게는 충분한 몫이 돌아가지 않을 것이다. 그리고 이는 바로 우리 할아버지가 우리 가족을 이끌어가는 방식이었다.

* * *

지난 50여 년간 도널드에게 집중된 관심과 방송 보도에 비해, 그를 대상으로 한 심층 조사가 거의 이뤄지지 않았다는 점이 놀랍다. 그의 성격적 결함과 일탈 행동은 즉각 주목을 받으며 농담거리로 쓰이긴 했지만, 그가 왜 그러한 사람이 되었는지, 뿐만 아니라 그가 그럴 만한 능력이 없는 게 확실한데도 어떻게 해서 계속 재기할 수 있었는지를 분명히 밝혀내기 위한 노력은 거의 없다시피 했다.

어떤 면에서 도널드는 항상 보호시설에 있는 듯 살아왔다. 자신이 지닌 한계로부터, 세상에서 혼자의 힘으로 성공해야 하는 필요로부터 늘 보호받았던 것이다. 그는 정직한 일을 할 필요가 없었다. 얼마나 크게 실패했든지 간에 이해할 수 없는 방법으로 보상을 받았다. 백악관에서 스스로 저지른 재앙마저도 계속 보호를 받았다. 백악관 내 그의 지지자들은 그가 성명을 발표할 때마다 박수갈채를 보냈고, 그가 저질렀을 직무유기를 정상적인 것으로 보이게 하며 은폐했다. 그 덕분에 우리는 계속 축적되고 있는 그의 범죄 행위에 거의 무감각해지는 지경에 이르렀다. 그러나 지금은 그 어느 때보다 위험한 상황이다. 문자 그대로 생과 사를 다투는 때이다. 이제 도널드의 실패는 (대통령이 되기 전과 달리) 숨겨지거나 묵살될 수 없다. 그의 실패가 우리 모두를 위협하고 있기 때문이다.

고모와 삼촌의 생각과 달리, 나는 돈을 뜯어내거나 복수를 하기 위해 이 책을 쓰지 않았다. 그러한 의도가 있었다면 그가 연쇄 파산한 사업가이자 얼토당토않은 리얼리티쇼 진행자라는 자신의 명성을 백악관 입성에 써먹기 훨씬 전에 이미 출간했을 것이다. 삼촌이 내부 고발자들과 자신을 비판하는 인물을 위험에 빠뜨릴 만한 위치가 아니었을 때 책을 내는 편이 훨씬 더 안전했을 테니 말이다. 하지만 지난 3년간 일어난 사건들을 보며, 나는 더 이상 침묵해서는 안 된다는 의무감을 느꼈다. 이 책이 출간될 때쯤이면 수십만 미국인의 삶이 도널드의 자만심과 의도적인 무시의 제단에 희생되어 있을 것이다. 만약 그가 재선에 성공한다면, 미국의 민주주의는 종말을 맞을 것이다.

도널드가 어떻게 지금과 같은 사람이 되었는지를 가장 잘 아는 사람은 그의 가족뿐이다. 안타깝게도 우리 가족 중 거의 대부분은 의리와 두려움을 이유로 침묵하고 있다. 나는 이 두 가지 감정에 휘둘리지 않는다. 나는 내 아버지의 딸이자 도널드의 유일한 조카딸로서 직접 들은 이야기를 전달할 수 있을 뿐 아니라, 수련한 임상심리학자의 관점 또한 제시할 수 있다. 이 책은 세상에서 가장 눈에 띄면서도 강력한 가족에 관한 이야기다. 그리고 나는 우리 가문에서 기꺼이 이 이야기를 세상에 공개할 수 있는 유일한 사람이다.

도널드가 마치 어떠한 원칙에 따라 국정을 운영하기라도 하는 듯 그의 '전략' 또는 '의제'를 언급하는 관행에 이 책이 종지부를 찍기를 바란다. 그는 그런 방식으로 국정을 운영하지 않는다. 도널드의 자아는 연약했고 지금도 그러하다. 할아버지의 돈과 권력

덕분에 그는 자신과 실제 세상 사이에 세워진 부적절한 장벽을 스스로 넘어설 필요를 단 한 번도 느끼지 못했다. 도널드는 할아버지가 만든 (자신을 강하고 똑똑하며 비범하기까지 하다고 말한) 허구 속에서 영원히 머물러야 한다는 필요를 느끼고 있을 뿐이다. 그러한 허구 중 그 어느 것도 사실이 아니라는 진실을 마주하는 것만큼 그에게 두려운 일은 없기 때문이다.

도널드 트럼프는 할아버지의 그림자가 되어 형제자매와의 공모, 침묵, 무대응을 등에 업은 채 내 아버지를 파괴했다. 나는 그가 내 나라까지 파괴하도록 내버려둘 수 없다.

1부

핵심은
잔인함이다

TOO MUCH AND NEVER ENOUGH

1장

하우스

"아빠, 엄마한테 피가 나요!"

　내 조부모와 고모, 삼촌들이 살던 곳. 그들은 그곳을 '하우스'라고 불렀다. 1년 가까이 그곳에 살았는데도 고모와 삼촌들은 이 집에 좀처럼 적응하지 못했다. 그 때문에 당시 열두 살이던 메리앤 고모는 위층 욕실에서 할머니가 의식을 잃은 채 쓰러져 있는 걸 보고는 순간적으로 방향감각을 잃었다. 할머니는 안방에 딸린 욕실이 아닌 고모들과 함께 쓰던 복도 아래의 욕실에 쓰러져 계셨다. 욕실 바닥은 이미 피 칠갑이 되어 있었다. 고모는 너무 두려운 나머지 할아버지의 심기를 건드리지 않는다는 평소의 습관도 잊은 채, 침실에 계신 할아버지를 깨우러 하우스 반대편 문으로 뛰어갔다.

프레드 할아버지는 침대를 박차고 나온 뒤 복도를 빠르게 걸어내려와 아무런 반응도 하지 않는 아내의 모습을 보았다. 그러고는 자신을 뒤따라온 메리앤 고모와 함께 다시 침실로 서둘러 돌아간 뒤 내선 전화기를 집어들곤 어딘가로 전화를 걸었다.

자메이카 병원과 연줄이 있던 할아버지는 곧바로 하우스에 앰뷸런스를 보내줄 수 있는 사람과 통화했다. 할머니가 응급실에 도착하면 최고의 의사들에게 진찰을 받을 수 있도록 조치도 해두었다. 그리고 그때 메리앤 고모는 할아버지의 입에서 '월경'이라는 생소한 단어가 나오는 것을 들었다.

병원에 도착하자마자 메리 할머니는 응급 자궁절제술을 받았다. 9개월 전 로버트 삼촌을 낳은 뒤 생긴 심각한 산후 합병증이 발견됐기 때문이었다. 당시에는 진단되지 않았지만 수술 과정에서 할머니의 복부에 감염이 생겼고, 이로 인해 여러 합병증이 발생했다.

프레드는 하우스에서 주로 머물던 서재에 앉아 책상 위에 놓인 전화기를 통해 메리의 의사 중 한 명과 짧은 대화를 나눴다. 그는 전화를 끊고 메리앤을 불렀다.

"엄마가 오늘 밤을 넘기지 못할 것 같다고 하는구나." 프레드가 딸에게 말했다.

그러고는 조금 뒤 아내가 있는 병원으로 향하며 이렇게 말했다. "내일은 학교에 가렴. 무슨 일이 있으면 전화하마."

어린 메리앤은 그 말에 담긴 의미를 이해했다. '엄마가 돌아가시면 전화하마.' 메리앤은 방에서 홀로 울며 밤을 지새웠다. 다른 동생들은 어떤 재앙이 닥칠지 꿈에도 알지 못한 채 침대에서 곤히 자고 있었다. 이튿날 메리앤은 두려움에 가득 찬 채로 학교에 갔다. 그는 프레드가 교내 이사회 구성원으로 있는 큐포레스트 사립학교에 다니고 있었다. 교장 제임스 딕슨James Dixon 박사가 자습실에 있던 메리앤을 데리러 왔다. "내 사무실에 네 앞으로 전화가 왔단다."

메리앤은 엄마가 돌아가신 게 틀림없다고 생각했다. 교장실까지 걷는 길이 마치 단두대로 향하는 길처럼 느껴졌다. 그 순간 열두 살 소녀가 생각할 수 있는 것은 자신이 곧 '네 명의 동생들을 위해 엄마 역할을 해야 한다'는 것이었다.

수화기 너머로 아버지의 목소리가 들렸다. "네 엄마는 이겨낼 거야."

그다음 주에 메리는 두 차례 더 수술을 받았고, 프레드의 말처럼 이를 모두 이겨냈다. 병원 내 최고의 의사들에게 아내를 맡기고자 힘쓴 프레드의 노력이 메리의 생명을 구했을지도 모른다. 그러나 회복하기까지는 생각보다 오랜 시간이 걸렸다.

그 후로도 메리는 6개월 동안 병원을 드나들었다. 장기적으로 봤을 때 메리의 건강 상태는 심각했다. 결국 급작스러운 에스트로겐 손실에 의한 중증 골다공증을 앓게 됐다. 자궁을 절제할 때 난소도 함께 제거되었기 때문이었다. 이는 당시 매우 흔하게 진행되던 불필요한 의료 절차가 불러온 화근이었다. 이후 메리의 뼈는 점점 얇아졌고, 자연 골절로 인한 극심한 통증에 자주 시달렸다.

운이 좋은 사람은 온전한 관심을 필요로 하는 영유아기에 자신의 욕구를 지속적으로 채워주고 이에 반응해줄 감정적 여유가 있는 부모를 적어도 한 명은 갖는다. 아동이 건강하게 성장하기 위해서는 포옹을 나누고, 감정을 인정받으며, 화가 날 때는 위로를 받아야 한다. 이러한 부모의 관심은 아이의 심리적 안전감과 안정감을 길러주어, 훗날 아이가 주변 세계를 탐험할 때 과도한 두려움이나 통제할 수 없는 불안을 느끼지 않게 해준다. 자신을 지지해주는 (최소 한 명의) 양육자에게 언제든 기댈 수 있다는 사실을 알기 때문이다.

아이의 마음을 거울처럼 읽어주는 '미러링Mirroring' 또한 아동의 발달에 중요한 영향을 미친다. 이는 아이에게 적절히 대응할 줄 아는 부모가 아이의 욕구를 처리하고, 아이가 느끼는 감정을 되돌려주는 과정이다. 아이의 마음을 거울처럼 읽어주지 않으면 아이는 자신의 생각이 작동하는 과정과 세상을 이해하는 방식을 배우는 데 필수적인 정보를 얻지 못한다. 주 양육자와의 안정적인 애착이 강할수록 아동의 감성 지능이 높아지는 것처럼, 아이의 마음을 거울처럼 읽어주는 행동은 공감의 원천이 된다.

내 조부모인 메리와 프레드는 애초부터 부모가 되기에 문제가 많았다(할머니는 내게 자신의 부모나 어린 시절의 이야기를 들려준 적이 거의 없어서 짐작으로만 알 뿐이다). 메리는 1910년대 초반 십 남매 중 막내로 태어나 사람이 살기에 퍽퍽한 환경에서 자랐다. 그는 첫째 형제보다는 스물한 살, 바로 위 형제보다는 네 살이 어렸다고 한다. 어릴 적부터 자신의 욕구를 충분히 채우지 못해서 그런지, 아니면 다른 이유가 있어서인지는 모르겠으나 할머니는 자식들을 편안하게 해주기보다는 당신의 편안함을 위해 자식들을 이용하는 어머니가 되었다. 할머니는 자식들이 필요로 할 때가 아니라, 자신의 편의에 따라 자식들에게 관심을 기울였다. 자주 불안정하고 도움이 필요한 모습을 보였던 할머니는 때때로 자기연민에 빠져 희생을 꺼렸고, 누구보다도 늘 자신을 우선시했다. 특히 아들들에게는 아무것도 해줄 수 있는 게 없다는 양 행동했다.

수술을 받는 기간과 이후 회복하는 기간 동안 할머니는 물리적으로나 정서적으로 부재했다. 그로 인해 자식들의 삶에는 공허함이 생겨났다. 메리앤 고모와 내 아버지 프레디, 엘리자베스 고모도 물론 힘들었겠지만, 그래도 이들은 현재 무슨 일이 일어나고 있는지 충분히 파악하고 스스로를 어느 정도 돌볼 줄 아는 나이였다. 가장 크게 영향을 받은 자식들은 그 당시 두 돌이 갓 지난 도널드 삼촌과 생후 9개월이 된 로버트 삼촌이었다. 둘은 할머니의 자식들 중 가장 약했다. 특히 두 아이의 공허함을 채워줄 사람이 아무도 없었다는 점에서 더욱 그랬다. 입주 가정부는 넘쳐날 수밖에 없는 집안일을 챙기느라 여력이 없었다. 가족과 가까이에 살던 친할머니가 음식을 챙겨주기는 했지만, 그의 성격 역시 당신의 아들인 프레드만큼이나 간결하고 무정했다. 어쩔 수 없이 첫째인 메리앤 고모가 하교를 한 뒤 어린 두 동생을 돌봐야 했다(당시에 어린아이였던 나의 아버지는 도움이 될 리가 없었다). 고모는 삼촌들을 씻겨주고 잠자리를 살폈지만 열두 살 소녀가 할 수 있는 일은 거기까지가 전부였다. 다섯 명의 아이들에게는 엄마가 없는 것과 마찬가지였다.

메리 할머니는 애정에 굶주린 사람이었던 데 반해, 프레드 할아버지는 감정의 필요를 전혀 느끼지 못하는 사람처럼 보였다. 사실 할아버지는 고기능 소시오패스였다. 잘 알려지지 않은 사실이지만, 소시오패스의 수는 전체 인구의 3퍼센트에 달할 만큼 적지 않다(소시오패스 판정을 받은 사람 중 75퍼센트가 남성이다). 소시오패스의 증상으로는 공감 능력 결여, 아무렇지 않게 거짓말을 하는 능력, 옳고 그름에 대한 무감각, 학대 행위, 타인의 권리에 대한 관심 부족 등이 있다. 이런 소시오패스인 양육자 밑에서 자란다는 것은, 게다가 그 양육자가 미치는 영향을 완화시켜줄 사람이 부재한 환경에서 자란다는 것은 아동이 스스로를 이해하고 자신의 감정을 조절하며 세상과 관계를 형성하는 데 엄청난 혼란을 초래한다. 메리 할머니는 결혼 생활 내내 할아버지가 보인 냉혹함과 무관심, 통제 행위 등으로 인해 발생한 문제에 대해 제대로 대응하지 못했다. 할아버지는 인간성이 부족했고, 아버지이자 남편으로서 융통성도 없었으며, '여성은 선천적으로 열등하다'는 성차별적 인식도 갖고 있었다. 이 때문에 할머니는 자신이 지지받는다는 감정을 더더욱 느낄 수 없었다.

병에 걸린 할머니가 감정적으로든 물리적으로든 자리를 지키지 못했기 때문에 자연히 아이들의 주 양육자는 할아버지가 되었다. 그렇다고 해서 할아버지가 아이들을 잘 돌봤을 것이라 생각하면 오산이다. 그는 어린 자식들을 돌보는 일이 자신의 몫이 아니라고 굳게 믿었다. 마치 아이들은 날 때부터 스스로 알아서 잘 자랄 수 있다고 믿었던 듯, 그는 하루에 12시간씩 주 6일을 트럼프매니지먼트에서 일만 하며 보냈다. 할아버지는 '자신'에게만 중요한 일에 더욱 집중했다. 그것은 바로 당시 성공적으로 성장해나가던 자신의 사업이었다. 그때 할아버지는 브루클린에서 자신의 일생을 통틀어 가장 중요한 기회가 된 쇼어헤이븐 아파트와 비치헤이븐 아파트 건설 사업을 진행하고 있었다.

다시 한 번 상기하자면, 프레드의 무관심 속에서 가장 위태로웠던 아이들은 도널드와 로버트였다. 영유아가 보이는 일종의 애착 행동에는 양육자의 긍정적이고 평안한 반응이 뒤따라야 한다. 아이가 미소 지으면 양육자도 미소 지어야 하고, 아이가 울면 양육자는 즉시 아이를 안아줘야 한다. 아마도 프레드는 집안 상황이 정상적이었더라도 그러한 애정 표현이 필요하다는 사실을 귀찮게 여겼을 것이다.

도널드와 로버트는 애정에 굶주렸다. 어머니를 그리워했을 뿐 아니라 그의 부재에 큰 괴로움을 느꼈다. 그러나 아들들의 괴로움이 커갈수록 프레드는 이들을 더욱 멀리했다. 그는 사람들이 자신에게 무언가를 요청하는 것 자체를 싫어했고, 자식들이 정서적으로 굶주려하는 모습을 귀찮아했다. 이러한 태도는 가족들 사이에 위험한 긴장감을 조성했다. 가장 취약한 상태에서 부모에게 위로와 안정을 이끌어내도록 설계된 두 아이의 본능적인 행동이 아버지의 분노와 무관심을 자아냈기 때문이다. 도널드와 로버트에게 '애정을 필요로 하는 일'은 곧 굴욕, 체념, 절망의 동의어가 됐다. 프레드는 집에 있을 때 방해받고 싶어 하지 않았기 때문에 자식들이 어떻게 해서든 '요구하지 않는 방법'을 배우길 바랐다.

프레드의 양육 방식은 메리의 부재로 인한 악영향을 더욱 악화시켰다. 그 결과 자식들은 세상과 단절되었고, 형제자매들도 서로 남남처럼 지내게 되었다. 그때부터 이들에게 타인과 결속력을 다지는 일은 대단히 어려운 과제가 되었다. 이는 프레디와 다른 형제자매가 서로를 등지게 된 원인 중 하나이기도 하다. 프레디를 옹호하거나 도와주면 아버지의 분노를 살 수 있었기 때문이었다.

메리가 병을 앓으면서 도널드는 자신을 위로해줄 사람을 잃었을 뿐 아니라 인간관계 역시 하루아침에 박살이 나버렸다. 그에게는 이러한 상황을 이해시켜줄 사람도 없었고, 유일하게 기댈 수 있는 사람이라고는 프레드밖에 없었기 때문이다. 이전까지는 메리가 변덕스러운 도널드의 요구를 충족시켜주었다면, 프레드는 도널드의 욕구를 만족시켜주지 않았다. 두려움의 대상이자 자신을 거부하는 아버지가 한편으로는 위안을 줄 수 있는 유일한 존재라는 사실은 도널드를 막다른 길로 몰아넣었다. 그렇게 그는 공포의 근원인 아버지에게 전적으로 의존하게 되었다.

어떤 의미에서 아동 학대는 '너무 많은 것' 혹은 '충분하지 않은 것'을 경험하게 하는 일이다. 도널드는 발달의 결정적 단계에서 어머니와의 관계를 상실하며 '충분하지 않은 것'을 경험했고, 이는 심각한 트라우마로 남았다. 아무런 예고도 없이 그의 욕구는 충족되지 않았고, 두려움과 갈망은 위로받지 못했다. 그는 어머니에게 1년 이상 버려졌다. 아버지로부터는 욕구를 충족받기는커녕 안정감과 사랑조차 받지 못했고, 자신을 소중하게 대해준다는 느낌이나 자신의 마음을 거울처럼 읽어준다는 느낌도 받지 못했다.

이때 도널드가 겪은 상실감은 그의 일생에 지워지지 않는 흉터를 남겼다. 그 결과 도널드는 자아도취, 약자를 괴롭히는 행동, 과장 등의 성격적 특성을 갖게 되었다. 할아버지는 이러한 사실에 관심을 가졌지만, 도널드가 이전에 겪은 두려움을 개선하는 방식으로는 아니었다. 한편 도널드는 성장하면서 프레드가 보인 '너무 많은 것'을 간접적으로 경험하기도 했다. 첫째 아들 프레디를 향한 '너무 많은 관심', '너무 많은 기대', '너무 많은 굴욕'을 목격한 것이었다.

프레드의 이기심은 그의 인생의 우선순위를 흔들어놓았다. 자식을 돌보는 일은 자식들의 필요가 아닌 그 자신의 필요에 의한 일이었고, 그에게 사랑은 아무런 의미가 없었다. 그는 힘들어하는 자식들에게 공감할 줄도 몰랐다. 이는 소시오패스의 결정적인 특징 중 하나다. 그가 자식들에게 기대한 건 복종뿐이었다. 하지만 아이들은 그렇지 않았다. 그들은 아버지가 자신들을 사랑할 것이라 기대했고, 또는 어떻게 해서든 자신들이 아버지의 사랑을 얻어낼 수 있을 것이라 믿었다. 다만 아버지의 사랑이 무조건적이지는 않는다는 걸 무의식적으로는 알아채고 있었다.

메리앤, 엘리자베스, 로버트 모두 정도의 차이는 있지만 도널드와 비슷한 대우를 받았다. 다만 장남으로서 아버지의 이름을 물려받은 프레디만이 아버지의 관심을 받았는데, 이는 그가 프레드의 유산을 이어받도록 길러졌기 때문이었다.

이에 대처하기 위해 도널드는 자신만의 방어책을 개발하기 시작했다. 그 방법은 강력하지만 원시적이었다. 도널드는 타인에게 강한 적개심을 보였고, 어머니의 부재나 아버지의 무관심에는 아무렇지 않은 척을 했다. 이 중 후자는 시간이 흐를수록 일종의 '학습된 무력감'으로 발전했다. 도널드는 어머니와 아버지의 태도에 아무렇지 않은 척함으로써 자신이 겪는 고통에서 오는 최악의 영향으로부터 스스로를 보호할 수 있었다. 반면, 자신이 아무런 감정적 욕구도 필요로 하지 않는 것처럼 연기하는 일에 너무나 익숙해져버린 나머지 실제로 감정적 욕구 충족을 거의 느끼지 못하게 되었다. 그의 감정적 욕구가 있어야 할 자리에는 불평하는 마음과 약자를 괴롭히는 마음, 무례함과 공격성 등이 자라나고 있었다. 물론 이러한 행동 양식은 순간적인 효과를 발휘하기도 했지만, 시간이 지날수록 심각한 문제가 되었다. 부모에게 적절한 관심과 주의를 받았더라면, 도널드의 문제는 극복될 수 있었다. 하지만 그를 비롯해 지구상 모든 사람들에게 안타깝게도, 도널드가 집안에서 살아남기 위해 택했던 방어책은 그의 확고한 성격적 특성으로 굳어져 버렸다. 이 시끄럽고 까다로운 둘째 아들에게 프레드가 관심을 주기 시작했기 때문이다. 뒤에서 자세히 설명하겠지만, 프레드는 도널드의 이러한 성향을 높이 평가했으며, 인정하고 부추기고 옹호했다. 즉, 도널드가 본질적으로 사랑스럽지 않은 인간으로 자란 건 프레드의 학대가 낳은 직접적 결과인 셈이다.

  메리는 병을 완전히 회복하지 못했다. 잠들기 어려워하던 그는 결국 불면증 환자가 되었다. 아이들은 그가 소리 없는 유령처럼 하루 종일 하우스를 돌아다니는 모습을 보았다. 프레디는 한밤중에 사다리 위에 서 있는 메리를 발견한 적도 있었다. 아침이면 예상치 못한 곳에서 의식을 잃고 쓰러진 채 발견되는 일도 잦았다. 메리가 병원에 가는 일은 하우스에서 일상이 되었다. 그때마다 메리는 신체적인 치료는 받았지만 근본적인 심리적 치료는 받지 못해 큰 위험에 처했다.

프레드는 아내가 이따금씩 아프다는 사실 외에는 다른 집안 상황에 대해 잘 알지 못했다. 행여 자신의 특수한 양육 방식을 인지했더라도 그것이 아이들에게 훗날 어떤 영향을 미치게 될지 깨닫지 못했을 것이다. 한때 그는 아내를 죽음으로 몰아넣은 병을 치료할 만큼 충분한 부와 권력을 갖지 못한 사실에 좌절하기도 했으나, 결국 메리의 건강은 프레드의 큰 그림에서 지극히 사소하고 일시적인 문제였다. 메리의 상태는 호전되었고, 놀라운 성공 가도를 달리던 쇼어헤이븐 아파트와 비치헤이븐 아파트 개발 사업도 완료 시점에 다다르고 있었다. 모든 것이 다시 한 번 프레드의 뜻대로 움직이는 것처럼 보였다.

여덟 살이던 프레디가 임신한 엄마를 향해 '왜 그렇게 뚱뚱해졌느냐'고 물었을 때, 식사를 하던 모든 사람이 일제히 말을 멈췄다. 1948년이던 당시는 메리앤이 열 살, 엘리자베스가 다섯 살, 도널드가 갓 한 살을 넘겼을 때였다. 몇 주 뒤면 이들은 프레드가 지은 방 23개짜리 하우스로 이사를 갈 예정이었다. 메리는 자신의 접시를 내려다보았다. 거의 매일 집에 들르시던 (엘리자베스 고모와 이름이 같은) 엘리자베스 증조할머니도 식사를 멈추었다.

집안에서는 엄격하게 식사 예절을 지켜야 했다. 할아버지가 절대 허용하지 않는 몇 가지 사항도 있었다. "팔꿈치를 식탁 위로 올리지 마라. 여기는 마구간이 아니다"라는 말을 듣는 건 예삿일이었다. 한쪽 손에 나이프를 쥔 할아버지는 식탁 예절을 지키지 않는 아이가 있으면 나이프 손잡이로 그 아이의 팔뚝을 툭툭 두드렸다(로버트와 도널드 삼촌은 이 역할을 지나치게 열정적으로 물려받아 나와 프리츠, 데이비드에게 써먹곤 했다). 특히 할아버지와 증조할머니 앞에서는 절대로 해서는 안 될 금기어도 있었다. 아이가 어떻게 엄마 뱃속으로 들어갔는지 프레디가 궁금해하자, 할아버지와 증조할머니는 동시에 자리를 박차고 나가버렸다. 할아버지는 평소 정숙한 분은 아니었지만 증조할머니는 빅토리아 여왕 시대의 관습을 그대로 따를 만큼 격식을 차리는 분이었다.

증조할머니는 성 역할Gender Roles을 엄격히 구분했다. 다만 수년 전 아들의 일에서만큼은 예외를 허락했다. 증조할아버지가 급사하신 지 몇 년 후, 자신이 열다섯 살 난 아들의 비즈니스 파트너가 된 것이었다.

이런 일이 부분적으로 가능했던 이유는 기업가였던 증조할아버지 프리드리히 트럼프Friedrich Trump가 오늘날 화폐 가치로 약 30만 달러에 달하는 재산을 남기고 떠났기 때문이었다.

서독의 작은 마을 칼슈타트에서 태어난 프리드리히는 열여덟 살이 되던 해인 1885년에 의무 군복무를 피하기 위해 미국으로 떠났다. 이후 그는 캐나다 브리티시컬럼비아주에서 식당과 사창가를 운영하며 재산의 대부분을 벌어들였다. 그는 골드러시(1800년대 후반 북미 서부에서 성행한 금광 채굴 사업 - 옮긴이)가 한창일 때 캐나다 유콘 준주로 건너갔고, 20세기로 접어들기 전, 즉 골드러시 호황이 무너지기 직전에 가진 것을 모두 현금화했다.

1901년에 프리드리히는 가족이 있는 독일을 방문하던 중 엘리자베스 크라이스트Elizabeth Christ를 만나 결혼했다. 프리드리히보다 열두 살이 어린, 금발의 작은 여성이었다. 프리드리히는 아내를 뉴욕으로 데려왔지만 첫째 딸 엘리자베스를 낳고는 평생 정착할 생각으로 독일로 돌아갔다. 하지만 독일 당국은 그가 조국을 떠난 바로 그 이유로 그가 독일에 머물 수 없다고 했다. 결국 프리드리히는 임신 4개월 차의 아내와 두 살 난 첫째 딸을 데리고 1905년 7월에 다시 미국으로 돌아왔다. 이후 이들은 1905년에 첫째 아들 프레더릭을, 1907년에 둘째 아들 존John을 낳았다. 가족의 최종 정착지는 퀸스 우드헤이븐이었다. 세 아이는 이곳에서 독일어를 쓰며 자랐다.

프리드리히가 스페인 독감으로 세상을 떠나자, 열두 살 프레드가 가장이 되었다. 남편이 크나큰 재산을 남겼음에도 엘리자베스는 생계를 이어가기가 어렵다고 느꼈다. 세계적으로 5000만 명의 사망자를 낳은 스페인 독감 사태는 원래대로라면 호황기를 누렸을 전시경제에 불안정한 영향을 끼쳤다. 아직 고등학생이던 프레드는 어머니를 도와 생계에 보탬이 되기 위해 여러 특이한 직업을 거쳤고, 마침내 건설 산업을 공부하기 시작했다. 그는 까마득히 오래전부터 건축업자가 되고 싶다는 꿈을 갖고 있었다. 그는 사업을 배울 모든 기회를 놓치지 않았고, 사업의 모든 측면에 흥미를 느꼈다. 고등학교 2학년 때 그는 어머니의 도움을 받아 차고를 지어 이웃들에게 팔기 시작했다. 그는 자신이 이 일에 재능이 있다는 것을 깨달았고, 그 이후부터는 다른 어떤 일에도 관심을 두지 않았다. 그렇게 2년 후 프레드가 고등학교를 졸업할 시점에 엘리자베스는 'E.트럼프앤선'을 설립했다. 엘리자베스는 아들의 능력을 알아봤고, 사업을 하는 것이 아들을 지원하는 길이라는 걸 깨달았다. 엘리자베스는 사업에 참여하며 아직 미성년(민법상 성년이 되는 연령은 만 21세였다)이었던 아들을 대신해 금융 거래 업무를 처리했다. 그리고 이들의 사업과 가정생활은 번창했다.

스물다섯 살이 된 프레드는 댄스파티에서 메리 앤 매클라우드Mary anne MacLeod를 만났다. 스코틀랜드에서 막 미국으로 넘어온 여성이었다. 우리 가문 대대로 전해 내려오는 이야기에 따르면, 프레드는 그날 집으로 돌아가 어머니에게 "결혼할 여자를 만났다"라고 말했다고 한다.

1912년 스코틀랜드 북서해안에서 약 64킬로미터 떨어진 아우터헤브리디스 제도 내 루이스 섬에 있는 작은 마을인 통에서 태어난 메리는 십 남매 중 막내였다. 메리는 유년기에 제1차 세계대전과 스페인 독감을 겪었다(그중 스페인 독감은 훗날 프레드에게도 큰 영향을 미쳤다). 전쟁은 루이스 섬에 있던 상당수의 남성 주민을 앗아갔다. 1918년 11월, 휴전 협정이 체결된 후에는 운명의 짓궂은 장난까지 더해졌다. 1919년 1월 1일 새벽, 귀향 군인을 태우고 영국 본토를 출발한 선박이 루이스 섬 해안에 도착하기 수 킬로미터 전 암초와 충돌한 것이었다. 이 사고로 약 280명의 탑승 군인 중 200명 이상이 안전

지대인 스토너웨이 항구를 약 1킬로미터 앞두고 얼음장처럼 차가운 물속에서 사망하고 말았다. 섬 내 성인 남성 주민 대부분이 그렇게 사라졌다. 남편을 찾고 싶은 젊은 여성들은 다른 곳을 알아봐야 했다.

여섯 딸 중 하나였던 메리 역시 기회의 땅이자 남자도 훨씬 많은 미국으로 갈 것을 권고받았다.

1903년 5월 초에 메리는 당시 연쇄 이주Chain Migration를 떠나던 다른 수많은 사람처럼 RMS 트란실바니아 호에 몸을 실었다. 언니들 중 두 명은 이미 미국에 정착해 있었다. 비록 메리는 가정부 신분이었지만 앵글로색슨족 백인이었다(이 말은 곧 메리가 그로부터 약 90년 뒤에 미국 이민을 시도했더라도 자신의 아들 도널드가 제정한 가혹한 새 이민법의 장벽을 통과했을 거란 의미다). 뉴욕에 도착하기 하루 전 메리는 열여덟 살이 되었고, 그로부터 얼마 지나지 않아 프레드를 만났다.

프레드와 메리는 1936년 1월의 어느 토요일에 결혼했다. 둘은 맨해튼의 칼라일호텔에서 결혼식을 올린 뒤 애틀랜틱시티로 1박 신혼여행을 떠났다. 프레드는 월요일 아침에 브루클린 사무실로 복귀했다.

신혼집은 프레드가 결혼하기 전 어머니와 함께 살던 데본셔 가 바로 아래에 있는 웨어햄가에 마련했다. 당시에 메리는 머리가 핑핑 돌 정도로 단숨에 뒤바뀐 자신의 사회적·경제적 운명에 깊은 경외감을 느꼈다. 그는 입주 가정부가 '된' 사람이 아니라, 입주 가정부를 '둔' 사람이 되었다. 한정된 자원을 두고 경쟁하는 대신 그는 집안의 안주인이 되었다. 봉사활동을 할 여가 시간과 쇼핑할 수 있는 돈을 갖게 된 메리는 절대로 과거를 되돌아보지 않았다. 그리고 이것이 메리가 자신과 비슷한 출신의 사람들을 빠르게 구별하게 된 이유가 되었을지도 모른다.

메리와 프레드는 각자 아내와 남편의 역할에 충실하며 전통적인 삶을 살았다. 프레드는 브루클린에서 사업을 운영하며 하루 10~12시간씩 주 6일을 일했다. 메리는 가정을 돌보았지만 실질적으로 가정을 다스리는 사람은 프레드였다. 심지어 신혼 초기에는 엘리자베스까지 이에 가세했다. 엘리자베스는 무서운 시어머니였다. 신혼 초 몇 년간 그는 메리에게 누가 이 집안의 실질적인 책임자인지를 확실히 이해시켰다. 그는 아들 부부의 집에 올 때마다 흰색 장갑을 껴 며느리가 집안일을 하길 바란다는 자신의 기대를 상기시켰다. 그리고 이는 결혼 전 메리가 가졌던 직업을 노골적으로 조롱하는 것이 틀림없었다.

엘리자베스의 시집살이에도 불구하고 메리와 프레드의 신혼생활은 가능성으로 넘쳐났다. 프레드는 휘파람을 불며 사무실로 출근했고, 저녁에 집에 돌아와서도 휘파람을 불며 위층 방으로 올라가 저녁식사 전 깨끗한 셔츠로 갈아입었다.

메리와 프레드는 아이들의 이름을 따로 상의하지 않았다. 그래서 첫째 딸에게는 메리의 이름(Mary)과 중간 이름(anne)을 합쳐 메리앤이라는 이름을 지어줬고, 1년 반 후 1983년 10월 14일 장남이 태어났을 땐 프레드의 이름과 엘리자베스의 결혼 전 성을 합쳐 프레더릭 크라이스트Frederick Christ라는 이름을 지어줬다(할아버지를 제외한 우리 집안 모든 사람이 그를 '프레디'라고 불렀다).

프레드는 아들이 태어나기도 전에 마치 아들의 미래를 전부 계획해둔 것처럼 보였다. 프레디는 자라면서 자신을 향한 기대에 부담을 느꼈지만, 어릴 적부터 장남이라는 위치 덕분에 혜택을 받기도 했다(메리앤을 비롯한 다른 아이들은 그렇지 못했다). 프레디는 자신의 아버지가 구상한 청사진에서 늘 특별한 자리를 차지하고 있었다. 그는 트럼프 제국의 영원한 확장과 번영을 위해 쓰이는 도구가 될 참이었다.

3년 반 후 메리는 아이를 한 명 더 낳았다. 셋째인 엘리자베스가 태어날 날이 얼마 남지 않았을 무렵, 프레드는 사업을 위해 버지니아비치로 떠났고 오랫동안 집을 비웠다. 당시에는 제2차 세계대전 참전 용사들이 귀향하면서 주택이 부족해졌는데, 프레드는 해군 요원들과 이들의 가족이 거주할 아파트 건설 사업 기회를 얻었다. 프레드에게는 건설 기술을 연마하며 업계에서 명성을 쌓을 시간이 충분히 있었다. 다른 실력 좋은 사람들이 군대에 입대했을 때 그는 자신의 아버지와 마찬가지로 군 복무를 거부했기 때문이었다.

프레드는 여러 채의 주택을 동시에 건설하면서 타고난 능력을 발휘해 자신에게 유리한 방향으로 지역 언론을 활용했고, 연줄 좋은 정치인들을 알게 되었다. 그는 이들로부터 적절한 시기에 도움을 요청하는 방법을 배웠고, 특히 정부로부터 돈을 얻는 방법을 습득했다. 그가 정부 자금을 이용해 자신의 부동산 제국을 건설하는 데 시발점이 된 버지니아비치 건설 사업은 연방주택관리청Federal Housing Administration(FHA)으로부터 넉넉한 재정을 지원받은 사업이었다. 1934년에 프랭클린 루즈벨트Franklin Roosevelt가 설립한 FHA는 프레드가 이곳의 후한 지원을 이용하기 시작한 때부터 본래의 설립 취지와 멀어지기 시작했다. FHA의 주목적은 인구 증가 추세에 발맞춰 적절한 가격에 구입할 수 있는 주택을 건설하는 것이었다. 하지만 제2차 세계대전 이후 FHA는 프레드와 같은 부유한 사업가들과 점점 닮아가고 있었다.

버지니아비치 건설 사업은 프레드가 브루클린에서 배운 기술을 연마할 수 있는 기회이기도 했다. 대규모 건설 사업을 최대한 저렴한 가격에 가장 빠르고 효율적으로 진행하면서, 동시에 임차인 유치에도 힘썼다. 프레드는 퀸스를 오가며 통근하는 일이 너무 버거워지자 가족을 모두 데리고 버지니아비치로 이사했다. 이때 엘리자베스는 아직 젖먹이였다.

낯선 환경에 있다는 점만 빼고는 메리의 입장에서 버지니아비치에서의 삶은 퀸스에서의 삶과 별반 다를 게 없었다. 프레드는 여전히 6세 미만의 세 아이를 메리에게 맡겨둔 채 오랜 시간 일했다. 이들의 사회생활은 프레드의 직장 동료나 프레드가 필요로 하는 서비스를 제공하는 사람들 중심으로 돌아갔다. 이후 프레드의 건설 사업을 지원하던 FHA의 지원금이 소진되자 가족은 뉴욕으로 돌아왔다.

퀸스로 돌아온 뒤 메리는 한 차례 유산했다. 이때 심각한 의료 사고를 겪어 수개월이 지나도 몸을 완전히 회복하지 못했다. 의사는 메리에게 다시는 임신해서는 안 된다고 경고했지만, 메리는 1년 후 임신했다는 사실을 알게 되었다. 유산으로 인해 부부의 자녀들 사이에는 큰 나이 차가 생겼다. 다섯 남매 중 셋째인 엘리자베스를 기준으로 손위, 손아래 남매들의 나이 차는 거의 네 살에 가까웠다. 동생들보다 나이가 훨씬 많은 메리앤과 프레디는 남매지간이지만 거의 다른 세대에 속한 사람이나 마찬가지였다.

다섯 남매 중 넷째이자 차남인 도널드는 새 집을 짓기 시작했을 무렵인 1946년에 태어났다. 프레드는 미드랜드 공원 도로가 내려다보이는 언덕 위 웨어햄가의 집 바로 뒤에 약 2000제곱미터 규모의 땅을 매입했다. 나무가 늘어선 넓은 간선도로가 이웃들의 집 사이사이를 가로지르고 있었다. 이사를 앞둔 아이들은 이삿짐을 언덕 아래로 굴려 내려 보내면 되기 때문에 이삿짐 차를 부를 필요가 없겠다며 농담했다.

하우스의 면적은 약 372제곱미터로 동네에서 가장 눈에 띄는 저택이었지만, 동네 언덕에서 거대한 크기를 자랑하는 북쪽의 이웃 맨션들보다는 여전히 작았다. 오후가 되면 하우스의 넓은 판돌 계단에는 그림자가 드리워졌다. 인도에서 이어지는 이 계단은 특별한 경우에만 사용하던 정문과 연결됐다. 인종차별로 얼룩진 짐 크로우Jim Crow(백인 가수 토머스 라이스Thomas D. Rice의 노래에 등장하는 인물로, 흑인을 검은 까마귀에 빗대 비하하는 표현으로 사용되었다-옮긴이) 시대를 연상시키는 흑인 남자 동상에는 분홍색 페인트가 칠해져 있었는데, 나중에는 그 동상을 없애고 그 자리에 꽃을 심었다. 정문 위 박공판에 달려 있던 가짜 문장(가문이나 단체의 계보 및 권위를 상징하는 장식적인 마크)은 그대로 두었다.

1940년대에 퀸스는 지구상에서 가장 인종 다양성이 넘치는 지역 중 하나였음에도 불구하고, 할아버지가 토지를 매입하고 (조지

아 왕조 양식의 웅장한 붉은 벽돌로 된 24개 기둥을 갖춘) 하우스를 지은 그 당시는 퀸스 인구의 95퍼센트가 백인이었다. 퀸스 내 중상류층이 거주하던 자메이카 에스테이츠에는 백인 비율이 더 높았다. 1950년대에 최초로 이탈리아계 미국인 가족이 동네에 이사 왔을 때, 프레드는 큰 충격을 받고 분노하기까지 했다.

1947년, 프레드는 당시 자신의 커리어에서 가장 중요한 대규모 사업 중 하나였던 쇼어헤이븐 복합단지 공사에 착수했다. 브루클린 벤슨허스트에 지어질 쇼어헤이븐은 6층짜리 건물 32개 동과 12만 1400제곱미터가 넘는 면적에 지어질 쇼핑센터를 포함할 예정이었다. 프레드는 이 공사를 위해 FHA로부터 900만 달러를 직접 지원받았다. 훗날 도널드가 시와 주에서 제공하는 세금 우대 조치를 이용한 것과 같은 방법이었다. 과거에 프레드는 2201채의 아파트를 임대하는 사람들을 가리켜 '건강하지 않은 이들'이라 말한 적이 있었다. 강직한 사람들은 단독주택에서만 거주한다는 그의 생각이 담긴 표현이었다. 단독주택 건설은 초창기 그의 전문 분야였으나, 지원금 900만 달러는 거절하기 어려운 금액이었다. 그즈음 프레드의 재산이 계속 불어날 것이 확실해지자, 프레드와 엘리자베스는 자녀들을 위한 신탁 기금을 마련해 세금 납부를 회피했다.

집과 사무실에서는 철권통치를 하는 독재자였지만, 한편으로 프레드는 권력이 있고 연줄이 더 좋은 사람들에게 접근해 아첨하는 데는 전문가가 되어갔다. 어떻게 그가 이런 능력을 갖게 되었는지는 모르겠지만, 그는 이 능력을 도널드에게 물려줬다. 시간이 지나며 프레드는 민주당 브루클린 지부, 뉴욕시 정당 조직, 연방 정부 지도자들과 관계를 발전시켜나갔다. 그중 대다수는 부동산 산업을 이끄는 주요 인물들이었다. 자금을 지원받는 길이 FHA의 돈줄을 쥔 지역 정치꾼들에게 아첨하는 것이었기에, 그렇게 했다. 이후 프레드는 롱아일랜드 남해안의 고급 비치 클럽에 가입했고, 나중에는 노스힐 컨트리클럽에도 가입했다. 이 두 클럽이 정부 기금을 자신의 쪽으로 이끌어줄 수 있는 최적의 인사들과 접촉해 그들에게 깊은 인상을 남길 수 있는 연결고리라 여겼던 것이다. 도널드도 1970년대에 뉴욕의 호화 사교클럽인 르 클럽을 비롯해 수많은 골프 클럽을 드나들며 아버지와 같은 행보를 따랐다.

훗날 도널드가 트럼프타워, 애틀랜틱시티의 카지노와 관련된 혐의로 기소된 것처럼, 프레드 역시 사업을 원만하게 유지하고자 갱단과 비밀리에 협력했다고 한다. 프레드는 16만 제곱킬로미터 규모의 코나아일랜드 부지에 23채의 복합단지를 짓는 비치헤이븐 사업을 추가로 승인받으며 FHA로부터 1600만 달러를 지원받았다. 이는 국민의 세금으로 사업비를 충당하는 전략이 얼마나 성공적이었는지를 여실히 보여주는 일이었다.

프레드는 정작 정부의 지원 자금으로 사업을 하면서도, 세금 내기를 싫어해 납세를 피하기 위해 할 수 있는 모든 일을 했다. 자신이 세운 제국의 확장세가 절정에 달했을 때 그는 자신이 쓸 필요가 없는 돈은 단 한 푼도 쓰지 않았다. 그는 빚도 절대 지지 않았는데, 그의 아들들은 아버지의 이러한 규칙을 따르지 않았다(아마도 프레드는 제1차 세계대전과 대공황이 발생시킨 결핍의 사고방식에 얽매여 있었기 때문에 그 어떤 재산도 저당 잡히지 않았던 것 같다).

그의 회사가 임대 사업으로 얻은 이익은 막대했다. 그토록 어마어마한 순자산을 보유했음에도, 그는 비교적 검소한 삶을 살았다. 그런 그를 향해 자식들은 '지독한 구두쇠'라고 불렀다. 첫째 메리앤과 둘째 프레디는 사회적 지위에 걸맞은 활동을 해야 한다는 프레드의 말에 따라 피아노 교습을 받고 사설 여름 캠프에도 참가했다. 그러나 이 둘은 자신들을 '가난한 백인'이라고 생각하며 자랐다. 메리앤과 프레디는 131공립학교까지 15분을 걸어서 등교했으며, 맨해튼에 가고 싶을 때는 169번가에서 지하철을 탔다. 물론 이들은 증조할아버지가 돌아가신 뒤 잠시 힘들었던 때를 제외하고는 단 한 번도 가난한 적이 없었다.

부유했던 덕분에 프레드는 어디에서나 살 수 있었다. 그러나 그는 자신이 어린 시절에 살았던 곳에서 20분도 채 걸리지 않는 지역 내에서 성인기의 대부분을 보냈다. 신혼 시절에 메리와 함께 몇 차례 쿠바에 가 주말을 보낸 것을 제외하고는 절대로 미국 밖을 벗어나지 않았다. 버지니아비치 건설 사업을 마친 후에는 뉴욕시를 떠나는 일도 거의 없었다.

그가 일군 사업 제국은 거대하고 수익성이 컸지만 그만큼 고루했다. 그는 50채에 가까운 빌딩을 소유했지만, 각각의 건물은 상대적으로 층수가 낮고 한결같이 실용적인 형태였다. 그가 지닌 거의 모든 재산은 브루클린과 퀸스에 남아 있었다. 현란함과 화려함과 다양성을 갖춘 맨해튼은 그에게 마치 다른 대륙인 것처럼 보였다. 특히 사업 초기에는 그곳이 손에 닿지 않을 곳처럼 느껴지기도 했다.

트럼프 가족이 하우스로 이사했을 때, 그곳의 모든 이웃들은 프레드라는 인물의 존재를 알고 있었다. 메리는 부유하고 영향력 있는 사업가의 아내로서 자신의 역할을 적극 받아들였다. 그는 자매이카 병원과 원내 탁아소에서 여성 지원단 활동을 했고, 오찬 모임과 모금 행사를 주도적으로 주최하며 자선 사업에 참여했다.

부부는 큰 성공을 거뒀지만 각자의 욕망과 본능에서 비롯된 긴장감을 늘 느끼곤 했다. 메리는 (극도로 궁핍했던 건 아니었지만) 결핍을 느끼며 보낸 어린 시절에서 비롯된 긴장감을, 프레드는 제1차 세계대전과 갑작스러운 아버지의 부재로 인한 상실감, 경제적 불확실성에서 오는 긴장감을 느꼈다. 프레드는 트럼프매니지먼트에서 매년 수백만 달러의 수익을 창출했지만, 바닥에 굴러다니는 못을 집어들거나 더 저렴한 복제 살충제를 만드는 일을 멈추지 못했다. 메리는 자신에게 주어진 새로운 지위를 잘 받아들였고 입주 가정부를 두는 등 새로운 지위에서 오는 특혜를 쉽게 받아들였지만, 대부분의 시간을 하우스에서 바느질과 요리와 빨래를 하며 보냈다. 부부 중 그 누구도 자신이 가질 수 있는 것과 실제 자신이 쓸 수 있는 것 사이에서 조화를 이루는 법을 알지 못하는 듯 보였다.

프레드는 검소했지만 소박하거나 겸손하지는 않았다. 사업 초기에 그는 더 성숙해 보이기 위해 나이를 속였다. 그는 쇼맨십이 강했고 과장된 표현을 자주 썼다. 모든 것에 '대단'하고 '훌륭'하며 '완벽'하다고 말하곤 했다. 그는 지역 신문에 보도자료를 보내 자신이 새로 지은 주택에 관한 기사를 쏟아냈고, 수많은 인터뷰를 통해 자신의 건물을 극찬했다. 그는 브루클린 남부를 각종 광고로 도배했고, 광고로 뒤범벅이 된 바지선을 대여해 해안가에 세웠다. 하지만 이 분야에서는 도널드가 한 수 위였다. 프레드는 일대일로 접대하며 자기보다 정계 연줄이 좋은 사람들에게 아첨할 줄은 알았지만, 대중 연설을 하거나 텔레비전 인터뷰에 직접 출연하는 일은 감당하지 못했다. 이에 데일 카네기Dale Carnegie의 연설 강의를 수강하기도 했지만, 연설 실력이 너무나도 형편없었던 나머지 그에게 순종하는 자식들조차 그의 연설을 놀림감으로 삼았다. 라디오에 특화된 얼굴 없는 가수처럼, 프레드도 밀실과 인쇄 매체 위에서만 사회적 자존감을 드러냈다. 그가 훗날 장남을 희생시키며 둘째 아들에게 막대한 지지를 보내게 된 것도 바로 그러한 이유에서였다.

1950년대에 자급자족을 주장한 노먼 빈센트 필Norman Vincent Peale 목사의 피상적인 메시지는 프레드에게 엄청난 인상을 남겼다. 맨해튼 마블컬리지엣 교회의 목사였던 필은 성공한 사업가들을 아주 좋아했다. 그는 "장사꾼이 된다는 것은 돈을 버는 것이 아니다. 장사꾼이 된다는 것은 사람들을 섬기는 일이다"라는 내용의 글을 쓰기도 했다. 필 목사는 부유하고 강력한 힘을 지닌 교회의 수장이자 사기꾼이었다. 이 때문에 그는 메시지를 팔아야 했다. 책 읽기를 좋아하지 않았던 프레드도 필 목사의 베스트셀러인 『노먼 빈센트 필의 긍정적 사고방식』은 알고 있었다. 프레드가 가족들을 마블컬리지엣 교회에 등록시키는 데에는 이 책 제목 하나면 충분했다. 비록 이들 가족이 실제로 교회에 나가는 일은 거의 없었지만 말이다.

프레드는 이미 긍정적인 태도와 무한한 자신감을 갖고 있었다. 종종 심각하고 정중한 태도를 보이거나 자녀들의 친구들처럼 자신에게 아무런 이득도 안 되는 사람들에게는 무시하는 태도를 보이기도 했지만, 기본적으로 그는 잘 웃는 사람이었다. 상대방에게 "당신은 추잡하다"라는 말을 할 때도 쉽게 웃었다. 또한 그는 대체로 기분이 좋은 편이었는데, 거기에는 그럴 만한 이유가 있었다. 자신의 세상 속에서 모든 것을 통제했기 때문이었다. 그는 아버지의 죽음을 제외하고는 거의 늘 평탄한 삶을 살았고, 가족과 동료들에게 크나큰 지지를 받았다. 차고를 건설하던 사업 초창기부터 그는 늘 성공가도를 달렸다. 그는 열심히 일했다. 하지만 열심히 일하는 대부분의 사람들과 달리, 정부 보조금, 연줄 좋은 고위급 친구들이 제공하는 무제한적 도움, 엄청난 행운 등을 보상으로 받았다. 사실상 프레드는 이미 긍정적이었기에 자신의 목적을 위해 필이 전하는 '세상에서 가장 피상적이고도 이기적인 내용'을 흡수하고자 『노먼 빈센트 필의 긍정적 사고방식』을 읽을 필요가 전혀 없었다.

기복신앙(복을 기원할 목적으로 믿는 신앙 - 옮긴이)보다 먼저 발현된 필 목사의 교리는 '자기 확신만 있다면 신이 그 사람에게 원하는 대로 번영을 이루어주리라'는 메시지를 담고 있었다. 그리고 그는 자신의 책에 "간단히 말해 장애물은 당신의 행복과 웰빙을 무너뜨릴 수 없습니다. 당신은 스스로 원할 때만 패배할 것입니다"라고 썼다. 이 견해는 프레드가 갖고 있던 생각인 '나는 그럴 만한 자격이 있기 때문에 부자다'라는 생각을 더욱 명쾌하게 확신시켜 줬다. "자신을 믿으세요! 자신의 능력을 믿으세요! (…) 열등감과 무능감은 당신의 희망이 실현되는 것을 방해할 것입니다. 그러나 자신감은 당신이 스스로 깨닫고 성공할 수 있도록 이끌어줄 것입니다." 프레드는 태생적으로 자기 회의를 느끼지 않았다. 그는 자신이 패배할 수도 있다는 생각을 한 번도 해보지 않았다. "수많은 불쌍한 사람들이 소위 열등의식이라는 병 때문에 비참해진다는 것은 충격적인 일입니다"라는 필 목사의 글처럼 말이다.

필 목사가 선보인 기복신앙의 원형은 프레드가 지닌 결핍을 보완해줬다. 프레드는 '더 많이 가질수록 더 많이 줄 수 있다'가 아니라 '더 많이 가질수록 더 많이 가진다'고 생각했다. 재정적 가치는 자존감과 같았고, 금전적 가치는 곧 인간의 가치였다. 프레드는 더 많이 가질수록 (자신이 생각하기에) 더 나은 사람이 되어갔다. 그는 자신이 누군가에게 무언가를 준다면 그 사람의 가치는 높아지고, 자신의 가치는 낮아진다고 생각했다. 그리고 그는 이러한 태도를 자신의 둘째 아들 도널드에게 완벽히 물려주었다.

2장

첫째 아들

장남이라는 지위 덕분에 프레디는 아버지 프레드가 부모로서 지닌 최악의 충동으로부터 보호받을 수 있었지만, 이후에는 크나큰 스트레스로 인해 부담감을 느꼈다. 자랄수록 프레디는 아버지가 자신에게 지운 책임과 자신이 원하는 삶을 살고 싶다는 욕구 사이에서 갈등했다. 반면 프레드는 전혀 갈등을 겪지 않았다. 그는 아들이 친구들과 함께 피코닉 만에서 보트를 타거나 낚시를 즐기거나 수상스키를 타지 말고, 오직 Z가에 위치한 트럼프매니지먼트 사무실에서 시간을 보내야 한다고 생각했다. 당시 10대였던 프레디는 미래에 무엇이 자신을 기다리고 있는지, 아버지가 자신에게 무엇을 기대하는지 잘 알고 있었다. 그리고 자신이 그 기대에 부응하지 못하고 있다는 것도 알았다. 프레디의 친구들은 평소 느긋하고 즐거움을 추구하는 그가 아버지와 있을 때면 불안해하고 타인의 시선을 의식한다는 걸 알아차렸다. 친구들은 프레디의 아버지를 '노인'이라고 불렀다. 약 186센티미터의 키에 튼실한 몸집을 지닌 프레드는 풍채가 당당했다. 그의 머리카락은 벗겨진 부분부터 뒤로 곱게 빗겨져 있었다. 그는 잘 재단된 스리피스 정장 외에 다른 옷은 입지 않았으며, 아이들에게는 늘 딱딱하고 격식 있는 모습만 보였다. 아이들과 함께 공놀이를 비롯한 다른 놀이를 하는 경우도 없었다. 그는 마치 아이였던 적이 한 번도 없는 사람과 같았다.

프레디는 친구들과 지하실에서 공을 던지며 놀다가도 차고 문이 열리는 소리만 들리면 그 자리에서 얼어붙었다. "그만해! 아빠가 집에 계셔." 프레드가 지하실로 들어오면 아이들은 반사적으로 일어나 그에게 인사했다.

"그래, 이건 뭐니?" 아이들 한 명 한 명과 악수를 하며 프레드가 물었다.

"아무것도 아니에요, 아빠." 프레디가 대답했다. "이제 곧 모두 집으로 돌아갈 거예요."

'노인'이 집에 있는 한 프레디는 침묵하며 늘 경계를 유지할 수밖에 없었다.

10대 초반부터 프레디는 집 밖에서의 생활에 대해 아버지에게 거짓말을 하기 시작했다. 진실을 알게 된 아버지가 자신에게 조롱과 반대를 쏟아낼 것이 분명했기 때문이다. 그는 방과 후 친구들과 하는 일에 대해 거짓말을 했다. 자신이 담배를 피운다는 사실도 숨겼다(그는 열두 살이었을 때 열세 살이던 누나 메리앤에게 담배를 배웠다). 담배를 피우러 나갈 때는 절친한 친구인 빌리 드레이크Billy Drake의 '있지도 않은' 개를 산책시키고 오겠다며 집을 나섰다. 프레드는 프레디가 명문 사립학교인 세인트폴 스쿨에서 사귄 친구 호머Homer와 영구차를 훔쳐 폭주 드라이브를 즐겼다는 사실도 몰랐다. 그들은 훔친 차를 장례식장에 되돌려두기 전 기름을 채우기 위해 주유소에 들렀다. 프레디가 차에서 내려 주유기 쪽으로 걸어갈 때 뒷좌석에 기대 누워 있던 호머가 몸을 일으켜 앉았는데, 그 순간 반대쪽 주유기에 있던 한 남자가 부활한 시체를 본 줄 알고 크게 비명을 질렀다. 프레디와 호머는 눈물이 날 정도로 웃었다. 프레디는 이런 장난을 즐겼고, 아버지가 집에 계시지 않을 때만 누나와 동생들에게 자신의 무용담을 늘어놓았다.

트럼프 가족의 몇몇 자녀들에게 거짓말은 생존의 방식과도 같았다. 특히 장남 프레디에게 거짓말은 방어책이었다. 다른 자녀들은 단순히 아버지의 반감을 사지 않기 위해 거짓말을 했지만, 프레디는 살아남기 위해 거짓말을 했다. 예컨대 메리앤은 단 한 번도 아버지의 말을 거스른 적이 없었다. 외출 금지를 당하거나 방에 갇히는 등 일상적인 처벌이 무서워서 그랬는지도 모른다. 도널드에게 거짓말은 자신의 권력을 확장시키기 위한 방식이었다. 그는 거짓말을 통해 타인이 자신을 실제보다 더 잘난 사람이라고 믿게 만들었다. 다만 똑같은 거짓말을 해도 프레디가 아버지의 말을 거역했을 때 가해지는 처벌의 종류와 정도는 동생들의 그것과는 차원이 달랐다. 이 때문에 프레디에게 거짓말은 아버지가 억누르려는 자신의 타고난 유머 감각, 모험심, 감수성을 지키기 위한 유일한 방어 수단이 되었다.

열등의식에 관한 필 목사의 견해는 프레드가 프레디를 가혹하게 평가하는 데 영향을 미쳤다. 동시에 프레디를 제외한 다른 자녀들에 대한 책임감을 회피하는 데에도 힘을 실어주었다. 프레드는 나약함을 가장 큰 죄악이라고 여겼다. 그는 프레디가 자신의 남동생인 존을 닮았을까 봐 걱정했다. MIT 교수이자 부드러운 성격의 존은 야망이 없지는 않았지만, 프레드가 중요하지 않은 분야라고 생각했던 엔지니어링과 물리학 등 '잘못된 것'들에 관심이 많았다. 프레드는 자신과 같은 성을 가진 사람 중에 그토록 부드러운 성격을 가진 이가 있다는 사실을 인정하지 못했다. 프레디가 열 살이 되었을 때 트럼프 가족은 하우스로 이사했고, 그때 이미 프레드는 프레디를 강하게 키워야겠다고 결심한 상태였다. 그러나 자신이 어디로 향하고 있는지 신경 쓰지 않는 대부분의 사람들처럼, 프레드는 프레디를 과잉 교정하고 있었다.

"멍청하긴." 프레디가 반려동물을 키우고 싶은 마음을 드러내거나 짓궂은 장난을 칠 때마다 프레드는 이렇게 말했다. "뭣 하러 그런 걸 하려는 게냐?" 프레드가 경멸이 묻어나는 목소리로 이런 말을 하면 프레디는 움츠러들었고, 그런 모습은 프레드를 더욱 짜증 나게 만들었다. 프레드는 장남이 일을 망치거나 실패하는 것을 싫어했지만, 꾸지람을 들은 그가 "죄송해요, 아빠"라고 사과하는 것을 더욱 싫어했다. 프레드는 프레디를 조롱하곤 했다. 그는 자신의 장남이 이기기 위해 무슨 수를 써서든 경쟁자를 물리치고 마는 '킬러'가 되길 원했다(1950년대 코니아일랜드에서 돈을 버는 일은 그렇게 위험하고 어려운 일이 아니었기에 그의 말에는 어폐가 있다). 그리고 프레디는 킬러와는 정반대의 기질을 타고났다.

킬러가 되는 것은 무적이 된다는 것을 뜻했다. 겉보기에 프레드는 어린 시절에 겪은 아버지의 죽음에 대해 아무런 감정도 느끼지 않는 것처럼 보였지만, 아버지가 갑작스럽게 세상을 떠났다는 사실에 충격을 받아 평정심을 잃었다. 수년 후 증조할아버지의 죽음에 대해 이야기하던 때 그는 이렇게 말했다. "그렇게 돌아가셨지. 그냥 그렇게 말이야. 실감이 나지 않았어. 난 그렇게 속이 상하지도 않았어. 애들은 원래 그렇잖아. 하지만 어머니가 슬피 우시는 모습이 속상했지. 일어난 일에 대해 내가 느끼는 감정이 아니라, 어머니의 모습을 보는 것이 나를 슬프게 만들었던 거지."

프레드는 자신이 느끼는 감정이 아니라 어머니가 느끼는 감정을 보며 상실로 인한 취약함을 느꼈다. 아마도 그는 그러한 감정을 강요받았다고 느꼈을 것이다. 특히 그 스스로 이러한 감정을 공유하지 않았기 때문에 더욱 그렇다. 그에게 이런 강요는 매우 고통스러웠을 것이다. 그 순간 우주의 중심은 그가 아니었고, 이는 받아들일 수 없는 일이었다. 그 일이 있고 난 후부터 프레드는 상실을 인정하거나 느끼는 것을 거부했다(나는 프레드 할아버지를 비롯해 그 누구도 증조할아버지에 대해 이야기하는 것을 들어본 적이 없다). 프레드는 인생에서 특별히 중요한 것들을 잃어오지 않았기 때문에 자신이 앞으로 나아갈 수 있는 것이라고 생각했다.

인간의 실패에 대한 필 목사의 견해에 동의하던 프레드는 자신이 프레디를 조롱하고 의심함으로써 아들이 낮은 자존감을 가질 수밖에 없다는 사실을 알지 못했다. 프레드는 아들에게 완전한 성 공을 거두어야 한다고 말하면서도, 동시에 그가 결코 그 일을 해 내지 못할 것이라고 말했다. 프레디는 처벌만 있고 보상은 없는 체계 속에서 살았다. 다른 아이들, 특히 도널드는 이러한 사실을 의식할 수밖에 없었다.

도널드의 상황은 조금 달랐다. 일곱 살 반이라는 터울 덕분에, 그는 아버지가 형에게 창피를 주고 형이 수치심을 느끼는 모습 을 보면서 충분히 교훈을 얻을 수 있는 시간을 누렸다. 그가 얻은 교훈은 간단했다. '프레디처럼 되면 안 된다'는 것이었다. 프레드 는 장남을 존중하지 않았고, 그 결과 도널드도 형을 존중하지 않 았다. 프레드는 프레디가 약하다고 생각했고, 도널드 역시 그렇게 생각했다. 두 형제가 이러한 사실을 각자 다른 방식으로 받아들이 는 데는 꽤 오랜 시간이 걸렸다.

한 가정에서 무슨 일이 일어나고 있는지 온전히 이해하기는 어 렵다. 아마 가장 어려움을 겪는 이들은 사건의 중심에 있는 각 가 정의 당사자들일지도 모른다. 부모가 자녀를 어떻게 대하든, 아이 는 부모가 일부러 자신을 해치려 한다고 생각하지 않는다. 프레디 의 입장에서는 아버지가 진심을 다해 자신을 위하고 있으며 문제 는 자기에게 있다고 믿는 편이 더 쉬웠을 것이다. 다시 말해, 아버 지의 학대로부터 스스로를 보호하는 것보다는 아버지를 향한 자 신의 사랑을 보호하는 편이 그에게는 더 중요한 일이었다. 도널드 는 아버지가 형을 대하는 방식을 눈에 보이는 그대로 받아들였다.

"아빠는 프레디 형에게 상처를 주려고 하시는 게 아니야. 형과 나에게 진정한 남자가 되는 법을 가르치려 하시는 거지. 형은 실패하고 있는 거고."

학대는 시끄럽고 폭력적인 방식보다는 조용하고 은밀하게 행해지는 때가 더 많다. 내가 아는 한 할아버지는 물리적인 폭력을 가하기는커녕 화도 잘 내지 않으시던 분이었다. 할아버지는 그런 행동을 보일 필요가 없었다. 당신이 원하는 것을 얻길 기대하고, 거의 항상 그것을 얻어내셨기 때문이다. 할아버지는 프레디를 고칠 수 없어서가 아니라, 프레디가 자신이 원하는 면을 갖추지 못했다는 사실에 분노했다. 프레드는 프레디의 타고난 성격과 재능의 모든 면을 평가절하하고 비하했으며 그를 산산조각 냈다. 결국 프레디에게 남은 건 자기비하와, 자신을 필요로 하지 않는 사람에게 기쁨을 줘야 한다는 간절한 열망뿐이었다.

도널드가 이러한 운명에서 탈출할 수 있었던 유일한 이유는 그의 성격이 프레드의 목적에 부합했기 때문이었다. 소시오패스들은 자신의 이익을 위해 타인을 무자비하고 효율적으로 이용하면서, 그 어떤 반대나 저항도 허용하지 않는다. 프레드는 도널드도 망가뜨렸지만, 프레디에게 그랬던 것처럼 도널드를 완전히 파괴하지는 않았다. 그 대신 프레드는 도널드의 능력을 완전히 단순화시켜버렸다(인간이 느끼는 모든 감정의 스펙트럼을 경험하고 개발할 수 있는 능력 말이다). 그럼으로써 프레드는 도널드가 세상을 인지하는 방식을 왜곡시키고, 세상을 살아가는 능력을 손상시켜버렸다. 도널드는 자기 자신이 되기보다는 아버지가 지닌 야망의 확장판이 되어갔다.

그리고 이러한 도널드의 성향은 학교에 들어간 후 더더욱 뚜렷하게 나타났다. 도널드와 부모의 상호작용 방식은 도널드가 자신의 세계를 이해하는 데 아무런 도움이 되지 못했다. 그 때문에 도널드는 타인과 잘 지내는 능력을 갖지 못했고, 그와 남매들 사이에는 늘 완충제가 필요했으며, 사회적 신호를 읽는 것이 거의 불가능에 가까울 정도로 어려운 과제가 됐다. 그리고 그는 오늘날까지도 여전히 이러한 문제를 겪고 있다.

일반적으로 가정의 규칙은 사회의 규칙을 반영하므로, 아이들은 세상에 나가 어떤 행동을 해야 하는지 잘 알고 있다. 가정에서의 규칙을 통해 아이들은 학교에서 다른 친구들의 장난감을 뺏어선 안 되고, 친구를 때리거나 놀려서도 안 된다는 걸 알고 있다. 하지만 도널드는 이 모든 것을 전혀 이해하지 못했다. 그가 집에서 배운 규칙(최소한 남자들에게만 해당되었던 규칙)은 '어떻게 해서든 강해져야 한다', '거짓말은 해도 된다', '자신이 틀렸다는 것을 인정하거나 사과하는 건 나약한 것이다' 등이었는데, 이는 (당연히) 학교에서 맞닥뜨린 규칙과 충돌했다. 세상을 향한 프레드의 기본 신념은 '승자는 오직 한 명뿐이며 나머지는 모두 패자'였으며, 이는 공유하는 능력을 근본적으로 없애는 생각이었다. 도널드는 프레디를 통해 아버지의 규칙을 따르지 못하면 가혹할 뿐 아니라 때로는 공개적인 굴욕을 당하는 벌을 받게 될 것이란 사실을 알았다. 그 때문에 아버지의 권위가 미치지 않는 곳에서도 계속 아버지의 규칙을 따랐다. 도널드가 이해하는 '옳은 것'과 '그른 것'은 대부분의 초등학교에서 가르치는 규칙과 당연히 충돌할 수밖에 없었다.

도널드는 점점 더 오만한 사람으로 자라났다. 그의 오만함은 버림받았다는 느낌에 저항하는 방어 수단이자, 부족한 자존감의 해결책이었다. 그리고 이는 점점 더 심해지는 불안감을 덮어주는 보호 피복 역할을 했다. 결과적으로 그는 모든 사람과 거리를 둘 수 있게 되었다. 그렇게 하는 것이 그에게도 더 편했다. 트럼프 가문의 모든 아이들은 감정을 표현하거나 감정을 대면하는 일 등 감정과 관련한 모든 일에서 불편함을 느꼈다. 극도로 좁은 범위의 감정만 느끼도록 강요받아온 남자아이들은 더 큰 불편을 느꼈을 것이다(나는 우리 집안의 모든 남자들이 만나고 헤어질 때 악수하는 것을 제외하고는 울거나 그 밖의 감정을 표현하는 모습을 한 번도 본 적이 없다). 트럼프 가문의 아이들은 다른 아이들과 친해지거나 권위 있는 누군가와 가까워지는 일이 프레드를 배신하는 위험한 행동이라고 느꼈다. 그런데 간혹 도널드의 자신감 있는 모습, 사회의 규칙이 자신에게는 적용되지 않는다고 믿는 모습, 과장된 자존감을 나타내는 모습 등에 매료되는 사람들이 있었다. 그리고 여전히 많은 사람은 그의 오만함을 힘으로, 허황된 허세를 업적으로, 피상적인 관심을 카리스마로 혼동하고 있다.

일찍이 도널드는 동생 로버트를 괴롭히고 그를 한계로 밀어붙이는 것이 얼마나 쉬운지를 잘 알았다. 이는 도널드에게 결코 질리지 않는 게임과 같았다. 깡마르고 조용한 로버트를 괴롭히는 일에는 아무런 힘도 들지 않았기 때문에, 다른 남매들은 굳이 그를 상대하려 하지 않았다. 하지만 도널드만은 달랐다. 그는 자신의 힘을 과시하길 즐겼다. 상대가 자신보다 작고 빼빼 마른 동생일지라도 말이다. 한번은 좌절과 무력감에 빠진 로버트가 욕실 문을 발로 차 구멍을 낸 적이 있었다. 로버트가 이런 짓을 하게 만든 사람이 도널드였는데도, 정작 곤경에 빠진 사람은 로버트였다. 어머니가 그만하라고 해도 도널드는 멈추지 않았다. 누나 메리앤과 형 프레디가 말려도 절대 멈추지 않았다.

어느 해 크리스마스에 남자아이들은 장난감 트럭을 선물로 받았다. 로버트는 이 장난감 트럭을 아주 좋아했는데, 그런 사실을 알자마자 도널드는 동생의 트럭을 숨겨두고 그 트럭이 어디 있는지 모르는 척하기 시작했다. 도널드가 마지막으로 트럭을 숨겨놓고 동생을 놀렸을 때, 로버트는 걷잡을 수 없이 성질을 냈다. 그러자 도널드는 로버트에게 울음을 그치지 않으면 그의 앞에서 트럭을 부숴버릴 것이라고 위협했다. 트럭을 구해야 한다는 생각에 로버트는 필사적으로 어머니에게 달려갔다. 이때 메리의 해결책은 모든 트럭을 다락에 숨기는 것이었다. 그리고 이 결정은 잘못이 없는 로버트에게는 벌을 주고, 잘못을 저지른 도널드에게는 자신이 무적이라는 생각을 주입하게 만든 계기가 되었다. 당시 도널드는 자신의 이기심과 고집과 잔인함으로 보상을 받진 않았지만, 그렇다고 해서 처벌을 받지도 않았다.

메리는 방관자였다. 메리는 아이들의 사건에 개입하지 않았고, 아들을 위로하지도 않았으며, 심지어 위로하는 일이 자신의 일이 아닌 것처럼 행동했다. 1950년대에도 여전히 트럼프 가족은 성 역할을 엄격히 구분하며 생활하고 있었다. 프레드는 어머니와 함께 사업을 운영하면서도, 자신의 아내는 절대로 동업자가 될 수 없음을 분명히 했다. 메리는 딸들을 담당했고 프레드는 아들들을 맡았다. 메리가 1년에 한 번 루이스 섬에 있는 친정에 방문할 때도 메리앤과 엘리자베스만 함께 갔다. 메리는 아들들에게 밥을 해주고 빨래를 해주었지만, 아들들을 지도하는 건 자신의 일이 아니라고 여겼다. 그는 아들의 친구들과도 거의 교류하지 않았다. 자신의 건강 문제로 이미 손상되어버린 아들들과의 관계는 점점 더 멀어져만 갔다.

프레디가 열네 살 때 당시 일곱 살이던 동생 도널드의 머리 위에 으깬 감자 그릇을 뒤엎은 일은 도널드의 자존심에 크나큰 상처를 입힌 사건이었다. 2017년 백악관에서 열린 생일 만찬에서 메리앤 고모가 그 일을 언급했을 때까지도 여전히 기분 나빠할 정도였으니 말이다. 사실 도널드가 로버트를 괴롭힌 일에 비하면 이 사건은 그리 대수롭지 않은 일이었다. 그 누구도 도널드를 막을 수 없었다. 일곱 살이었을 때도 도널드는 어머니의 말을 들을 필요를 느끼지 못했다. 투병 생활 후 아들들 간의 다툼을 해결할 수 없었던 어머니를 무시하기까지 했다. 결국 로버트의 울음소리와 함께 도널드가 로버트를 괴롭히는 방식은 날로 심해졌고, 훗날 가문의 전설이 될 그 순간에 즉흥적으로 프레디는 눈앞에 있는 것들 중 실질적인 해를 입히지 않을 물건 하나를 집어 들었다. 바로 으깬 감자가 든 그릇이었다.

모두가 웃었다. 모두가 웃음을 멈추지 못했다. 이들은 도널드를 향해 웃고 있었다. 도널드가 자신보다 열등하다고 믿었던 사람에게 굴욕감을 느낀 건 그날이 처음이었다. 그때까지 그는 굴욕이 무기가 될 수 있다는 걸 알지 못했다. 다른 누구도 아닌 프레디가 자신을 굴욕적인 상황에 빠뜨릴 수 있다는 사실이 그에게는 더욱 충격이었다. 그때부터 도널드는 두 번 다시 굴욕감을 느끼지 않겠다고 결심했다. 오히려 도널드는 굴욕감을 무기로 휘두르며, 그 무기의 끝이 절대로 자신을 겨누지 않게 했다.

3장

위대한 자

메리앤은 마운트홀리요크 대학에 진학했고, 몇 년 뒤 프레디는 리하이 대학에 입학했다. 도널드는 형이 아버지의 기대에 부응하려 허덕이지만, 대개는 실패하는 모습을 보며 자랐다. 물론 프레드의 기대는 늘 모호했다. 프레드는 자신이 말을 하지 않아도 아랫사람들이 무언가를 알아서 해야 한다는 권위주의적인 생각을 가진 사람이었다. 아랫사람들은 프레드의 표적이 되어 책망받지 않을 때, 스스로 잘하고 있다고 짐작할 뿐이었다.

그러나 도널드의 생각은 달랐다. 도널드가 느끼기에 '아버지의 표적이 되지 않는 것'과 '아버지로부터 호감을 얻는 일'은 완전히 다른 문제였다. 그래서 도널드는 형과 비슷한 자신의 특성들을 모조리 지워버렸다. 도널드는 프레디와 그의 친구들과 함께 가끔 낚시 가는 것을 제외하고는 자주 컨트리클럽과 사무실을 드나들었다. 그가 프레드와 유일하게 달랐던 점은 골프를 즐긴다는 것이었다. 또한 도널드는 괴롭히기, 비난하기, 책임지는 것을 거부하기, 권위 무시하기 등 그간 처벌을 받지 않고 계속해오던 행동들의 강도를 더욱 높여갔다. 도널드는 자신이 아버지에게 '반발'하고, 아버지는 이를 '존중'했다고 말한다. 도널드가 아버지에게 반발할 수 있었던 이유는 아버지가 그의 반발을 허락했기 때문이다. 도널드가 어렸을 때까지만 해도 그는 아버지의 관심 대상이 아니었다. 당시 프레드의 관심사는 오직 자신의 사업과 장남 프레디뿐이었다. 하지만 도널드가 열세 살이 되고 집을 떠나 사관학교에 들어갔을 때, 프레드는 권위를 무시하는 도널드의 태도에 감탄하기 시작했다. 프레드는 엄격한 아버지였지만, 도널드의 오만함과 약자를 괴롭히는 태도에는 눈을 감아주었다. 그 자신도 그러한 충동을 느꼈기 때문이다.

아버지의 격려를 등에 입은 도널드는 자신이 과장해서 말하는 것들을 진실로 믿기 시작했다. 열두 살 때부터 도널드의 오른쪽 입꼬리는 자신의 우월함을 의식하며 모두를 비웃는 듯 올라가 있었다. 그런 그에게 프레디는 '위대한 자The Great I-Am'라는 별명을 붙여주었다. 이는 주일학교에서 배운 출애굽기 구절 중 신이 모세에게 처음 모습을 드러내는 장면에서 따온 별명이었다.

처참한 환경에서 성장한 도널드는 그간의 경험과 직관을 통해 자신은 위로나 위안을 받지 못할 것이라는 걸 잘 알고 있었다. 따라서 도움이 필요한 모습을 보이는 건 도널드에게 쓸모없는 일이나 다름없었다. 그는 의도했건 그렇지 않았건 간에, 있는 그대로의 모습을 절대로 부모에게 노출하지 않았다. 메리는 너무 무력했고, 프레드는 아들들 중 가장 쓸모 있는 아들에게만 관심을 쏟았다. 도널드는 점점 더 편의주의적인 인간이 되어갔다. 그리고 그로 인해 그가 형성하게 된 융통성 없는 성격은 한 벌의 갑옷처럼 고통과 상실로부터 그를 단단히 보호해줬다. 그러나 한편으로는 그 갑옷 때문에, 도널드는 타인과 가까워지고 신뢰를 쌓는 방법을 배우지 못했다.

프레디는 아버지에게 무언가 요구하는 것을 두려워했다. 그리고 도널드는 그의 침묵이 낳은 결과를 똑똑히 목격했다. 프레디는 아버지가 암묵적으로 표현하는 기대에 미치지 못할 때마다 모욕과 수모를 당했다. 도널드는 형과는 다른 방식을 찾아야만 했다. 그리고 그는 형이 감히 넘으려 시도해보지도 못한 모든 장벽을 깨부수며 아버지의 환심을 사기 위해 애썼다. 도널드는 자신이 어떻게 해야 하는지를 정확히 알고 있었다. 프레드가 움찔할 때마다 도널드는 어깨를 으쓱였다. 그는 허락을 구하지 않고 원하는 것을 늘 쟁취했는데, 이는 그가 용감해서가 아니라 '원하는 것을 가지지 못하는 상황'을 두려워했기 때문이다. 도널드가 이해하고 있었을지 모를 프레드의 근본적인 메시지는 다음과 같았다. '가정에서든 인생에서든 승자는 단 한 명뿐이다. 나머지는 모두 패자다.' 프레디는 늘 올바른 일을 하려고 애썼지만 (아버지의 기대를 충족시키는 데) 번번이 실패했다. 반면 도널드는 자신이 '잘못'하는 일은 하나도 없다는 걸 깨달았고, 그 뒤로는 모든 '올바른' 일을 멈췄다. 그는 점점 더 대담하고 공격적인 사람이 되어갔다. 그가 세상에서 유일하게 중요하다고 여겼던 아버지에게 반대나 제재를 받지 않았기 때문이다. 프레드는 도널드의 킬러 같은 면모를 좋아했다. 심지어 그가 나쁜 행동을 할 때조차 그랬다.

도널드는 아버지의 호감을 사기 위한 오디션을 치르듯, 매번 경계를 넘었다. 마치 "아빠, 보세요. 강한 아들은 저예요. 제가 킬러예요"라고 말하는 듯했다. 그는 그 어떤 반대에도 부딪치지 않고 계속 선을 넘었다(그러다가 결국 반대에 부딪치는 날이 오고야 말았지만, 이는 아버지의 반대는 아니었다).

도널드의 행동은 프레드에게 방해가 되지 않았다. 프레드는 사무실에서 오랜 시간을 보냈고, 집에서 무슨 일이 일어나는지는 신경 쓰지 않았다. 하지만 메리는 달랐다. 메리는 도널드를 전혀 통제하지 못했고, 도널드는 단 한 번도 메리의 말을 따르지 않았다. 도널드를 훈육하려는 메리의 시도는 매번 수포로 돌아갔다. 도널드는 자주 말대답을 했다. 심지어 자신이 틀렸다는 사실조차 인정하지 않았다. 메리가 옳은 말을 할 때도 도널드는 물러서지 않고 반박했다. 그는 남동생을 괴롭히고 그의 장난감을 빼앗았다. 집안일을 비롯해 자기가 해야 하는 모든 일을 하지 않았다. 깐깐한 메리가 보기에 가장 최악이었던 것은, 도널드가 그 어떤 협박에도 굴하지 않고 뒷정리를 하지 않는 게으름뱅이라는 사실이었다. "아버지가 집에 오시면 보자." 이 말이 프레디에게는 효과적인 협박이었지만, 도널드에게는 농담과도 같았다.

1959년이 되었을 때, 싸움과 따돌리기와 선생님과의 언쟁 등 도널드가 저지르는 비행은 도를 넘기 시작했다. 도널드가 다니던 큐포레스트 학교에서도 더 이상 그를 용납하기가 어려운 지경이었다. 프레드가 교내 이사회 구성원이라는 사실은 양날의 검이었다. 학교는 도널드의 행동을 오랫동안 눈감아줬지만, 결국 프레드는 도널드의 행동으로 인해 불편함을 느끼기 시작했다. 나이가 너무 어려 반격조차 하지 못하는 아이들에게 '네임 콜링Name-calling(상대방을 비하하려는 의도로 별명을 붙이는 행위 - 옮긴이)'을 일삼고, 이들을 놀리는 도널드의 행위는 신체적 갈등으로까지 이어졌다. 프레드는 도널드의 행동을 신경 쓰진 않았지만, 점차 도널드로 인해 시간을 할애해야 했다. 큐포레스트 학교 이사회 동료 중 한 명이 도널드를 뉴욕에 있는 군사학교에 보내 통제해보자고 권했을 때, 프레드는 그의 말에 동의했다. 장난이 통하지 않을 교사와 상급생들이 있는 곳에 도널드를 데려다놓으면 아들이 더욱 강해질 것이라 생각한 것이다. 프레드에게는 도널드를 다루는 일 외에도 중요한 일이 많았다.

그러한 결정을 내릴 때 메리에게 발언권이 있었는지는 모르겠다. 하지만 메리는 도널드를 집에 데리고 있겠다고 주장하지는 않았다. 도널드도 어머니의 뜻을 알아차릴 수밖에 없었다. 아마도 이러한 결정으로 인해 도널드는 어머니가 자신을 버렸던 과거의 아픔을 다시금 느꼈을지도 모른다.

도널드는 자신의 의지와 상관없이 뉴욕시에서 북쪽으로 약 97킬로미터 떨어진 뉴욕 사립 군사학교로 전학을 갔다. 다른 형제자매들은 그곳을 '소년원'이라고 불렀다. 뉴욕 군사학교는 프레디가 다니던 세인트폴 스쿨만큼 명문 학교는 아니었다. 아들에게 더 나은 교육 환경을 제공하기 위해 뉴욕 군사학교로 전학을 보내는 부모는 아무도 없었다. 당연히 도널드는 부모의 결정을 처벌로 받아들였다.

이 사실을 알게 된 프레디는 어리둥절해하며 친구들에게 이렇게 말했다. "응, 부모님도 걔를 통제하지 못하셔." 프레디는 이 사실을 쉽게 이해하지 못했다. 자신의 아버지는 언제나 모든 사람을 통제하는 것처럼 보였기 때문이다. 프레디가 이해하지 못했던 것은 자신을 향한 아버지의 관심과 도널드를 향한 아버지의 관심이 같지 않았다는 사실이었다. 프레드가 도널드를 훈육하고자 했다면 도널드는 훈육을 받았을 것이다. 그러나 도널드가 전학을 가게 되기 전까지, 프레드는 장남을 제외하고는 도널드를 비롯한 나머지 세 자녀에게 관심을 두지 않았다.

가정 내에서 무슨 일이 일어나든지 간에, 부모는 자녀들에게 제각기 다른 영향을 미친다. 그러나 트럼프 가족의 경우, 프레드와 메리 부부가 자녀들에게 미친 악영향은 그 정도가 대단히 심각했다. 다섯 자녀가 각기 다른 시기에 다른 방식으로 세상에 나가게 되었을 때, 그들은 분명한 단점을 갖고 있었다.

메리앤은 여성을 혐오하는 가정에서 똑똑하고 야망 있는 맏딸로 태어났다는 짐을 졌다. 첫째는 메리앤이었지만, 그가 딸이라는 이유로 인해 프레드는 장남인 둘째 프레디에게 모든 관심을 쏟았다. 메리앤은 집안에서 아무런 힘이 없는 어머니와 함께해야 했다. 그리고 그는 자신이 사실상 '수녀원'이라고 부르던 여자

대학교인 마운트홀리요크 대학에 입학했다. 궁극적으로 메리앤은 아버지의 관심을 얻기 위해 스스로 '해야 한다고 믿는 것'을 했다.

장남 프레디의 문제는 그가 완전히 다른 사람이 되지 못했다는 것이었다.

엘리자베스의 문제를 유발시킨 건 가족의 무관심이었다. 그는 다섯 남매 중 셋째로 중간에 끼어 있을 뿐 아니라(심지어 딸이었다) 오빠인 프레디와 남동생인 도널드와 서너 살의 나이 터울도 있었다. 엘리자베스는 수줍음이 많고 소심했으며 말수가 적었다. 부모님 중 그 누구도 그의 말을 진정으로 들어주는 사람이 없었기 때문에 그러한 성격을 갖게 된 것이었다. 하지만 엘리자베스는 중년이 되어서도 부모님께 헌신했다. 매주 주말 부모님 댁을 방문하며, 아버지로부터 관심을 받고 싶다는 희망을 놓지 않았다.

도널드는 어린 시절부터 버려질 것이라는 두려움으로 인해 자신을 보호해야 했고, 그 결과 투쟁적이고 고집스러운 성격을 갖게 됐다. 바로 이것이 그의 문제였다. 이러한 성격은 형이 학대받는 모습을 목격한 경험과 합쳐져 타인과 진심을 다해 인간적으로 관계를 맺지 못하는 지경으로까지 발전했다.

로버트는 막내 아이였기 때문에 늘 뒷전 취급을 받았다.

메리앤, 엘리자베스, 로버트는 모든 면에서 아버지로부터 인정을 받지 못했다. 프레드는 이들에게 아무런 관심이 없었다. 여러 행성이 커다란 태양 주위를 돌 듯, 다섯 아이들은 아버지가 정해 놓은 길을 따라 움직이면서도 아버지의 힘에 의해 그로부터 거리를 유지해야 했다.

프레디의 미래는 장차 트럼프매니지먼트에서 아버지의 오른팔이 되는 것이었다. 그러나 슬래링턴 비행 클럽의 활주로에서 처음으로 세스나 170을 몰고 비행을 한 뒤, 그의 생각은 바뀌었다.

전공이던 경제학 과목에서 우수한 성적을 유지한 프레디는 남학생 사교 모임 활동을 하고, 미 공군 학생군사교육단US Air Force Reserve Officer Training Corps(ROTC)에 입대할 수 있었다. 그리고 그는 유대인 남학생 사교 모임이던 시그마 알파 무Sigma Alpha Mu에 재미삼아 지원했다. 유대인을 비하하는 발언을 일삼던 아버지에 대한 의식적인 비난이었는지 모르겠지만, 사교 모임에서 만난 친구들은 프레디의 가장 친한 친구들이 되었다. 프레디가 ROTC에 입대한 데에는 또 다른 목적이 있었다. 그는 의미 있는 훈련을 갈망했다. 그리고 ROTC의 투명한 성취와 보상 체계 안에서 크게 성장했다. ROTC에서는 명령을 수행하면 순종 행위를 인정받았다. 기대를 충족하거나 뛰어넘으면 보상을 받았다. 명령을 따르던 중 실수를 하거나 일을 그르치면 응당한 훈육을 받았다. 프레디는 계급을 사랑했고, 제복을 사랑했다. 성취를 명확히 상징하는 훈장을 좋아했다. 제복을 입고 있으면 사람들은 그 사람이 누구이며 무엇을 성취했는지 쉽게 알 수 있었고, 제복을 입은 사람은 그에 따른 인정을 받는다. 이는 뛰어난 업무 수행을 기대하면서도 절대로 그 결과를 인정하지 않으며, 실수를 비난하고 체벌하던 아버지의 그늘에서와는 전혀 다른 삶이었다.

조종사 면허 취득 과정도 ROCT에서의 생활만큼 투명했다. 지정된 비행 시간을 채우고, 특정 장비의 사용 능력을 인정받으면 면허를 취득할 수 있었다. 결과적으로 비행 교습은 프레디의 삶에서 최우선순위가 되었다. 프레디는 비행기 조종에 진지하게 임했다. 그는 사교 모임에 나가 친구들과 카드게임도 하지 않았고, 그 시간에 비행 학교에서 비행 시간을 한 시간 더 채우거나 비행술을 공부했다. 그 당시 프레디는 자신이 잘하는 것을 발견했다는 기쁨과 함께, 이전에 한 번도 경험해본 적 없는 완전한 자유를 누렸다.

여름이 되면 늘 그랬듯, 프레디는 프레드를 위해 일했다. 다만 주말에는 친구들과 함께 동부로 가 고등학생 때 구입했던 보트를 타고 낚시와 수상스키를 즐겼다. 메리는 이따금씩 프레디에게 동생 도널드도 함께 데리고 가라고 부탁했다. "얘들아, 미안." 프레디는 친구들에게 이렇게 말하곤 했다. "너무 귀찮지만 남동생도 데려가야 할 것 같아." 프레디가 동생과 함께 가기를 싫어했던 만큼 도널드는 흥분했을 것이다. 아버지 프레드가 아들 프레디를 어떻게 생각했든지 간에, 프레디는 친구들에게 사랑받았고, 늘 함께 즐거운 시간을 보냈다. 이는 도널드가 어린 시절부터 봐온 것들과는 모순적인 현실이었다.

대학교 3학년 학기를 시작하기 전인 1958년 8월, 프레디와 빌리 드레이크는 바하마의 나소로 짧은 휴가를 떠났다. 며칠간 둘은 보트를 빌려 낚시를 하고, 섬을 탐험했다. 호텔로 돌아와 수영장 바에 앉아 있던 어느 날 밤, 프레디는 작고 예쁜 금발의 여인 린다 클랩Linda Clapp을 만났다. 프레디는 2년 뒤 린다와 결혼했다.

같은 해 9월, 도널드는 뉴욕 군사학교에 도착했다. 그는 자신이 원하는 대로 할 수 있었던 세상에서 침대를 정리하지 않으면 벌을 받는 세상으로 옮겨왔다. 아무런 이유 없이 선배들은 그를 내동댕이쳤다. 열두 살에 아버지를 잃었던 프레드는 자신처럼 아들도 외로움을 겪을 것이라 생각했다. 그래서 그는 도널드가 8학년일 때부터 졸업을 한 1964년까지 주말마다 그를 보러 갔다. 그 덕분에 도널드는 자신이 버림받았다는 생각을 조금이나마 떨쳐낼 수 있었고, 이곳에서 고충을 겪으며 느끼는 마음들을 어느 정도 진정시킬 수 있었다. 동시에 그는 형이 갖지 못했던 아버지와의 유대감을 쌓을 수 있었다. 이따금씩 메리도 그를 보러 갔지만, 그는 도널드가 집을 떠났다는 사실에 더 안도하는 편이었다.

자신의 의지와 달리 군사학교에 입학했지만, 도널드 역시 그곳에서 프레디가 ROTC에서 배웠던 것처럼 몇 가지 규칙을 이해하게 되었다. 군사학교에는 체계가 있었고 행동에 따른 결과가 있었다. 더불어 합리적인 처벌과 보상 체계가 있었다. 그러나 동시에 이곳에서의 생활은 '권력을 가진 사람이(얼마나 독단적인 방식으로 그 권력을 얻어냈든 간에) 옳고 그름을 결정한다'는 프레드의 교훈을 도널드에게 더욱 깊이 각인시켜주기도 했다. 권력을 유지하는 데 도움이 되는 모든 것은 '공정'하지는 않아도 늘 '옳은' 것이었다.

군사학교는 사랑과 창의력을 표현하는 데 필수적인 연약함에 대한 도널드의 혐오감을 강화시켰다. 연약함은 도널드가 용납할 수 없는 수치심을 자아냈기 때문이었다. 또한 그는 자신의 충동을 제어하는 능력을 길러야만 했다. 처벌을 피하기 위해서뿐만 아니라, 좀 더 섬세한 기술을 필요로 하는 위반 행위를 더욱 안전하게 수행하기 위해서였다.

대학교 4학년 시절은 프레디의 인생에서 최고의 해이자, 가장 많은 것을 이룬 해였다. 그중 경영학 학사 학위 취득은 그에게 가장 중요하지 않은 성취였다. 그해에 프레디는 시그마 알파 무의 회장이 되었고, ROTC 복무를 마쳤으며, 졸업 후 미 공군 주 방위군에 소위로 입대할 예정이었다. 그에게 가장 중요한 성취는 상업용 항공기 조종사 자격증을 취득한 것이었다. 하지만 그는 자격증을 활용하지는 않을 생각이었다. 프레디는 브루클린으로 돌아가 프레드 밑에서 함께 일을 하며 언젠가 아버지의 사업체를 자신이 맡겠다는 계획을 갖고 있었다.

1960년 여름, 프레디가 트럼프매니지먼트에 합류했을 때 회사는 이미 40채가 넘는 건물과 복합단지를 소유하고 있었다. 브루클린과 퀸스 일대에는 회사가 건설한 주택 수가 수천 가구가 넘었다. 수년 동안 프레드는 장남을 건설 현장에 데리고 다녔다. 그는 아들에게 자신이 맡은 가장 최대 규모의 건설 사업인 브루클린 쇼어헤이븐과 비치헤이븐을 보여줬다. 또한 그보다는 작은 규모로 진행하던 자메이카 에스테이츠 내 여러 건설 현장을 구경시켜줬다. 건설 현장을 돌며 프레드는 아들에게 '비용을 절감하는 것(직접 하는 것이 더 저렴하면 직접 하고, 그렇지 않다면 외주를 맡겨라)'과 '비용을 절약하는 것(붉은 벽돌이 흰색 벽돌보다 조금 더 싸다)'의 중요성을 주입시켰다. 또한 프레드는 민주당 브루클린 지부 회의와 정치 기금 모금 행사에 프레디를 데리고 다니며, 도시에서 가장 중요하고 영향력 있는 정치인들과 안면을 트게 했다.

정규직 직원이 된 프레디는 아버지와 함께 건물을 순찰하고, 관리자와 연락을 주고받으며 유지 보수 작업을 감독하기 시작했다. 현장에서 일하는 것은 브루클린 남부의 Z가에 있는 프레드의 사무실에서 일하는 것보다 훨씬 나았다. 과거 치과로 사용되던 사무실은 비좁았고 조명도 어두웠다. 당시 프레드는 사업으로 1년에 수백만 달러를 벌면서도, 정황상 필요하다고 생각할 경우 임차인과 직접 거래했다. 예를 들어 임차인이 너무 큰 소리로, 너무 자주 불만사항을 이야기할 때면 프레드는 (행여 자신의 명성이 훼손될까 봐) 이들에게 돈을 지불하는 방식으로 일을 마무리했다. 그리고 때때로 이런 현장에 프레디를 데려와 곤란한 상황에서 어떻게 대처해야 하는지를 보여줬다.

한번은 건물의 난방 상태에 불만을 가진 임차인이 계속해서 사무실에 전화를 하자, 프레드는 그 임차인의 집을 직접 방문했다. 문을 두드린 후 프레드는 양복 상의를 벗었다(이는 그가 잠자리에 들기 직전에만 하는 행동이었다). 실제로 한기가 느껴졌던 임차인의 아파트로 들어가, 프레드는 셔츠 소매를 걷어붙이고(이 또한 그가 보통은 하지 않는 행동이다) 임차인에게 불만 사항이 대체 무엇인지 모르겠다고 말했다. "열대지역에 있는 것 같네요." 그때 프레드가 임차인에게 한 말이었다.

그 무렵 프레디는 주 방위군 임무를 수행하기 시작했다. 그는 매월 1회 주말마다 주 방위군 임무를 수행하기 위해 맨해튼에 있는 방위군 본부에 출석했다. 프레드는 아들이 주말에 자리를 비우는 것에 대해서는 뭐라 하지 않았지만, 매년 2주간 휴가를 신청하고 뉴욕 북부 드럼 진지에 가는 것은 성가시게 여겼다. 군 복무를 싫어했던 프레드는 군대가 직원의 시간을 낭비하고 빼앗아간다고 생각했다.

브루클린에서 긴 하루를 보낸 어느 날 저녁, 프레디는 린다로부터 한 통의 전화를 받았다(둘은 1년이 넘도록 연락하지 않고 있었다). 린다는 곧 내셔널항공의 승무원이 되어 아이들와일드공항(지금의 존에프케네디국제공항)에서 일하게 된다고 말했다. 그러고는 공항과 멀지 않은 곳에 집을 구할 때 도움을 줄 수 있겠느냐고 물었다. 아버지가 퀸스에서 여러 채의 아파트를 보유하고 있다는 프레디의 말을 기억했던 것이다. 프레드는 버스로 공항까지 15분 거리에 있는 자메이카 에스테이츠에 여러 채의 빌딩을 소유하고 있었다. 둘은 하이랜드가 색스니에서 원룸 하나를 찾아냈다. 원룸이 있는 빌딩은 큰 연못을 품은 3만 6000제곱미터 넓이의 수목 공원 옆에 위치해 있었다. 린다는 이곳으로 바로 이사를 오겠다고 했고, 둘은 곧 데이트하는 사이가 되었다.

그로부터 1년 후인 1961년 8월, 프레디는 맨해튼에서 린다가 가장 좋아하는 레스토랑으로 그를 데려갔다. 칵테일을 마시는 동안 프레디는 린다의 잔 속에 몰래 약혼반지를 숨겨두고 청혼했다. 그러고는 바로 자메이카 에스테이츠로 가 부모님께 이 소식을 전했다. 프레드와 메리는 침착하게 받아들였다.

린다는 서민 가정 출신이었고 교육 수준과 교양 수준이 부족했다(그의 아버지는 트럭 운전수였고 이후에는 해변에서 프랜차이즈 패스트푸드점을 운영했다). 그 때문에 프레드와 메리는 린다가 그들의 돈을 보고 접근한 것이 틀림없다고 생각했다. 그러나 이것은 현실을 완전히 무시한 다분히 의도적인 오해였다. 린다는 미래의 시아버지가 얼마나 부자인지 전혀 몰랐다. 그리고 린다는 돈을 보고 결혼 상대를 고를 만큼 사람 보는 눈이 별로인 사람은 아니었다.

스코틀랜드의 지극히 서민적인 가정에서 자란 나의 할머니는 린다의 편이 될 수 있었을 것이다. 그러나 그는 사다리 꼭대기에 오른 뒤로는 그 사다리를 걷어차버렸다. 할아버지는 아무런 이유 없이 린다를 좋아하지 않았다. 어쨌든 린다는 프레디가 선택한 사람이었기에 의심적은 인물이 되었다.

한편 당시에는 기내 승무원에게 적용되던 규칙이 매우 엄격했다. 머리카락을 너무 길게 기르거나 체중이 늘면 정직을 당할 수 있었고, 결혼하면 일을 그만둬야 했다. 그렇게 린다는 마지막 비행을 마친 1962년 1월부터 결혼식을 올리기 전까지 수 주 동안 독립적인 수입원이 없었다.

심한 류머티즘 관절염을 앓던 린다의 어머니가 휠체어 생활을 했기 때문에 결혼식은 플로리다에서 올렸다. 교회에서 결혼식을 한 그들은 이후 포트로더데일 내륙 수로에 있는 피어66호텔에서 간단한 칵테일 파티를 했다. 프레드와 메리는 결혼식이 마음에 들지는 않았지만 이들에게 특별히 재정적 지원을 한 건 아니었기에 크게 뭐라 하진 않았다. 버지니아에서 대학을 다니던 엘리자베스와 뉴욕 군사학교를 다니던 도널드는 결혼식에 참석하지 않았다. 대신 갓 부부가 된 이들이 신혼여행에서 돌아왔을 때 트럼프 가족은 뉴욕에서 환영파티를 열었다.

트럼프매니지먼트가 담당한 가장 큰 사업인 코니아일랜드 트럼프빌리지는 1963년에 착공이 예정돼 있었다. 프레디는 건설 준비 단계를 보조했다. 프레드는 프레디가 브루클린 빌딩 내 자신이 소유한 아파트에서 살며 긴급 상황이 발생했을 때 빠르게 문제를 해결하길 바랐다. 하지만 프레디와 린다는 뉴욕 이스트 56번가에 있는 방 하나짜리 아파트를 얻었다. 부부는 프레디의 첫 번째 반려동물인 푸들을 들였고, 몇 달 후 린다는 임신했다.

그해 11월, 내 오빠인 프레더릭 크라이스트 트럼프 3세가 태어났다. 한 달 후 프레디는 첫 번째 비행기로 파이퍼 코만치 180을 샀다. 프레디와 린다는 크리스마스 이후 린다의 부모님께 손자와 비행기를 보여드리고자 포트로더데일로 날아갔다. 비행기가 이착륙하는 모습을 보기 위해 종종 공항 활주로 부근에 차를 대던 나의 외할아버지는 이 모습에 큰 감동을 받았다.

프레디와 린다 부부가 1960년에 결혼한 메리앤과 데이비드 부부와 저녁식사를 하던 어느 날, 프레디는 누나 부부에게 비행기를 설명하며 이렇게 말했다. "아버지에게는 말하지 마. 이해 못 하실 테니까."

1963년 9월, 프레디와 린다는 프레드가 자메이카 에스테이츠에 갖고 있던 건물 중 하나인 하이랜더로 이사했다. 3년 전 린다가 이곳에 처음 왔을 때 살던 롱아이랜드의 집과 한 블록 떨어진 곳이었다. 하이랜더는 조악한 임대주택에 사람들의 시선을 돌리게 할 만한 웅장한 정문을 세워둔 건물이었다. 그리고 이는 프레드가 지은 건물의 전형적인 모습이었다. 로비에는 움푹 들어간 공간을 둘러싸고 휴게실이 있었다. 벨벳 로프와 이를 받치는 기둥이 그 주변을 에워싸며 거대한 열대 식물로 장식된 곳이었다. 바닥에서 천장까지 이어지던 커다란 유리창 너머로는 인도 양쪽으로 판돌과 벽돌로 된 계단이 곡선을 그리며 놓여 있었다. 그 계단은 오크나무와 외래 식물에서 뻗어 나온 화려한 진녹색 나뭇잎으로 수놓아져 있었는데, 이 또한 프레드의 스타일이었다. 건물은 자메이카 에스테이츠와 경계선을 이루는 하이랜드가 언덕 꼭대기에 우뚝 솟아 있었다. 경계선을 기준으로 좀 더 교외 느낌에 가까운 북부에는 백인들이 주로 살고 있었고, 보다 도시풍의 남부에는 대부분 흑인이 거주하고 있었다. 즉, 건물의 정문과 후문은 각각 다른 세계로 통하는 통로였다. 프레디와 린다의 집은 남동부 모퉁이의 건물 꼭대기 층인 9층에 침실이 두 개 딸린 공간이었다. 한쪽은 공원과 자메이카 고등학교가 멀리 내다보이고, 다른 한쪽으로는 사우스 자메이카의 풍경이 내려다보이는 곳이었다.

맨 처음 프레디는 사람들이 매번 집 앞으로 찾아와 자신을 괴롭히는 건 아닐까 걱정했다. 자신이 건물주의 아들이고 건물을 운영하는 기업의 직원이었기 때문이다. 그러나 건물은 지어진 지 채 15년도 되지 않았고, 건물 관리자들은 세입자들에게 프레디를 방해하지 말라고 일러두었다.

이사하고 얼마 지나지 않아 프레디는 린다에게 직업 조종사가 되고 싶다고 말했다. 트럼프매니지먼트에서 3년간 일해보니 좀 따분했던 것이다. 프레드는 거의 처음부터 트럼프빌리지 개발 사업에서 아들을 배제시켰다. 그보다는 그에게 세입자 불만 처리와 유지보수 작업 감독을 주로 맡겼다.

조종사가 되면 좋아하는 일을 하면서 돈도 많이 벌 수 있었다. 1960년대 초반 제트기의 시대가 도래하기 전 상용 조종사 채용은 7년간 이뤄지지 않고 있었는데, 보잉 707과 더글러스 DC-8이 시장에 나타난 이후 항공 여행 수요는 폭발했다. 팬아메리칸월드항공은 1958년 국제선을 신설했고, 내셔널항공의 국내선 운항을 위해 자사 제트기를 대여하고 있었다. 이듬해에는 TWA, 아메리칸항공, 델타항공, 유나이티드항공 등에서 기체가 크고 추진력이 강하며 터보프롭 엔진 비행기보다 안전하고 더 많은 승객을 태울 수 있는 제트기를 띄웠다.

이렇게 항공 서비스가 확장되며 제트기 조종 능력을 빠르게 습득할 수 있는 조종사에 대한 수요가 커졌다. TWA는 보잉 707을 가장 늦게 도입한 항공사였기에 경쟁사를 따라잡아야 한다는 압박을 강하게 받고 있었다. 프레디가 자신의 비행기를 정차해둔 아이들와일드공항과 맥아더공항에는 비행기를 조종할 '젊은 피'를 구한다는 공고로 도배되어 있었다.

린다는 반대했다. 승무원 출신으로 조종사들이 기착지에서 어떻게 지내는지를 봐왔기 때문이다. 프레디는 얼마간 자신의 생각을 접어두고 트럼프매니지먼트에서 최선을 다하기로 했다. 하지만 그맘때 프레디와 프레드의 관계는 점점 악화되고 있었다. 프레디가 혁신적인 의견을 제안하면 프레드는 이를 번번이 반대했고, 프레드가 더 많은 책임을 요구하면 거절했다.

프레디는 자신이 경영적으로 의사 결정할 수 있다는 사실을 증명하고자 오래된 건물에 교체할 창문을 주문했다. 이를 안 프레드는 길길이 화를 냈다. "내 돈을 낭비하지 말고 망할 놈의 페인트칠이나 했어야지!" 프레드는 다른 직원들이 보는 앞에서 소리쳤다. "너보다는 도널드가 열 배는 똑똑했을 거다. 그 녀석이라면 이토록 어리석은 짓은 하지 않았겠지!" 그때 도널드는 여전히 고등학생이었다.

프레드는 다른 자녀들 앞에서도 프레디에게 굴욕을 줬다. 그러나 사무실 직원들은 프레디의 동료가 아니었다. 언젠가 프레디는 그들의 상사가 될 것이었다. 초반부터 자신의 권위가 이렇게 땅바닥으로 내팽개쳐지자 그는 큰 충격을 받았다.

그날 밤 집에 돌아온 프레디는 아버지와 함께 일하며 자신은 단 한 번도 행복하지 않았다고 고백했다. 아버지의 회사에서 일하는 것은 그의 예상과 전혀 달랐다. 그는 처음으로 트럼프매니지먼트에서 일하는 게 자신의 인생을 막다른 길로 몰아넣는 짓임을 깨달았다. "린다, 나 TWA에 지원할래. 꼭 해야겠어." 그는 더 이상 아무 말도 하지 않았다. 아버지로부터 단 한 푼도 유산을 물려받지 못할 수도 있지만, 그는 상속권을 잃을 각오가 되어 있었다. TWA 소속 조종사가 되면 조종사로서도 얼마든지 좋은 혜택과 직업적 안정성을 누릴 수 있을 터였다. 그는 혼자 힘으로 가족을 부양하면서 이제부터라도 자신의 인생의 주인공이 되겠노라고 다짐했다.

하지만 프레디의 폭탄선언에 프레드는 아연실색했다. 이는 일종의 배신이자 자신에 대한 도전이었다. 그는 장남에게 그가 어떤 짓을 했는지 똑똑히 일깨워주겠다고 결심했다.

4장

비행을 꿈꾸다

최고의 조종사만이 보스턴-로스앤젤레스 구간을 담당했다. 1964년에 프레디는 그해 첫 번째 교육 과정을 신청했고, 그로부터 6개월도 채 지나지 않아 전문 조종사 자격으로 해당 구간을 운항했다.

프레디가 조종사로서 이뤄낸 업적은 그를 트럼프 가문에서도 특별한 사람으로 만들었다. 프레드의 자녀들 중에 온전히 자신의 힘으로 프레디만큼 많은 것을 이룬 사람은 없었다. 그나마 메리앤이 그와 가장 견줄 만한 사람이었다. 그는 1970년대 초 로스쿨에 입학하고 9년간 공부한 끝에 검사로서 착실히 경력을 쌓아갔다. 하지만 메리앤이 연방항소법원 검사로 지명된 일은 도널드의 인맥 덕분이었다. 엘리자베스는 프레드가 알선해준 체이스맨해튼은행에서 수십 년간 같은 일을 했다. 도널드는 사회 초년생 시절부터 이곳저곳의 도움을 받았으며, 오늘날까지 그가 담당한 모든 사업 역시 프레드를 비롯한 많은 이들의 자금 지원과 도움으로 이루어졌다. 로버트는 대학을 졸업하고 잠시 뉴욕의 증권 회사에 다니다가 도널드와 프레드 밑에서 일했다. 프레드조차도 완전히 자수성가한 인물은 아니었는데, 트럼프매니지먼트의 전신인 사업체를 세운 사람은 다름 아닌 그의 어머니였기 때문이다.

프레디는 대학생 때 비행 학교를 다녔고, 아버지의 뜻에 거역했으며(남은 인생 동안 톡톡한 대가를 치렀다), 가족으로부터 그 어떤 지원도 받지 못했다. 하지만 그렇다고해서 가족을 경멸하지도 않았다. 장애물에 부딪힐 때마다 TWA 조종사가 되겠다는 결심을 단단히 굳혔고, 첫 지원에 합격했다.

1950~1960년대에 대부분의 신입 조종사들은 군대에서 훈련을 받았다. 보통 공군 네 명, 해군 네 명, 육군 네 명, 해병대 네 명, 민간인 네 명을 포함해 총 스무 명의 학생이 훈련 수업을 함께 수강했다. 반면 프레디는 1964년 항공사가 개설한 조종사 수업반에 처음으로 합격한 열두 명 중 한 명이었다. 그중 열 명은 군대에서 이미 훈련을 받고 온 이들이었다. 당시에는 비행 시뮬레이터도 없었고 모든 훈련이 공중에서 이루어졌기 때문에, 그 당시 프레디의 성취는 만인에게 충격적인 결과였다. 마침내 프레디는 친구들이 학창 시절 파티를 즐길 때 홀로 공항에 남아 비행 연습을 했던 지난 시간을 보상받았다.

당시 항공 여행업은 호황을 누렸다. 그리고 할리우드 상류층이 가장 선호하던 TWA가 업계를 주도하고 있었다. 하워드 휴스Howard Hughes가 설립한 TWA는 가십 전문 칼럼니스트인 헤다 호퍼Hedda Hopper와 루엘라 파슨스Louella Parsons에게 공항을 오가는 리무진을 제공하며 홍보 활동을 펼쳤다. 마침내 TWA는 모든 사람이 이용하고 싶은 항공사가 되었다. 세계 최대 항공사 중 하나였던 TWA는 국내선과 국제선을 모두 운항했고, 조종사는 신처럼 여겨지며 그에 걸맞은 대우를 받았다. 하워드 휴스가 아름다운 여자들을 좋아했기에, TWA 소속 승무원들의 외모는 모두 영화배우 뺨쳤다.

조종사가 공항 터미널을 통과할 때면 승객들은 그들에게 경외의 시선을 보내고 사인을 청했다. 트럼프매니지먼트에서 존중받고자 몸부림쳤지만 결국 실패했던 프레디에게 이 모든 것은 새롭고도 반가운 경험이었다. 환히 빛나던 공항은 그가 등진 뉴욕의 어둡고 불편한 사무실, 더러운 건설 현장과 극명한 대조를 이뤘다. 그는 불도저와 굴삭기 옆이 아닌 보잉 707과 더글러스 DC-8이 이륙 신호를 기다리던 활주로에 있었다. 자신의 결정을 늘 비판하던 아버지 곁을 떠나 모든 것을 통제할 수 있는 조종실에 있었다.

프레디 가족은 매사추세츠주 해안가의 보스턴로건국제공항에서 북동부로 40분 떨어진 작은 항구도시 마블헤드로 이사했다. 이들은 녹음이 우거진 마을의 여러 절충주의 건축(여러 양식이 혼합된 건축 양식) 주택 중 쓰러져가는 작은 집 한 채를 임대했다. 프레디는 집과 멀지 않은 항구에 자신의 낡아빠진 보스턴 웨일러 요트도 정박시켰다.

마블헤드의 5월은 목가적이었다. 프레디는 비행을 사랑했으며 바비큐 파티나 심해 낚시 소풍 등 다양한 활동을 즐겼다. 뉴욕의 친구들은 거의 매주 프레디의 집에 놀러 왔다. 그러나 그렇게 한 달이 지나자 그는 일정 관리에 어려움을 겪었다. 비행 일정이 없을 때면 하는 일 없이 빈둥거렸고, 린다는 그가 다른 사람들보다 술을 더 많이 마신다는 걸 알아차렸다. 그 이전까지만 해도 아무런 문제가 되지 않는 일들이었다.

프레디는 더 이상 린다에게 비밀을 털어놓지 않았다. 아마도 린다를 보호하고 싶어서 그랬는지도 모른다. 그 때문에 린다는 지난 12월에 그가 프레드와 어떤 대화를 나눴는지 자세히 알지 못했다. 린다는 뉴욕에 있는 시아버지가 전화와 편지로 끊임없이 폭언을 퍼붓고 있었다는 사실을 눈치채지 못했다. 하지만 친구들만큼은 알고 있었다. 그는 믿기 힘든 목소리로 프레드가 "하늘의 버스 운전사"인 자신을 부끄럽게 생각한다고 털어놓았다. 프레드는 트럼프매니지먼트를 손쉽게 떠나기로 한 프레디의 결정이 인생의 실패를 결정한 것과 다름없다고 믿게 했다. 린다가 완전히 이해하지 못하던 사실이자 프레디 자신조차 크게 인지하지 못했던 사실은, 그의 인생에서 프레드의 말은 엄청난 영향을 미친다는 거였다.

어느 날 밤, 평소보다 신경이 곤두선 채로 교대 근무를 마치고 돌아온 프레디가 저녁식사 도중 린다에게 말했다. "우리 이혼하자." 린다는 충격을 받았다. 남편이 평소보다 많은 스트레스를 받은 것처럼 보였지만, 그건 200명의 목숨을 책임져야 하는 역할의 무게 때문이라고 생각했다.

"프레디, 무슨 소리야?"

"린다, 결혼 생활이 너무 힘들어. 어떻게 계속 살 수 있을지 모르겠어."

"당신이 집에 있는 시간은 하루 중 절반도 안 되잖아. 딸린 자식도 있는데 어떻게 그런 말을 해?" 프레디의 갑작스러운 말에 린다가 얼떨떨해하며 되받아쳤다.

"잊어버려." 일어나 술을 한 잔 따른 프레디는 이 말만 남기고 자리를 떴다.

부부는 이 일을 두 번 다시 언급하지 않았다. 며칠 후 그들은 아무 일도 없었다는 듯 평소의 일상으로 돌아왔다.

그해 6월, 뉴욕 군사학교를 막 졸업한 열여덟의 도널드와 세인트폴 스쿨에 다니던 열여섯의 로버트가 프레디를 보러 마블헤드에 왔다. 둘은 도널드가 부모님께 졸업 선물로 받은 스포츠카를 타고 왔다. 프레디가 대학교 졸업 선물로 받은 차를 완전히 새로 개조한 것이었다.

프레디는 두 남동생을 보는 일이 걱정스러웠다. 형제자매 중 그와 함께 비행을 하거나 그의 새로운 직업에 관심을 두는 이는 아무도 없었다. 그는 형제들을 자신의 세계로 초대하면서 어쩌면 이들이 자신의 지원군이 될 수도 있겠다는 희망을 품었다. 가족 중 단 한 명이라도 자신을 믿어준다면 아버지의 반대에 맞설 힘을 키울 수 있을 것만 같았다.

형을 방문할 시기에 도널드는 갈림길에 서 있었다. 1963년 12월, 프레디가 트럼프매니지먼트를 떠날 때 도널드는 무방비 상태였다. 그가 고등학교 마지막 학년의 첫 학기를 마무리하고 있을 때 프레디는 그런 결정을 내렸다. 도널드는 아버지의 회사로 들어가야겠다는 생각을 하고 있었지만, 그의 이름을 물려받지 못한 자신이 회사에서 어떤 역할을 할 수 있을지 가늠하지 못했다. 이런 불확실성 때문에 그는 고등학교를 졸업한 이후의 삶을 충분히 준비하지 못했다. 그는 그해 봄 뉴욕 군사학교를 졸업했지만 대학교에는 입학하지 못했다. 그는 메리앤에게 자신이 집으로 돌아가면 다닐 수 있는 지역 학교를 알아봐달라고 부탁했다.

점심식사로 프레디와 린다가 준비한 바비큐를 먹으며 도널드는 시카고로 넘어가 아버지가 구상 중인 개발 사업을 '돕겠다'고 말했다. 프레디는 크게 안심했다. 아버지가 마침내 현실을 받아들이고 도널드를 새로운 후계자로 삼을 것이라 생각했기 때문이다. 늦은 오후 프레디는 두 남동생과 요트를 타고 낚시를 하러 떠났다.

도널드는 낚시를 전혀 이해하지 못했다. 프레디가 그에게 기본적인 기술을 알려주고자 부단히 노력했지만 모두 허사였다. 형제가 마지막으로 낚시를 한 날은 빌리를 비롯한 프레디의 대학교 친구들과도 함께였다. 무리 중 한 명이 그에게 낚싯대를 똑바로 잡는 방법을 알려주려고 하자 도널드가 뿌리치며 이렇게 말했다.

"어떻게 하는지 나도 알아."

"그래, 근데 너 진짜 못한다."

도널드를 제외한 모든 사람이 웃음을 터뜨렸다. 도널드는 낚싯대를 집어던지며 배의 앞부분으로 걸어갔다. 너무 화가 난 나머지 자신이 어디로 걸어가고 있는지조차 모르는 듯했다. 프레디는 그런 도널드가 물에 빠지진 않을까 걱정했다. 아무튼 그날 이후로 도널드의 낚시 실력은 전혀 나아지지 않았다.

삼 형제가 항구에서 돌아왔을 때, 린다는 저녁을 준비하고 있었다. 그는 집으로 돌아온 이들 사이에서 긴장감을 감지했다. 무언가가 바뀌어 있었다. 기분 좋게 집을 나섰던 프레디는 가까스로 화를 참으며 침묵하고 있었다. 프레디가 이성을 잃고 화내는 일은 드물었기에, 린다는 프레디의 모습에서 나쁜 신호를 읽었다. 그는 술 한 잔을 따라 마셨다. 두 번째 나쁜 신호였다.

식탁에 앉기도 전에 도널드는 형을 압박했다.

"있잖아, 아버지는 형이 인생을 낭비하고 있는 꼴을 보기 싫어하셔." 마침 자신이 왜 이곳에 왔는지 떠오르기라도 한 듯 도널드가 말했다.

"아버지 생각을 네가 나한테 전할 필요는 없어." 이미 아버지의 생각을 아주 잘 알고 있는 프레디가 말했다.

"아버지는 형이 창피하대."

"네가 무슨 상관이야? 너 아버지랑 일하고 싶잖아. 같이 일하라고. 나는 관심 없어."

"오, 프레디 형. 아버지의 말씀이 맞아. 형은 미화된 버스 운전수일 뿐인 걸."

도널드는 왜 직업 조종사가 되겠다는 장남의 결심을 프레드가 경멸하게 되었는지 그 근본적인 원인은 몰랐을 것이다. 하지만 그는 본능적으로 사람을 괴롭히는 걸 좋아했다. 그리고 그는 상대방을 악화시키는 가장 효과적인 방법을 잘 알고 있었다.

프레디는 동생들이 (적어도 도널드 만큼은) 아버지의 메시지를 전하러 왔다고 이해했다. 동생의 입을 통해 자신을 과소평가하는 아버지의 말을 듣자 그는 의지가 꺾이고 말았다. 부엌에서 형제들의 이야기를 우연히 듣게 된 린다는 거실로 나왔다. 얼굴이 창백해진 프레디가 앉아 있었다. 린다는 들고 있던 접시를 테이블에 세게 던지며 시동생에게 소리쳤다. "입 다물어, 도널드! 형이 얼마나 열심히 일하는지 알아? 그리고 지금 네가 무슨 말을 하고 있는지 알기나 하는 거야?"

그날 밤 프레디는 동생들과 더는 이야기하지 않았다. 도널드와 로버트는 다음 날 아침, 예정보다 하루 앞당겨 뉴욕으로 돌아갔다.

프레디의 음주 문제는 점점 심각해졌다. 그해 7월 TWA는 프레디에게 승진 기회를 제안했는데, 캔자스시티의 훈련 센터에서 새롭게 도입한 보잉 727 조종 교육을 받고 오라는 거였다. 린다는 주 방위군 상사의 명령을 무시해서는 안 된다며 그를 설득했다. 하지만 프레디는 제안을 거절했다. 그는 두 달 전 가구가 완비된 집을 얻어 1년 임대 계약을 체결했다고 둘러댔다. 또 다시 가족을 데리고 이사할 수는 없다는 뜻이었다. 사실 프레디는 그맘때 자신의 꿈이 곧 끝날 것임을 직감했다. 전문 조종사가 된 그를 아버지가 이해해 줄 거라는 희망을 접은 것이다. 그는 아버지의 인정을 받지 못하면 조종사로서 일을 계속할 수 없었다. 그는 트럼프매니지먼트를 떠나기 직전까지 평생에 걸쳐 아버지가 원하는 사람이 되고자 노력했다. 하지만 그 모든 노력은 실패로 끝났다. 이번에 그는 자신의 꿈을 실현하면서 아버지가 진정한 자신을 바라봐주길 바랐지만, 그 역시 어긋났다. 어린 시절부터 프레디는 지뢰밭을 건너는 심정으로 아버지가 원하는 일을 하며 그에게 조건부 인정을 받고 싶었다. 그리고 그는 인정받을 유일한 방법을 알고 있었다. 자기 자신이 아닌 다른 사람이 되는 거였다. 하지만 프레디는 결코 이 숙제를 해낼 수 없었다. 그런데도 아버지에게 인정받는 일은 여전히 무엇보다 중요했다. 프레디에게 그는 언제나 자신의 가치를 심판하는 궁극적인 결정권자였다(이는 메리앤 고모가 일흔 살의 노인이 돼서도 돌아가신 할아버지의 칭찬을 갈구했던 이유이기도 하다).

TWA는 프레디에게 아이들와일드 공항에서 일할 기회를 줬다. 프레디는 이것이 상황을 극복할 유일한 기회일지도 모른다며 회사의 제안을 받아들였다. 3~4일에 한 번씩 마블헤드에서 뉴욕으로 통근해야 했기에 실용성만 따지자면 의미 없는 결정이었다. 하지만 이 결정으로 인해 프레디는 프레드와 물리적으로 가까워질 수 있었다. 바로 이 지점이 핵심이었을 것이다. 프레디는 비록 아버지의 인정은 받지 못했어도 그가 자식의 일을 가까이서 본다면 비행기 조종사로서의 숙명을 아버지가 보다 쉽게 이해해줄 것이라 믿었다. 비행 일정 중간에 프레디는 아버지에게 깊은 인상을 남기고자 동료 조종사들을 집으로 데려가기도 했다. 그만큼 프레디는 필사적이었다.

하지만 아무 소용이 없었다. 프레드는 아들의 배신을 결코 잊지 않았다. 그는 아들이 ROTC에 입대하고 대학 사교 모임에 가입하며 비행 클럽에 소속됐다는 사실을 알지 못했을 것이다. 만약 알았다면 이 모든 활동을 업신여겼을 것이다. 또한 프레디가 이러한 활동을 한다고 해도 아들에게 트럼프 제국을 물려주겠다는 계획(제국을 영원히 번영하겠다는 계획)에는 변화가 없었을 것이다. 하지만 프레디는 트럼프매니지먼트를 떠나고 말았다. 프레드는 이를 뻔뻔스러운 결례로 받아들였다. 아이러니하게도 그가 아들에게 심어주고자 했던 '용기' 있는 행동을 했지만, 프레드의 눈에 프레디는 이 용기를 잘못된 야망에 허비했다. 프레드는 아들이 보인 전례 없는 행동에 자신의 권위가 도전받았다고 생각했으며, 아들의 인생 여정을 비롯해 자신의 손아귀에 있던 모든 것이 위태로워지겠다고 생각했다.

동생들이 집에 다녀간 지 몇 주가 지나고 여름 태풍이 마블헤드를 덮쳤다. 거실에서 프레디의 제복 셔츠를 다리던 린다가 전화 한 통을 받았다. 수화기 너머로 남편의 목소리를 듣자마자 그는 무언가가 잘못됐음을 직감했다. 프레디는 린다에게 직장을 그만두었다고 말했다. 부부는 아이를 데리고 가능한 한 빨리 뉴욕으로 돌아가야 했다. 린다는 깜짝 놀랐다. 그토록 노력해 얻은 일자리를 그가 단 4개월 만에 포기했다는 사실이 믿기지 않았다.

사실 TWA는 프레디에게 자진 퇴사를 종용했다. 음주 문제가 화근이었다. 제 발로 떠나면 조종사 면허는 유지되지만, 그렇지 않으면 이마저도 빼앗길 수 있다는 최후통첩이었다. 해고를 당하면 다시는 비행기 조종을 할 수 없게 될지도 모른다. 프레디는 자진 퇴사를 택하며 마블헤드에서의 생활을 접었다. 노동자의 날 직후 프레디 가족은 다시 자메이카 에스테이츠 하이랜더 건물 9층의 아파트로 이사를 했다.

프레디는 비행기 조종사로서의 커리어를 완전히 포기하지는 않았다. 그는 소규모 항공사에 입사해 작은 비행기를 조종하며 단거리 노선을 비행할 계획을 세웠다. 그렇게 한다면 스트레스도 적게 받으면서 한 걸음씩 다시 앞으로 나아갈 수 있을 것 같았다. 프레디는 린다와 아들 프리츠를 집에 두고 북동부 통근 노선을 운항하는 피드먼트항공으로 출근하기 위해 뉴욕 중부의 소도시 유티카로 넘어갔다. 그곳에서 그는 한 달간 일했다.

이후 그는 오클라호마주로 옮겨 다른 지역 항공사에 입사했다. 아들 프리츠가 두 번째 생일을 맞았을 때도 그는 오클라호마주에 있었다. 12월에 그는 다시 퀸스로 돌아왔는데, 통제 불능의 음주 문제를 겪으며 더는 조종사로서 일할 수 없음을 깨달았기 때문이다. 트럼프 가문에서 유일하게 자수성가한 프레디는 천천히, 그러나 꾸준하게 무너지고 있었다.

프레디의 경력은 조종사가 된 지 1년도 안 돼 끝났다. 다른 선택의 여지가 없던 그는 아버지를 찾았다. 프레드는 늘 그랬듯 서재에 있는 2인용 안락의자에 앉아 있었다. 프레디는 자신이 원하지 않는 일을 하게 해달라고 부탁했다. 그리고 프레드는 그 일을 아들이 해낼 수 없을 거라고 판단했다. 하지만 마지못해 아들에게 일자리를 주기로 했다. 그는 자신이 아들에게 호의를 베풀고 있음을 분명히 했다.

희미한 희망의 불빛이 떠올랐다. 1965년 2월, 프레드가 1900년대 초반부터 미국의 3대 놀이공원 중 하나로 운영되던 코니아일랜드의 스티플체이스파크 부지를 인수한 것이었다. 당시 스티플체이스는 경쟁 관계에 있던 두 놀이공원보다 수십 년은 더 오래 살아남았다. 드림랜드는 1911년, 루나파크는 1944년에 화재로 폐장했다. 프레드는 루나파크가 있던 자리에서 멀지 않은 곳에 그곳의 이름을 딴 복합단지와 쇼핑센터를 보유하고 있었다. 스티플체이스파크는 1964년까지 운영되다가 본래 소유주였던 틸리유 가문이 높은 범죄율과 점점 치열해지는 엔터테인먼트 경쟁을 고려해 매각하기로 결정한 곳이었다. 프레드는 스티플체이스파크가 개발 부지로 될 수 있다는 사실을 파악하고 이곳을 인수하겠다는 목표를 세웠다. 그는 스티플체이스파크를 또 다른 트럼프빌리지로 개발하겠다는 계획을 세웠다. 그러나 뛰어넘어야 할 크나큰 장애물이 하나 있었다. 현행 토지사용제한법을 변경해 공공장소로 지정돼 있던 이곳을 먼저 민간 건설 부지로 바꿔야 했다. 프레드는 기회를 기다리며 오랜 정·재계 친구들에게 로비했고, 제안서 초안을 작성하기 시작했다.

프레드는 이 야심 찬 계획에 장남을 투입시킬 가능성이 높았다.

TWA를 뒤로하고 서둘러 자신의 입지를 다지고자 했던 프레디는 이 기회를 덥석 잡았다. 그는 이번이 자신을 증명할 마지막 찬스라고 생각했다.

그리고 이때 린다는 나를 임신한 지 6개월째였다.

2부

험한 곳

TOO MUCH AND NEVER ENOUGH

5장

좌절

도널드는 1964년 9월부터 하우스에 살면서 브롱크스에 위치한 포드햄 대학으로 통근했다. 집에서 학교까지는 30분 거리였다. 도널드는 수년이 지나도 포드햄 재학 시절 출석 일수에 관해 언급을 꺼렸다. 엄격한 생활을 강요하는 뉴욕 군사학교에서 비교적 널널한 대학교로 옮겼으니, 동네에서 빈둥대거나 시시덕거릴 여자가 있나 기웃거리던 그에겐 규칙적인 출석이 힘들었을 것이다. 어느 날 오후, 도널드는 빌리 드레이크의 여자친구 안나마리아Annamaria를 우연히 마주쳤다. 안나마리아는 차도에 서서 아버지가 세차하는 걸 지켜보던 중이었다. 도널드는 그가 누군지는 알고 있었지만 한 번도 말을 섞은 적은 없었다. 안나마리아도 프레디를 통해 도널드가 어떤 사람인지 알고 있었다. 그 둘은 수다를 떨다가 안나마리아가 뉴욕 군사학교 근처의 기숙학교에 다녔다는 사실을 알게 되었다.

"어느 학교에 다녔는데?" 도널드가 물었다. 곧이어 안나마리아에게 학교 이름을 듣고는 잠시 그를 쳐다보았다.

"그 학교에 다녔다니, 실망인데."

"네가 뭔데 나한테 실망해?" 세 살 많은 안나마리아가 쏘아붙였다. 그들의 대화는 그렇게 끝났다. 여자를 무시하고 거만하게 구는 게 도널드가 추파를 던지는 방식이었다. 마치 초등학교 2학년짜리 남자아이가 여자친구의 머리카락을 잡아당기며 애정을 표현하는 것처럼, 도널드는 유치한 방식으로 여자들의 관심을 끌려고했다.

프레디가 할아버지의 눈 밖에 나자, 도널드는 호시탐탐 트럼프 매니지먼트에서 그의 오른팔이 될 기회를 엿봤다. 프레드가 의도하지는 않았을지라도 도널드는 어떻게 하면 최고가 될 수 있는지 알고 있었다. 그는 새로운 야망에 부합할 무언가를 쟁취해야겠다고 결심했다. 단지 말뿐인 야망이었을지라도 말이다. 프레드도, 메리도 대학에 진학하지는 않았기 때문에 그들은 어떤 대학이 좋은 대학인지 잘 몰랐다. 트럼프가의 아이들은 혼자 힘으로 대학 진학을 준비해야 했다. 도널드는 와튼스쿨의 명성을 익히 들었고, 펜실베이니아 대학을 목표로 삼았다(와튼스쿨은 펜실베이니아 대학의 상경 대학이다-옮긴이). 다만, 메리앤이 숙제를 대신 해줄 수는 있어도 대리 시험까지 쳐줄 수는 없는 노릇이었다. 우수한 성적과는 거리가 멀었던 도널드는 그동안의 노력이 수포로 돌아갈까 봐 걱정했다. 도널드는 위험을 피하고자 시험을 잘 친다는 똑똑한 아이 조 셔피로Joe Shapiro에게 SAT를 대신 봐달라고 부탁했다. 그 당시에는 신분증에 사진이 붙어 있지도 않았고 전산화된 기록도 없었기 때문에 지금보다 훨씬 쉽게 대리시험을 칠 수 있었다. 한 번도 돈이 모자란 적이 없었던 도널드는 그의 몫을 두둑이 떼어주었다. 내친 김에 도널드는 프레디에게도 손을 벌렸다. 그의 세인트폴 학교 동문인 제임스 놀런James Nolan에게 잘 좀 얘기해달라고 부탁한 것이다. 어쩌면 놀런은 도널드가 프레디의 동생이었기에 기꺼이 좋은 말을 해줬을 수도 있다.

프레디는 도널드를 도와주면서도 은근한 의도를 갖고 있었다. 한 번도 그를 경쟁자, 또는 자신을 대체할 존재라고 생각한 적은 없었지만, 자신의 인내심을 시험케 하는 그를 곁에 두고 싶어 하지는 않았다. 도널드가 길을 비켜준다면 마음이 놓일 터였다.

애초부터 도널드의 모략은 괜한 수고였을지 모른다. 당시에 펜실베이니아 대학에 입학하는 건 그다지 까다롭지 않았다. 지원자의 절반 이상이 입학 허가를 받았기 때문이다. 어쨌든 도널드는 원하는 걸 손에 넣었다. 1966년 가을, 도널드는 포드햄 대학에서 펜실베이니아 대학으로 편입했다.

내가 태어난 지 두 달이 되던 1965년 7월, 마침내 할아버지는 스티플체이스파크를 250만 달러에 매입했다. 그러나 트럼프매니지먼트는 1년이 지나고도 용도지역제(효율적이고 합리적인 토지 이용을 위해 토지의 용도를 구분함으로써 건축 등의 행위를 규제하는 제도 - 옮긴이) 인가를 받지 못해 골머리를 앓는 상태였다. 또한 프로젝트에 반대하는 대중과도 맞서야 했다.

프레디는 이곳에서도 항상 똑같은 일만 한다고 털어놓았다. 할아버지는 사소한 흠을 끊임없이 잡아내 아들을 무시했고, 흥미진진한 도전이 될 수도 있는 일들을 따분하고 암울하게 만들었다. 만약 프레디가 개발 사업에 실패한다면 상황은 재앙으로 치달을 게 불 보듯 뻔했다. 하지만 그때까지도 그는 이 건이 성사되면 아버지와의 관계가 가까워질 수 있을 거라고 믿었다.

프레디와 린다는 그해 5월 31일 메모리얼 데이부터 9월 1일 노동절까지 롱아일랜드 동쪽 끝 몬탁에 오두막을 하나 빌려 지냈다. 그리고 여름이 되어서야 프레디는 비로소 브루클린의 일촉즉발 상황에서 벗어날 수 있었다. 린다가 오빠와 나를 돌보고 있으면, 프레디가 비행기를 몰고 주말에만 들를 예정이었다. JFK로 이름을 바꾼 공항은 트럼프매니지먼트 사무실에서 15분 거리였고, 몬탁공항은 오두막 바로 맞은편에 있었다. 프레디는 여전히 친구들을 태우고 몬탁으로 날아가 수상스키 타는 걸 즐겼다.

여름이 끝나갈 무렵 할아버지의 스티플체이스 개발 사업은 위태로워졌다. 할아버지도 그걸 알고 있었다. 프레드는 그간 민주당 브루클린 지부와의 오랜 인맥 덕분에 수많은 개발 사업을 쉽게 추진할 수 있었다. 하지만 그런 정치적 연줄도 1960년대에 힘을 잃으면서 이번 개발 사업이 토지 용도를 변경하지 못할 게 불 보듯 뻔했다. 그런데도 프레드는 아들에게 스티플체이스 프로젝트를 성공시키라고 당부했다. 거의 불가능한 일에 책임을 지라는 것이나 다름없었다.

시간은 촉박했다. 당시 스물여덟 살이던 내 아버지는 부랴부랴 기자회견을 열고 홍보용 행사를 준비하는 등 이전보다 더 공적인 역할을 담당했다. 그는 한 장의 사진 속에서 동굴처럼 텅 빈 창고를 바라보며 물끄러미 서 있었다. 트렌치코트를 입고 있던 아버지는 한없이 작아 보였고 가망을 잃은 표정이었다.

프레드는 최후의 카드를 꺼내들었다. 1907년에 건설된 스티플체이스 단지 내 파빌리온 오브 펀에서 철거 축하 행사를 개최하기로 한 것이다. 즉, 마을 주민들이 이곳을 공식 랜드마크로 지정하기 전에 파괴해버릴 속셈이었다. 프레드는 장남에게 기자들을 불러 모으라고 시켰다. 화려한 모델들이 수영복을 입고 등장했다. 초대받은 사람들은 이빨을 흰히 드러내며 웃는 마스코트 틸리를 향해 벽돌을 던졌다(심지어 벽돌도 판매하는 상품이었다). 할아버지가 망치를 들고 비키니 차림의 여자를 향해 활짝 웃는 모습이 사진에 찍혔다.

행사는 대실패였다. 감상이나 향수, 지역사회에 대한 개념은 할아버지가 이해하지 못한 종류의 것들이었지만, 창문이 깨졌을 때만큼은 그도 좀 너무 했다는 걸 인정해야 했다. 주민들의 반발은 이전보다 더욱 극심해졌고, 결국 토지 구역 용도 변경을 이뤄낼 수 없었다. 어쩔 수 없이 트럼프매니지먼트는 스티플체이스 개발 사업에서 손을 떼야 했다. 이 일로 기자들을 불러모은 프레디도 논란을 피해갈 수 없었다.

당시의 사건은 프레드의 능력이 주춤하게 되었다는 걸 단적으로 보여준 사례였다. 프레드의 권력은 대부분 인맥을 통한 것이었다. 그러나 1960년대 초중반, 뉴욕시 정치권을 주도하던 세력이 전면 교체되면서 프레드의 오랜 인맥과 연고는 무용지물이 되었다. 프레드는 역사 속에서 단지 스쳐 지나가는 사람에 불과했다. 다시는 예전처럼 건설 프로젝트를 추진할 수 없을 것이고, 1964년에 완공한 트럼프빌리지가 그들의 마지막 복합단지가 될 것으로 점쳐졌다.

지금의 도널드처럼 프레드 역시 책임지는 법을 몰랐다. 화살은 결국 프레디에게 돌아갔다. 프레드는 장남 때문에 스티플체이스가 실패했다며 그를 비난했다. 결국 프레디도 자신을 비난했다.

도널드는 거의 주말마다 필라델피아에서 하우스로 차를 끌고 왔다. 그는 포드햄 대학과 펜실베이니아 대학 생활 중에서 어느 쪽이 더 편한지 우열을 가리지 못했다. 그저 대학 생활에 재미를 못 붙였다. 아마도 수많은 군중 속에서 자신의 존재가 묻힌다고 생각했기 때문이다. 뉴욕 군사학교는 8학년부터 12학년까지 재학생 수를 다 합해도 500명 남짓이었다(심지어 1960년대에는 등록률이 가장 높았다). 그런데 펜실베이니아 대학은 재학생이 몇 천 명이나 되었다. 또한 도널드는 하우스에서 습득한 기술을 군사학교에서 상당히 기술적으로 활용하면서 하급생이던 첫 2년도 무사히 살아남았다.

도널드는 고통이나 실망을 무관심으로 가장하거나 상급생의 학대를 견딜 줄 아는 능력이 있었다. 훌륭한 학생은 아니었지만 사람을 따르게 하는 매력이 있었고, 그 당시만 해도 그 매력이 완전히 잔인한 쪽은 아니었다. 도널드는 고등학생 때 운동을 꽤 잘했다. 더러는 푸른 눈의 금발 머리, 호기를 부리는 그의 모습에 마음을 열었다. 도널드는 항상 자신이 원하는 걸 얻을 수 있었고, 굳이 싸울 필요 없이 남을 괴롭히는 패기로 그것을 쟁취해냈다. 고학년이 되면서 동기들은 트럼프를 인정하기 시작했다. 동기들은 그를 뉴욕 시내 콜롬버스 데이(10월 둘째 주 일요일로 미 대륙을 발견한 크리스토퍼 콜롬버스를 기념하는 날-옮긴이) 행진에 학교를 대표할 리더로 뽑았다. 그는 성공을 점칠 수도 없는 펜실베이니아 대학에서 더 많은 시간을 보낼 이유가 없었다. 어차피 그의 목적은 명문대 졸업장을 받는 것, 오직 그뿐이었다.

문제를 해결하고 여론을 잠재워야 할 스티플체이스 프로젝트를 두고 도널드는 입으로만 훈수를 두었다. 프레디는 방패 없이 아버지의 조롱과 모욕을 견뎌야 했다. 특히 형제들 앞에서 혼날 때면 더욱 민감해졌다. 도널드는 어린 시절부터 방관자이자 동시에 2차 가해자였다. 그는 아버지가 프레디를 무시할수록 자신에게는 도움이 된다고 믿었다. 그래서 그 광경을 묵묵히 지켜보거나 아버지의 편을 들고는 했다.

프레드와 프레디는 아침식사를 하며 스티플체이스 프로젝트의 사후 분석을 진행하고 있었다. 역시나 프레드는 아들을 신랄하게 비난했고, 프레디는 방어적으로 반응하면서도 후회감에 사로잡혀 있었다. 도널드는 형에게 아무렇지 않은 듯이 말했다.

"주말마다 비행기를 타고 몬탁에 가지만 않았어도 정신을 차려도 벌써 차렸지."

도널드는 아버지가 형의 비행을 탐탁지 않게 여긴다는 걸 잘 알고 있었다. 이제는 단지 취미가 되었는데도 말이다. '노인' 앞에서는 '비행기'나 '보트'에 관해 입도 뻥긋하지 않는다는 암묵적인 합의가 있었는데도 그날 도널드는 그 금기를 무참히 깨버렸다. "비행기를 치워라." 할아버지의 명령이 떨어지고 바로 그다음 주에 실제로 비행기는 사라졌다.

할아버지는 프레디를 비참하게 했지만 그럴수록 프레디는 아버지의 인정을 더 갈구했다. 마블헤드 사건과 스티플체이스 프로젝트가 실패로 끝나고 이러한 경향은 더 심해졌다. 아버지에게 인정을 받을 수만 있으면 무엇이든 다 해치울 기세였다. 그도 짐작했을까 싶지만, 할아버지는 프레디가 그 무엇을 하든 결코 인정하지 않을 터였다.

9층 코너에 있던 프레디와 린다 부부의 침실 창문은 남동쪽으로 확 트인 전망을 자랑했다. 하지만 그만큼 세차게 부는 바람 앞에서는 속수무책이었다. 또한 붙박이식 에어컨은 방마다 제대로 설치돼 있지 않아서 에어컨을 틀 때면 건식 벽과 외부 벽돌 사이에 물방울이 맺혔다. 그렇게 오랜 시간에 걸쳐 쌓인 수분은 벽에 스며들어 내구성을 좀 먹었고, 12월이 되자 혹한의 외풍이 방 안으로 거침없이 밀려들어왔다. 어머니는 플라스틱 시트로 에어컨 주위의 벽을 덮어두려 했지만 찬 공기는 계속해서 방 안을 덮쳤다. 심지어 푹푹 찌는 여름날에도 침실만큼은 언제나 매섭게 추웠다. 하이랜더의 관리인은 정비공을 보내달라는 부부의 요청을 가볍게 무시했다. 프레디는 다른 임대인들의 민원처리반이 되기는 커녕 자신의 집 문제 하나도 해결하지 못하는 볼품없는 '집주인의 아들'이었다.

1967년, 나의 부모님은 친구와 함께 새해 전야를 자축하기 위해 몬탁의 한 여관에서 동쪽으로 차를 몰고 갔다. 그날은 바람이 세차게 불고 비가 오는 등 유독 날이 궂었다. 그렇게 신년을 맞이하고 자메이카 에스테이츠로 돌아갈 준비가 되었을 때, 내리던 비는 억수 같이 퍼붓기 시작했다. 프레디는 엔진을 예열하기 위해 차 밖으로 나갔지만, 배터리는 이미 나가 있었다. 셔츠만 입은 채로 시동을 걸기 위해 애쓰던 그는 내리는 비에 흠뻑 몸이 젖었다. 린다와 함께 집으로 돌아와 '바람 부는 침실'에 누운 그는 시름시름 앓기 시작했다.

지난 2년간 지나친 스트레스와 음주, 흡연 문제(그 무렵 프레디는 하루 두 갑의 담배를 피웠다)로 프레디의 건강 상태는 썩 좋지 않았다. 그러던 중 감기가 오면서 몸이 급격히 나빠졌고, 며칠이 지나도 나오지 못했다. 프레디는 벌벌 떨면서 도통 이불 밖으로 나올 수가 없었다. 린다는 몇 번이고 관리인과 통화를 시도했지만 번번이 실패했다. 그는 결국 직접 시아버지에게 전화를 걸었다.

"아버님, 제발요." 린다가 간청했다. "분명히 금방 고칠 수 있을 거예요. 자메이카 에스테이츠나 브루클린의 다른 빌딩 관리인은 없을까요? 프레디가 많이 아파요."

할아버지는 결국 다시 하이랜더 관리인에게 부탁해보라며 전화를 끊었다. 그는 할 수 있는 건 아무것도 없는 사람처럼 굴었다.

프레디 부부는 오랫동안 할아버지에게 갇혀 살았기 때문에 다른 잡역부를 부를 생각은 전혀 하지 못했다. 프레드에게 월급 받지 않는 고용인을 부리는 건 가문의 방식이 아니었다. 모든 일에는 프레드의 허락이 필요했고, 벽은 기어코 수리되지 않았다.

새해가 되고 일주일 후, 린다는 나의 외할머니가 뇌졸중으로 위독하다는 연락을 받았다. 그는 프레디 곁을 떠나는 게 마음이 쓰였지만 외할머니의 상태는 생각보다 심각했다. 어머니는 우리를 맡길 곳을 찾은 뒤 곧바로 포트로더데일로 떠났다.

그렇게 얼마 지나지 않아 어머니는 또 한 번 심장이 철렁 내려앉는 전화를 받았다. 프레디가 대엽성 폐렴으로 자메이카 병원에 입원했다는 비보였다. 린다는 곧바로 비행기에 올랐고 내리자마자 바로 택시를 잡아타고는 병원으로 달려갔다.

결혼 5주년인 1967년 1월 20일에도 아버지는 여전히 병실에 있었다. 몸 상태는 쭉 좋지 않았고 알코올 중독은 날로 심해졌다. 하지만 어머니는 샴페인 한 병과 와인 잔 두 개를 몰래 챙겨와 입원실로 가져갔다. 그날만큼은 남편의 상태와 주변에서 일어나는 일에 구애받지 않고 결혼기념일을 축하하고 싶었다.

병원에서 퇴원해 몇 주 동안 집에 머물 때, 린다는 외할아버지의 전화를 받았다. 외할머니의 몸은 점점 회복되고 있었지만, 채석장에서 하루 종일 일하던 외할아버지가 할머니를 남의 손에 맡기고 싶지 않다고 했다. 외할아버지의 업무 스트레스, 병원비, 그리고 아내에 대한 걱정은 모두에게 타격을 입혔다.

"죽을 지경이다. 계속 이렇게 살 수 있을지 모르겠구나." 외할아버지가 말했다. 너무도 심난한 말투였기에 린다는 아버지가 차라리 '죽는 게 낫다'는 말을 하는 줄 알고 두려워했다. 린다는 절망에서 벗어나기 위해 무언가를 해야 한다고 생각했다. 프레디에게 이런 부모님의 위태로운 상황을 설명했다. 프레디는 아내를 안심시키고는 장인에게 직접 전화를 걸었다.

"장인어른, 일은 그만두시고 장모님을 잘 돌봐주세요." 이렇게 말은 했지만 돈이 문제가 아니었다. 프레디는 자신의 아버지가 어떻게 반응할지 확신이 없었다.

"그래, 가족을 위해 응당 해야 하는 일이지." 자녀를 대학에 보내거나 컨트리클럽의 회원권을 사주는 것처럼, 관심이 없거나 특별히 중요하지 않는 일 중에도 '마땅히 해야 할 일'은 있었다.

스티플체이스 거래가 실패로 끝나고 트럼프매니지먼트에서 프레디의 역할은 줄었다. 그는 자식들이 태어나기 전부터 목표로 세웠던 '내 집 장만'을 위해 여유 시간에는 집을 알아보러 다녔다. 롱아일랜드에 있는 아름다운 부촌인 브룩빌에서 612평 부지의 방 4개짜리 집을 찾기까지는 그리 오래 걸리지 않았다. 출퇴근 시간은 최소 30분이나 더 길어졌지만, 할아버지의 건물에서 벗어나는 자유는 그에게 큰 도움이 될 터였다. 아버지는 부동산 중개인에게 시세를 맞춰줄 수 있다고 장담하고는 주택담보대출을 신청했다. 그런데 며칠 후 은행으로부터 거절 전화를 받았다. 그는 할 말을 잃었다.

TWA에서 일한 1년을 제외하면 그는 거의 6년을 할아버지 밑에서 일했다. 여전히 그는 트럼프매니지먼트의 경영진이었고 연간 수천만 달러를 벌었다. 더군다나 빚도 한 푼 없었다. 1967년 회사는 약 1억 달러의 가치가 있었다. 프레디의 수입 또한 적지 않았고, 그에 비해 지출은 많지 않았으며 신탁 펀드와 (주가가 급락하는) 주식 포트폴리오도 보유하고 있었다. 스티플체이스 프로젝트의 실패로 여전히 아들에게 배신감을 갖고 있던 프레드가 어떤 식으로든 개입했다는 게 가장 그럴싸한 추측이었다. 할아버지는 체이스 은행, 매뉴팩처러스 하노버 신탁을 비롯한 다른 대규모 은행에 인맥이 있었다. 물론 계좌에도 많은 돈이 들어 있었다. 프레디는 이를 담보로 쉽게 대출을 받을 수도 있었지만, 또한 지금처럼 쉽게 자금줄이 막힐 수도 있었다. 사실상 우리 가족은 자메이카의 낡은 아파트에 갇혀버렸다.

다시 6월이 돌아왔고 부모님은 몬탁에서 보낼 여름을 준비했다. 우리 가족은 작년과 똑같은 전원주택을 빌렸다. 아버지는 우량주를 팔아서 크리스오비치 33을 샀다. 5미터의 튜나 타워(멀리서 물고기를 볼 수 있는 사다리 모양의 타워 - 옮긴이)가 탑재된 이 배는 아버지가 좋아하는 심해 낚시를 하기에 적합했다. 비행기도 장만했다. 이번엔 세스너 206 스테이션에어였다. 파이퍼 코만치보다 엔진이 더 강력했고 더 많은 사람을 태울 수 있었다.

하지만 그 새로운 장난감은 단순히 레저용이 아니었다. 스티플체이스 프로젝트 이후 점차 트럼프매니지먼트에서 밀리고 있던 아버지에게는 또 다른 사업 구상이 있었다. 보트와 비행기를 임대해 수입원을 확보하겠다는 생각이었다. 잘만 풀린다면 트럼프매니지먼트에서 자유로워질 수 있었다. 그는 정규직 선장을 고용해 보트 임대 사업을 운영했지만, 정작 높은 수익을 거둬야 할 주말에는 선장이 운전하는 배를 타고 친구들과 놀러 다녔다.

린다는 이맘때쯤 프레디가 다른 사람보다 훨씬 더 술을 많이 마신다는 사실을 알아차렸다. 그리고 술은 이들 부부가 격렬하게 싸우는 원인이 되었다. 프레디가 자주 술에 취해 비행기를 모는 건 무척이나 걱정스러운 일이었다. 그해 여름 린다는 아버지가 운전하는 비행기에 오르기를 꺼렸다. 상황은 계속 위태로워졌다. 1967년 9월 아버지는 모든 게 계획대로 되지 않을 거란 걸 알고 있었다. 배를 처분했고, 프레드에게 또 한 번 들킨 비행기도 팔아치웠다.

그렇게 스물아홉 나의 아버지는 더 이상 잃을 게 없어 보였다.

6장

제로섬 게임

나는 아버지의 웃음소리에 잠에서 깼다. 몇 시인지도 몰랐다. 내 방은 무척 어두웠다. 방문 아래로 반짝이는 복도의 불빛이 이상하게 느껴졌다. 당시 나는 두 살이었고 오빠는 저 멀리 아파트 반대편에서 자고 있었다. 나는 침대에서 미끄러져 나왔다. 무슨 일이 일어났는지 보려고 방문을 나설 때였다.

내 방 옆에 있던 안방은 방문이 활짝 열려 있었다. 그리고 모든 불이 켜 있었다. 방 문턱까지 간 나는 그 자리에서 얼어붙었다. 아버지는 서랍장에 등을 기대고 서 있었다. 그런 아버지의 맞은편에서는 어머니가 침대에 몸을 웅크린 채 한 손을 머리 위로 들고 있었다. 남은 한 손은 매트리스 위에서 몸의 무게를 지탱하고 있었다. 나는 내가 보고 있는 광경이 무슨 일인지 단박에 알아채지 못

126

했다. 아버지는 어머니를 향해 22구경 소총을 겨누고 있었다. 상어를 쏘기 위해 배 안에 두었던 총이 왜 이곳에 있을까. 아버지는 실성한 사람처럼 웃고 있었다.

어머니는 그만하라며 애원했다. 아버지는 아랑곳 않고 총을 어머니의 얼굴에 겨눴다. 어머니는 왼팔을 더 높이 들며 소리쳤다. 아버지는 이 상황이 재밌는 것 같았다. 나는 등을 돌렸고 다시 침대로 달려갔다.

가까스로 탈출한 어머니가 우리 남매를 차에 태워 친구 집으로 데려갔다. 결국 우리의 행방을 찾아낸 아버지는 다시는 그런 일을 만들지 않겠다며 빌었다. 지난 밤 자신이 한 일을 제대로 기억하지 못하는 것 같았다. 집으로 돌아간 아버지는 우리가 돌아오기를 기다렸다. 결국 부모님은 당장의 문제를 해결하는 데 동의했다. 하지만 결혼생활이 삐걱대기 시작했다는 건 순순히 인정하지 않았다. 일상은 계속 어긋났고 나아지는 건 아무것도 없었다. 상황은 쉽게 변하지 않을 것 같았다.

메리앤 고모는 우리와 3킬로미터 떨어진 할아버지의 건물에서 곤경을 겪고 있었다. 그의 남편 데이비드는 몇 년 전 재규어 딜러 직을 잃고 여전히 무직 상태였다. 누구든지 조금만 눈치가 있다면 고모가 잘 지내지 못한다는 걸 금방 알 수 있었다. 하지만 메리앤의 주변인들은 데이비드가 그저 웃기고 장난스러우며 해롭지 않은 사람이라고만 생각했다. 프레디 역시 누나의 결혼생활이나 매부를 진지하게 생각한 적은 없었다.

메리앤은 스물두 살 때 데이비드를 만났다. 컬럼비아의 한 대학원에서 공공정책을 공부하던 메리앤은 곧 박사 과정에 진학할 예정이었지만, (프레디를 포함한) 가족들에게 노처녀라 놀림 받는 게 싫어 데이비드의 청혼을 받아들였다. 그러고는 석사 학위까지만 취득한 채 학교를 그만두었다.

가톨릭 신자였던 데이비드는 연애 초기부터 메리앤에게 개종을 강요했다. 메리앤은 아버지의 화를 건드리거나 어머니의 감정을 다치게 하고 싶지 않았다. 그 바람에 자신의 결혼마저도 기쁘게 축복해달라고 말하기가 두려웠다. 마침내 가족들에게 결혼 계획을 알렸을 때 프레드가 말했다.

"하고 싶은 대로 해라."

메리앤은 부모님을 실망시킨 자신이 얼마나 죄송한 마음을 느끼고 있는지 덧붙였다. 그러자 프레디가 다시 말했다.

"메리앤, 난 신경 쓰지 않는다. 어차피 시집을 가면 남의 집안 사람이잖니."

할머니는 여기에 아무 말도 보태지 않았다. 그게 이날 대화의 전부였다.

데이비드는 '트럼프'보다 더 크게 이름을 떨치겠다고 말하고 다녔다. 그는 좋은 대학을 나왔지만, 딱히 야망을 뒷받침해줄 기술은 갖고 있지 않았다. 그런데도 데이비드는 자신의 꿈 그 이상을 성취해 남들에게 보여주겠노라고 확신했다. 매력적이고 친절했지만 안정적인 직업은 마땅히 없던 랄프 크램든Ralph Kramden(영화 「신혼여행자」에 나오는 가상 인물로 뉴욕시 버스 운전사다 - 옮긴이)처럼 말이다. 그가 떠들고 다니던 '어마어마한 그다음 프로젝트'는 늘 실패하거나 실천으로 이어지지 않았다. 또한 그는 결혼한 지 얼마 되지 않았을 때부터 술에 손을 대기 시작했다.

데이비드와 메리앤은 트럼프 아파트에서 임대료를 내지 않고 살았다. 더불어 트럼프매니지먼트를 통해 가족 모두가 누리던 의료보험 혜택을 똑같이 누렸다. 하지만 임대료와 의료보험료를 내지 않았음에도 생계를 잇기에 충분한 소득을 벌지 못했다.

여기서 가장 큰 의문은 메리앤이 왜 그처럼 무능한 남편에게 경제적으로 의존했느냐이다. 엘리자베스가 59번가 다리 옆 암울한 방 한 칸짜리 집에 사는 것처럼, 프레디가 집 한번 가져보지 못하고 비행기와 보트, 고급 자동차를 계속해서 처분하는 것처럼 이는 매우 이상한 일이었다. 할아버지는 1940년대에 증조할머니와 함께 자녀들을 위한 신탁 기금을 마련했다. 메리앤이 원금을 받을 자격이 있었는지를 떠나서 신탁은 이익을 창출했다. 하지만 할아버지는 나이가 가장 많은 세 남매에게 '아무런 부탁도 하지 말라'고 가르쳤다. 여기서 말하는 '부탁'이란 나약하거나, 지나치게 욕심이 많거나, 아무것도 돌려주지 않을 사람을 이용하는 것과 같은 의미였다. 하지만 도널드만큼은 예외였다. 메리앤, 프레디, 엘리자베스는 각기 다른 방식으로 완전히 피할 수 없는 박탈감에 시달렸지만 말이다.

메리앤은 남편이 몇 년 동안 무직 상태를 벗어나지 못하자 한계에 부딪혔다. 그는 의심을 사지 않는 방법으로 메리에게 접근했다.

"어머니, 빨래하게 잔돈 좀 주세요." 아무렇지 않은 표정과 말투로 말하면 자신이 얼마나 처참한 결혼생활을 하고 있는지 아무도 모를 거라고 생각했다. 프레드는 결혼한 딸에게 관심을 주지 않았지만, 할머니는 그의 사정을 눈치채고 있었다. 다만 메리앤이 '자존심'을 지키길 바랐기 때문에 일부러 내색하지 않거나 사사건건 캐묻지 않았다. 할머니는 메리앤에게 25센트와 10센트짜리 동전으로 꽉 찬 쇼트닝 캔을 건네주곤 했다. 할아버지의 건물 세탁기와 건조기에서 수거한 돈이다. 할머니는 며칠에 한 번 여우 모피 볼레로를 입고 분홍색 캐딜락 컨버터블을 운전하며 동전을 모으러 다녔다. 나중에 고모가 인정했듯이 막대한 재산을 보유한 집에서 오직 그 캔만이 유일한 구세주였다. 그 캔이 없었더라면 메리앤 자신도, 아들 데이비드 주니어도 입에 풀칠할 수 없었을 것이다.

적어도 메리앤은 할머니에게 '손 벌리지 않고' 식료품을 살 수 있었다. 하지만 아무리 비참한 상황일지라도 트럼프 삼 남매는 가족 중 누구에게도 실질적인 도움을 받을 수 없었다. 부탁해봤자 소용이 없는 것처럼 느껴졌다. 엘레자베스는 자신의 운명을 묵묵히 받아들였고, 프레디 역시 자신의 능력으로는 이런 대우가 마땅하다고 믿게 되었다. 메리앤은 부탁하거나 도움받지 않는 것을 명예 훈장처럼 여기며 자기합리화 했다. 할아버지를 향한 두려움이 워낙 깊게 박혀 있었던 까닭에 그 누구도 두려움의 실체를 제대로 꺼내보지 못했다.

결국 메리앤은 데이비드를 감싸줄 수 없는 지경에 이르렀다. 그는 도무지 일자리를 얻지 못했고 주량은 계속해서 늘어만 갔다. 절망적이었지만 메리앤은 매우 신중하게 트럼프매니지먼트에 손을 뻗었다. 요구하는 것처럼 보이지 않게 하기 위하여 부단히 애를 썼다. 할아버지는 이들에게 무슨 문제가 있는지는 묻지도 않았다. 자메이카 에스테이츠에 있는 어느 건물에 그를 주차 요원으로 배치시킬 뿐이었다.

도널드는 1968년 봄 펜실베이니아 대학을 졸업하자마자 트럼프매니지먼트에서 일을 시작했다. 고작 스물두 살이었던 그는 첫 출근부터 프레디보다 훨씬 더 많은 특혜와 존경을 받았다. 물론 월급도 더 많았다.

연이어 할아버지는 도널드를 트럼프매니지먼트에 속한 여러 회사의 부사장으로 임명했다. 더불어 굳이 관리할 필요가 없는 건물에까지 관리인으로 임명하면서 '자문료'를 지불했고, 은행원으로 '고용'하기도 했다.

할아버지의 선택은 두 가지 메시지를 내포하고 있었다. 첫째, 프레디에게는 자기 주제를 알라는 한편, 다른 직원들에게는 도널드를 따르라는 신호와 같았다. 둘째, 상속인으로서 도널드의 지위를 더욱 공고히 한다는 방침을 나타냈다.

도널드는 은밀한 방식으로 할아버지의 관심을 독차지했다. 프레디의 친구 중 그 누구도 왜 프레드가 도널드를 '훌륭하다고' 생각하는지 아는 사람이 없었다. 그저 도널드가 몇 번의 여름과 여러 주말 동안 할아버지를 위해 일하고 건설 현장을 방문하자 프레드의 마음이 열렸다. 그때부터 프레드는 둘째 아들에게 부동산 사업에 관한 자세한 내용을 알려주기 시작했다. 도널드는 도급 업체를 상대하고 뉴욕 부동산 시장을 뒤흔든 정치계, 금융계의 권력 구조를 탐색하는 데 남다른 감각을 지녔다. 비록 지켜보는 사람들은 그들의 논리를 전혀 이해하지 못했어도, 아버지와 아들은 끊임없이 비즈니스와 지역 정치에 관해 의견을 나눴다. 프레드와 도널드는 성격적 특성도, 싫어하는 것도 비슷했다. 그뿐만 아니라 쉽게 서로를 친구처럼 편하게 대했다. 프레디라면 결코 이룰 수 없는 부자 관계였다.

반면 프레디는 동생이나 아버지보다 더 넓은 세계관을 가졌다. 도널드와 달리 대학 시절 여러 조직에 속해 다른 사람의 의견을 경청할 줄도 알았고, 방위군과 TWA 조종사로서 전문성과 헌신, 충성 등 돈보다 더 가치 있는 일을 믿는 눈부신 전문가들을 사귀었다. 그들은 인생이 제로섬 게임(상대가 져야 내가 이기는 게임 - 옮긴이)이 아니라는 걸 아는 사람들이었다. 하지만 동시에 그건 내 아버지의 문제점이기도 했다. 도널드는 자신의 아버지처럼 협소하고 편협하고 이기적이었지만, 형에게 없던 자신감과 뻔뻔함이 있었다. 그리고 프레드는 자식의 그러한 기질을 자신의 이익을 위해 이용하고 싶어 했다.

트럼프매니지먼트에서 아버지의 자리를 꿰차겠다는 도널드의 시도는 창대했다. 하지만 여전이 그는 집 안에서 빈둥거리고 있었다. 로버트는 보스턴 대학에 다니며 베트남 파병을 피했고, 도널드와 엘리자베스는 서로 어울리지 않았다. 그나마 프레디가 친구들과 어울릴 때마다 동생을 끼워주려 최선을 다했다. 하지만 번번이 실패했다. 프레디와 함께 동쪽으로 날아가 낚시와 수상스키를 즐기던 친구들은 유머가 부족하고 자만심 넘치는 도널드에게 정을 주지 못하겠다고 했다. 친구의 동생을 환영하려 노력하기는 했지만 이들이 도널드를 좋아하는 건 아니었다.

도널드가 트럼프매니지먼트에서 첫해를 다 보낼 무렵, 프레디와의 긴장감은 더욱 두드러졌다. 프레디는 공과 사를 구분하려 했지만 도널드는 형을 봐주지 않았다. 그런데도 프레디는 안나마리아가 저녁 파티를 연다고 했을 때 동생을 데려가도 되겠느냐고 물었다.

그날 저녁은 도널드가 몇 년 전 안나마리아에게 추파를 던졌을 때와 마찬가지로 끔찍하기 짝이 없었다. 그날 부엌에서 저녁식사를 준비하던 안나마리아는 누군가 언성을 높이는 소리를 들었다. 도널드와 프레디였다. 둘은 불과 몇 센티미터 떨어져 있었고, 도널드는 한껏 상기된 얼굴로 프레디의 얼굴 근처에 손을 올리고 있었다. 한 대 치려는 기세였다. 안나마리아는 키가 큰 두 남자 사이에 끼어들었다. 한 발짝 물러선 프레디가 이를 꽉 깨물고 말했다.

"도널드, 여기서 나가."

"알았어! 저 여자애가 만든 로스트비프나 먹든가!" 도널드가 망연자실한 표정으로 뛰쳐나가면서 말했다. 그러고는 문을 쾅 닫아버렸다.

"이 멍청아!" 안나마리아가 등 뒤에서 소리쳤다. 그러고는 프레디에게 무슨 일인지를 물었다.

"그냥 일 얘기야." 프레디는 몸을 부들부들 떨며 짧게 말했다. 둘은 그 정도로 해두었다.

우리 집, 하이랜더의 상황은 나아지지 않았다. 어버니는 뱀을 무서워했는데, 아버지는 아랑곳하지 않고 어느 날 집에 비단뱀을 데려왔다. 그러고는 그 수조를 서재에 두었다. 어머니는 빨래를 하러 가거나 오빠의 방에 들어갈 때, 집 밖을 나갈 때마다 항상 그 앞을 지나야 했다. 잔인한 뱀을 데려온 후 부모님의 싸움은 점점 더 극으로 치달았다. 1970년, 결국 한계에 다다른 어머니는 아버지에게 집을 나가라며 소리쳤다. 그렇게 아버지는 잠깐 집을 떠나 있다가 다시 몇 주 뒤 예고도 없이 돌아왔다. 마침내 어머니는 할아버지에게 전화해 자물쇠를 바꿔달라고 말했다. 할아버지는 그 어떤 이의도 제기하지 않고 어떤 질문도 하지 않았으며 어머니를 탓하지도 않았다. 자기가 알아서 처리하겠노라 말했고, 실제로 그렇게 했다. 그때부터 우리는 아버지와 함께 살지 않았다.

어머니는 할아버지가 고용한 변호사 중 한 명인 매튜 토스티 Matthew Tosti에게 전화를 걸어 아버지와 이혼을 하겠다고 했다. 토스티는 그의 파트너인 어윈 더벤Irwin Durben과 함께 1950년대부터 할아버지의 변호사로 일하고 있었다. 부모님이 별거를 하기 전부터 어머니가 나와 오빠, 돈에 관해 자주 연락하던 사람은 토스티 아저씨였다. 어머니와 그의 사이에는 신뢰가 싹텄다. 그는 황량한 트럼프가에서 어머니에게 든든하고 따뜻한 편이 되어주었다. 어머니는 그를 진정한 친구로 생각했다.

물론 토스티의 친절은 그의 진심에서 우러나왔을 수도 있다. 하지만 그는 이해타산이 빠른 사람이었다. 어머니는 직접 변호사를 선임했는데 이혼합의서는 상당 부분 할아버지 쪽에서 작성했을 가능성이 높다. 할아버지는 프레디의 가족이 얼마나 많은 돈을 갖고 있는지, 그리고 그가 얼마나 갑부의 아들인지 린다가 모를 거라고 확신했다.

어머니는 이혼수당으로 일주일에 100달러, 양육비로 50달러를 받았다. 학교 등록금과 캠프 참가비, 의료보험과 같은 큰 비용은 별도로 처리됐으니 크게 보잘 것 없는 금액은 아니었다. 아버지는 우리 집의 임대료도 지불했다. 다만 우리가 살던 건물은 할아버지 소유였어서 한 달 월세가 90달러밖에 되지 않았다(오랜 세월이 지나 나와 오빠는 각각 하이랜더를 10퍼센트씩 소유하고 있다는 걸 알았다. 따지고 보면 월세를 지불하라는 건 과한 요구였다). 아버지의 임대료 의무 상한선은 250달러였다. 이번에도 우리는 더 나은 아파트나 동네로 이사갈 수 없었다. 아버지는 '그 당시에' 1억 달러 이상의 재산을 보유한 명문가의 자손으로서 우리 남매의 사립학교와 대학 등록금을 지불하는 데 동의했다. 하지만 휴가는 토스티 씨가 승인해줘야만 갈 수 있었다. 분할할 재산은 없었고 어머니는 10년간 매달 600달러만 받았다. 고정비를 제외하고 나면 크리스마스에 쓸 돈은 거의 남지 않았다. 자력으로 집을 사는 건 생각조차 할 수 없었다.

나와 오빠에 대한 모든 양육권은 그 당시 관례에 따라 어머니에게 돌아갔다. 다만 방문 권한은 정확히 명시돼 있지 않고 모호했다. "프레디 트럼프가 합리적인 통보를 하는 경우 언제나 적당한 때 아이들을 볼 수 있어야 한다." 특별한 일이 없으면 주말마다 한 번씩 저녁을 먹는 것을 의미했다. 이것도 결국 부모님이 합의하여 정한 규칙이었지만, 처음에는 공식적으로 정해진 바가 없었다.

1969년, 스티플체이스 개발 프로젝트는 영구 중지되었다. 도시는 결국 할아버지의 땅을 다시 매입해갔다. 할아버지는 사랑스러운 도시의 랜드마크를 망쳤다는 이유로 130만 달러의 이익만 얻고 프로젝트에서 손을 뗐다. 그리고 그에 따른 모든 비난의 화살은 아버지에게로 돌아갔다.

7장

평행선

1960년에는 프레디가, 1968년에는 도널드가 트럼프매니지먼트에 합류할 때 그들을 향한 기대는 비슷했다. 형제는 아버지의 오른팔이 되고 아버지보다 출세하고 싶었다. 이들은 서로 다른 시기에, 그리고 서로 다른 방식으로 트럼프가에 걸맞은 옷을 차려입었다. 값비싼 사치품과 고급 자동차를 살 수 있는 돈은 결코 부족하지 않았다. 하지만 그 둘의 공통점은 이걸로 끝이었다.

프레디는 시시한 일이나 트럼프빌리지 공사 현장에서 문제가 되는 일 말고는 회사가 자신에게 별다른 업무를 맡길 계획이 없다는 걸 잘 알고 있었다. 그렇게 인정받지 못해 비참하고 답답해하던 프레디는 자신만의 성공을 찾아 다른 길로 떠났다. 스물다섯 살에 그는 TWA사의 조종사로서 보잉 707 시리즈를 운항하며 어린 자녀와 아내를 부양했다. 개인적으로도, 직업적으로도 정점을 찍은 시기였다. 그러나 스물여섯 살에 트럼프매니지먼트로 돌아온 그는 재기할 가능성이 사라진 암울한 전망을 내다봐야 했다.

아버지는 조종사로 일한 10개월을 제외하고는 1971년까지 11년간을 할아버지 밑에서 일했다. 그런데도 프레드는 스물네 살밖에 되지 않은 도널드를 트럼프매니지먼트의 회장으로 승진시켰다. 경력은 3년밖에 되지 않았고, 경험도 부족했으며, 심지어 자격도 미달이었지만 할아버지는 크게 신경 쓰지 않았다.

사실 두 아들 모두 프레드가 사업을 이어가는 데 꼭 필요하지는 않았다. 프레드는 CEO자리에 앉았지만 이전과 바뀌는 것은 없었다. 그는 임대업자였다. 6년 전 스티플체이스 프로젝트의 실패로 개발 사업에서는 손을 뗐으니, 회장으로서 도널드의 역할은 여전히 애매했다. 1970년대 초 뉴욕시 경제가 벼랑 끝에 내몰리면서 연방 정부는 FHA 지출을 삭감했다(베트남 전쟁 비용이 주요인이었다). 프레드는 더 이상 FHA로부터도 자금을 끌어올 수 없었다. 저렴한 가격에 주택을 공급하는 트럼프빌리지 프로젝트의 후원 프로그램인 미첼 라마Michell-lama(저소득층 주택 지원 프로그램 - 옮긴이)도 곧 중단되었다.

사업 측면에서 도널드가 회장 자리에 앉는 건 무의미했다. '정확히 무슨 일을 하라고 승진을 시킨 걸까?' 모두가 궁금해했다. 추진 중인 개발 프로젝트는 전무했고, 수십 년간 의존해오던 정치권력의 구조는 무너져버렸으며, 구조가 무너진 상황, 심지어 뉴욕시는 극심한 자금난에 처해 있었다.

할아버지는 프레디를 처벌하고 그에게 수치심을 줄 목적이었다. 할아버지가 가한 수많은 징벌 가운데 도널드의 승진은 가장 최근에 일어난, 동시에 가장 최악의 벌이었다. 이 참에 프레드는 도널드에게 역할을 찾아주기로 마음먹었다. 비즈니스 운영에 필요한 세부 사항을 매일 챙길 수 있는 위인은 아니었지만, 나름대로 도널드는 더 값진 능력을 갖고 있었다. 사업을 추진할 수 있는 대담한 아이디어와 당돌함이었다. 마침 프레드에게는 오랜 열망이 있었다. 뉴욕 부동산 개발자들의 성지로 통하는 강 건너 맨해튼까지 사업을 확장한다는 계획이었다. 그의 초기 경력은 자기PR과 위선, 과장에 재주가 있다는 걸 보여줬지만, 그는 1세대 독일 이민자의 아들이었다. 그에게 영어는 외국어였고 의사소통 능력이 늘 그의 발목을 잡았다. 리더십과 자신감, 인간관계 노하우를 가르치는 데일 카네기 코스를 수강한 것도 자신감을 키우기보다는 어휘력을 향상시킬 이유에서였다. 하지만 배움은 매번 실패로 돌아갔다. 게다가 더 극복하기 어려운 장애물이 있었다. 증조할머니는 나름 진보적인 사람이었지만 대체로 금욕적이고 매우 전통적이었다. 아들이 성공해 부자가 되는 건 괜찮아도 이를 과시하는 건 눈감아줄 수 없었다.

반면 도널드를 제지하는 사람은 아무도 없었다. 그는 프레디만큼 브루클린을 싫어했지만, 그 이유는 매우 달랐다. 도널드가 보기에 브루클린의 암울한 노동자 계급은 왜소했고 잠재력이 부족했다. 하지만 여기서 빠져나가기에는 한발 늦은 상태였다. 트럼프매니지먼트 사무실은 할아버지가 세운 가장 큰 아파트 단지인 브루클린 남부 비치헤이븐 한복판에 자리하고 있었는데, 프레드는 사무실을 개조하지 않고 있던 그대로 사용했다. 좁은 사무실에는 책상이 빽빽히 놓여 있었다. 창문은 작아서 빛이 거의 들어오지 않았다. 하지만 이 공간은 주변 건물과 복합단지의 가구 수, 임대 가치와 함께 무엇보다 매달 트럼프매니지먼트의 통장으로 꽂힐 엄청난 임대 수입을 계산했을 때 분명 '기회의 땅'이었다. 그러나 도널드는 사무실 밖에 서서 이 건물을 숨 막히게 바라봤다. 주변의 다른 건물들과 비슷한 이 실용적인 공간이 자신의 수준과는 맞지 않는다고 생각했던 것이다. 아무래도 브루클린에 남는 건 그가 원하던 미래가 아니었다. 그는 하루라도 빨리 이곳을 빠져나가기로 마음먹었다.

도널드는 부지를 살피라며 할아버지가 임대해준 캐딜락을 타고 (운전도 할아버지에게 월급 받는 기사가 했다) 맨해튼 시내를 돌아다녔다. 또한 그 일 외에도 자신의 업적을 거짓으로 말하고 흑인에게 임대를 거부하는 것과 같은 '직무'를 수행했다. 사법부는 그를 인종차별 혐의로 할아버지와 함께 고발하기도 했다.

도널드는 맨해튼 사교계에 입성하기를 간절히 원했다. 이를 위해 그는 상당한 시간을 들여 자신의 이미지를 만들었다. 텔레비전을 보고 자란 1세대였던 그는 텔레비전 매체의 삽화적인 특성이 마음에 들었다. 텔레비전은 도널드가 구현하고자 하는 번드르르하고 피상적인 이미지를 형상화하는 데 도움을 주었다. 그는 거리낌 없이 자신의 이미지를 보여주기식으로 뽐내고 다녔다. 할아버지의 재산이 주는 물질적인 안정감으로 '돈 많은 바람둥이'가 아닌 '기발하고 자수성가한 사업가'로서 자신을 홍보하는 데 자신감이 넘쳤다.

초창기에 도널드는 돈을 열심히 쏟아부었다. 모두 할아버지가 뒤에서 댄 자금이었다. 프레드는 도널드의 한계를 바로 깨닫지 못했다. 그는 도널드가 '본질적'으로 허구를 홍보하고 있다는 사실을 전혀 몰랐다. 이유야 어떻든 도널드는 아버지의 돈을 마구 쓰게 되었다는 점에 기뻐했다. 프레드는 아들에게 계속해서 돈을 투하했다. 예를 들면, 1960년대 후반 프레드가 뉴저지에 '노인'을 위한 고층 빌딩을 지을 때의 일이다. 그는 정부 보조금을 받는 방법을 연습시키면서 둘째 아들의 재산을 불려주기 위해 물불을 가리지 않는 모습을 보여주었다(프레드는 780만 달러의 무이자 대출을 받아 건설 비용의 90퍼센트를 충당했다). 도널드는 개발에 돈 한 푼 대지 않고 자문료를 받았다. 현장에 상근 직원이 있었는데도 부지 관리의 명목으로 월급을 챙겼다. 사실상 도널드는 아무것도 하지 않았고, 개발이나 발전, 관리를 위해 위험을 감수하지도 않았다. 그 프로젝트만으로 수만 달러의 수익을 거뒀다.

프레디는 조종사라는 꿈을 빼앗긴 데 이어 이제는 장자 상속권마저 잃게 되었다. 결혼생활은 끝났고, 아이들은 거의 만나지 못했다. 그는 자신에게 남겨진 게 무엇인지, 앞으로 뭘 더해야 하는지 전혀 몰랐다. 결국 다시 트럼프매니지먼트를 벗어나는 게 자존심을 지킬 수 있는 유일한 방법이라고 생각했다. 이번에는 영원히.

프레디가 하이랜더에서 나와 처음으로 얻은 집은 조용하고 그늘진 퀸스 서니사이드의 연립주택 지하 원룸이었다. 서른두 해의 인생에서 첫 독립이었다. 문을 열고 들어가면 가장 먼저 두 마리의 얼룩뱀이 사는 사육장이 보였고, 그 옆에 비단뱀이 들어 있는 유리온실이 있었다. 또 다른 수조에는 금붕어가 가득했고 어떤 수조 안에서는 쥐가 돌아다니고 있었다(집 안을 대충 훑어보면 쥐가 왜 거기에 있는지 바로 이해할 수 있다). 그 밖에도 접이식 소파와 작은 부엌 테이블, 싸구려 식탁이 있었고 이구아나와 거북이가 한 마리씩 자라는 상자도 보였다. 우리는 이구아나와 거북이를 각각 '토마토'와 '이지'라고 불렀다.

아버지는 새 집을 자랑스러워 했다. 그리고 계속해서 특이한 동물들을 데려왔다. 아버지를 보러 간 어느 날, 우리는 보일러실에서 새끼 오리 여섯 마리가 담긴 상자를 보았다. 집주인이 열 램프 설치까지 허락해줘 아버지는 임시 인큐베이터를 만들었다. 새끼 오리들의 입은 너무 작아서 점안기를 쓰고 밥을 줬다.

"정신 줄을 단단히 잡아라."

할아버지는 술을 끊지 못하는 게 의지력의 문제인 것처럼 말했다. 그날 처음으로 할아버지는 아버지와 마주 보고 앉았다(그렇다고 할아버지가 아버지를 대등하게 여긴 것은 아니다. 그런 일은 절대 없을 터였다). 두 사람 사이에는 해결해야 할 문제가 있었다. 모두가 동의하는 해결책은 찾을 수 없을지라도 말이다. 지난 수십 년간 알코올 중독에 관한 의학적 견해는 크게 변화했다. 하지만 대중의 인식만큼은 늘 제자리였다. 1935년에 시작된 '익명의 알코올 중독자들'과 같은 치료 프로그램에도 불구하고 중독자와 중독에 관한 편견은 계속 이어졌다.

"프레디, 이만 결정을 내려라."

할아버지는 노먼 빈센트 필이 지지했을 법한 진부하고 쓸모없는 멘트를 늘어놓았다. 번영복음(믿고 큰 포부를 가지면 그대로 이루어진다는 신념-옮긴이)은 할아버지의 철학에 가까웠다. 할아버지는 이를 정신적인 무기이자 도피처로 삼았는데, 다른 누구보다 장남 프레디에게 가장 안 좋은 영향을 미쳤다.

"암 환자에게 이제 그만 포기하라고 말씀하시는 것처럼 들리네요." 프레디가 말했다. 그리고 그의 말은 옳았다. 하지만 '피해자를 탓하는' 할아버지의 사고방식에 여전히 물들어 있던 그는 쉽게 결단을 내리지 못했다.

"아버지, 술을 끊어야겠습니다. 그런데 혼자서는 못할 것 같아요. 아니, 못 끊을 거예요."

프레드는 "어떻게 도와주면 될까?"라고 묻는 대신 "나한테 원하는 게 뭐냐?"라고 말했다. 프레디는 어디서부터 시작해야 할지 몰랐다.

할아버지는 평생 하루도 아픈 날이 없었다. 물론 하루도 일을 빼먹은 적도 없었다. 아내가 죽을 뻔했을 때도 우울해하거나 불안해하지 않았다. 그의 인생에서 비통에 빠져 출근을 못한 날은 없었다. 그 자신이 나약한 모습을 보이지 않았기에, 다른 사람의 취약성을 알아보거나 인정하는 능력도 부족했다.

할아버지는 할머니가 다쳤거나 아팠을 때 한 번도 보살펴주지 않았다. 할머니가 힘들어할 때면 "다 좋아, 그렇지 여보? 긍정적인 생각을 하면 돼"라고 말하며 서둘러 자리를 떠났다. 할머니는 혼자서 통증과 싸워야 했다.

할머니는 때때로 "맞아요, 프레드"라고 억지 미소를 지었지만, 평소에는 아무 말도 하지 않았다. 할아버지는 이를 악물고 울지 않기 위해 몸부림쳐온 사람이었다. 모든 게 "좋다"고 끈질기게 강조하던 그는 다른 감정을 느낄 여지를 스스로에게 주지 않았다.

우리는 아버지가 몇 주 동안 병원에 입원할 거라는 소식을 들었다. 또한 집주인이 다른 사람에게 집을 임대하고 싶어한다는 얘기도 들었다. 프리츠와 나는 아버지가 집에 두고 온 옷, 게임기, 잡동사니를 가지러 갔지만 도착했을 때는 이미 집이 텅 비어 있었다. 수조는 사라졌고 뱀도 없었다. 동물들에게 무슨 일이 일어났는지 결코 알 길이 없었다.

아버지는 병원이나 재활원에서 나올 때마다 할아버지의 다락방으로 갔다. 일시적인 거처였기에 적절한 주거 공간으로 만들기 위한 노력은 하지 않았다. 수년 전 할머니가 숨겨둔 빈티지 소방차, 크레인, 덤프트럭을 포함한 낡은 장난감 보관함을 한쪽으로 밀어넣고는 다른 한쪽 끝 공간에 간이침대를 놓았다. 그리고 아버지는 지붕 창 밑에 6인치짜리 휴대용 흑백 텔레비전을 들였다.

오빠와 함께 아버지를 보러 갈 때마다 우리는 침대 옆 바닥에서 잤다. 우리는「도라 도라 도라」나「매드 매드 대소동」과 같은 오래된 영화를 끝도 없이 봤다. 아버지가 아래층으로 내려올 수 있을 만큼 건강을 회복했을 때는 일요일마다 WPIX 방송국에서 방영하던 코미디 영화「애보트와 코스텔로」를 함께 시청했다.

그렇게 한두 달이 지났을 무렵, 할아버지는 아버지에게 서니사이드타워에 방이 비었다고 일러주었다. 할아버지가 1968년에 매입한 서니사이드타워에는 가장 높은 층에 원룸이 하나 있었다.

아버지가 서니사이드타워로 이사 갈 준비를 하던 때, 메리앤은 호프스트라 대학 로스쿨에서 공부를 시작했다. 그는 로스쿨에 가기 위해 600달러를 대출받았다. 가장 가고 싶었던 학교는 아니었지만 자메이카 에스테이츠에서 차로 10분 거리인 점은 마음에 들었다. 아침에 사촌 데이비드를 학교에 데려다주고 오후에 다시 데리러 갈 수 있을 만큼 가까웠다. 메리앤이 학교로 돌아가는 건 오랫동안 미뤄둔 꿈이었다. 변호사가 되면 언젠가 남편을 떠날 수 있는 경제적 여건이 마련될 것이라고 기대했다. 시간이 갈수록 메리앤 고모의 결혼생활은 파국으로 치닫고 있었다. 장인이 마련해준 주차 요원 자리는 데이비드에게 절대로 잊을 수 없는 굴욕의 시간이었다. 오랜 세월 데이비드는 아내에게 폭언을 퍼부었고, 특히 술에 취했을 때는 도가 지나쳤다. 옆방에서 자는 어린 아들은 안중에도 없이 아내에게 총을 겨누거나 칼을 들고 위협했다.

메리앤이 입학하며 독립에 한발 더 가까워지자 남편은 불같이

화를 냈다. 로스쿨 개강일에 메리앤이 집에 도착했을 때는 이미 분노에 휩싸여 열세 살 아들을 집에서 쫓아낸 뒤였다. 메리앤은 아들을 데리고 하우스에서 하룻밤을 보냈다. 데이비드는 돈이 얼마 들어 있지도 않은 공동 저축 계좌를 정리하고는 마을을 떠났다.

하우스에 온 가족이 모이면 우리는 대부분의 시간을 서재에서 보냈다. 그때까지만 해도 대필 작가가 써준 도널드 트럼프의 책 『거래의 기술』은 그 서재에 없었다(이 책은 1987년 출간됐다). 책장에는 부모님의 결혼사진과 초상화가 놓여 있었다. 그리고 벽 한 켠에는 아버지가 열네 살 때 사진관에서 찍은 다섯 남매의 사진이 크게 걸려 있었다. 집에 걸린 사진 중 사진관에서 찍지 않은 사진은 딱 둘뿐이었다. 하나는 할머니가 모피 볼레로를 걸치고 비행기에서 당당히(혹은 잘난체하며) 내리는 흑백사진이었고, 또 다른 하나는 도널드가 제복을 입고 뉴욕 콜롬버스 데이 행진을 이끌던 군사학교 시절의 모습이었다. 우리 남매는 녹색과 남색의 2인용 소파 두 개와 텔레비전 앞의 커다란 의자를 두고 자주 싸웠다. 스리피스 정장에 넥타이를 맨 할아버지는 무거운 소나무 원목 테이블 옆 소파에서 가지런히 발을 모으고 앉아 있었다.

우리는 서니사이드에서 아버지와 시간을 보내지 않는 토요일마다 자전거를 타고 하우스로 놀러갔다. 하이랜드가로 내려가 자메이카 에스테이츠의 뒷길을 통해서다. 그러고는 사촌 데이비드와 함께 놀았다. 아니, 정확히는 오빠가 데이비드와 함께 노는 걸 졸

줄 쫓아다녔다고 하는 게 맞겠다.

할머니는 메리앤과 엘리자베스가 오면 1950년대 몰트 숍(맥아유나 아이스크림 등을 파는 가게 - 옮긴이)에서나 봤을 법한 하늘색 호마이카 테이블에 고모들과 함께 둘러앉았다. 테이블 옆에는 벽장만 한 팬트리가 있었고, 작은 책상에는 살 것 목록과 영수증, 고지서 등이 놓여 있었다. 오랫동안 고생한 가정부 마리Marie는 종종 그곳에 숨어 라디오를 들었다. 우리는 비가 오거나 추워서 밖에 나가지 못하는 날이면 종종 마리의 속을 썩였다. 식당은 팬트리 반대편에 있는 외여닫이문을 열면 나왔다. 뒷문 복도에서 부엌과 현관, 식당, 그리고 팬트리를 지나면 다시 부엌으로 연결되었다. 우리는 그 길을 앞마당 삼아 뛰어놀았다.

서로를 쫓으면서 넘어지기도 하고 빠르게 움직이다 보면 늘 그렇듯 우리 중 한 명은 가구에 부딪혔다. 할머니는 우리가 냉장고와 팬트리 출입구 사이를 뛰어다닐 때는 내버려두었어도, 부엌에 있을 때면 인내심을 잃고 멈추라고 소리치셨다. 잔소리를 무시하면 할머니는 큰 나무 숟가락을 들고 위협했다. 서랍을 여는 소리는 행동을 멈추게 할 만큼 충분히 위협적이었다. 하지만 우리는 곧 다시 할머니 주위를 뛰어다니며 소동을 피울 만큼 멍청했다. 할머니는 숟가락을 든 손을 아무렇게나 뻗어 가장 가까이에 있는 사람을 때렸다. 가끔은 머리끄덩이를 잡아 천방지축 뛰어다니는 우리를 멈춰 세웠다. 그러면 우리는 곧장 지하실로 달려갔다. 어른들은 주로 세탁실이나 차고로 가는 길만 지나다녔다. 우리는 지하실에서 시끄럽게 공을 차거나 교대로 할머니 전용 승강기를 타고 위층과 아래층을 옮겨 다녔다. 지하실은 전형적인 모습이었다. 석관처럼 벽에 일렬로 세워놓은 실물 크기의 인디언 추장 목상이 가장 독특한 부분이었다. 우리는 넓은 지하실에서 불을 훤히 켜고 놀았다. 지하실에는 조율이 되지 않아 연주할 가치도 없는 직립형 피아노가 있었고, 그 위에는 도널드가 뉴욕 군사학교 기수단 시절에 썼던 커다란 깃털 달린 행진 모자가 놓여 있었다. 우리는 가끔 그 모자를 쓰고 놀았는데, 커다란 모자가 콧날 위로 미끄러져 늘 턱 밑의 스트랩으로 고정해야 했다.

햇빛이 반만 들어와 인디언 목상 위로 그림자가 질 시간이면 지하실은 가끔 이국적으로 느껴졌다. 계단 맞은편에는 마호가니 나무로 만든 바가 있고, 그 위에 먼지 낀 술잔과 코너에 싱크대가 설치돼 있었다. 술을 마시지 않는 사람이 지은 집 치고는 의외였지만, 그 어디에도 알코올은 없었다. 뒤쪽 벽에는 아름답고 도톰한 입술을 가진 흑인 가수의 커다란 유화 그림이 걸려 있었다. 엉덩이를 실룩거리는 그림 속 주인공은 주름 장식이 달린 황금색 드레스를 입고 있었다. 가수는 마이크 앞에서 노래를 부르며 손을 뻗고 있었는데, 그 뒤에서 검정 나비넥타이를 맨 흑인 재즈 밴드가 연주를 하고 있었다. 금관악기와 목관악기에서는 빛이 났다. 그중 클라리넷 연주자는 나를 반짝이는 눈빛으로 정면에서 쳐다보는 듯했다. 나는 바 뒤에서 어깨에 수건을 걸치고 상상 속 손님들을 응대하며 술을 내주곤 했다. 아니면 바 스툴 위에 앉아 그림 속에 있는 내 모습을 상상했다.

로버트 삼촌은 우리와 나이 차이가 많지 않아 삼촌보다는 오빠에 가까웠다. 그가 하우스로 올 때면 우리는 마당에 나가 함께 축구공을 찼다. 우리는 더운 날에도 열심히 놀았고, 캔 콜라나 포도주스를 마시기 위해 부엌에도 들락거렸다. 로버트는 종종 필라델피아 크림치즈 한 덩이를 사탕처럼 먹었다. 그러고는 탄산음료로 입가심했다.

로버트는 축구에 소질이 있었다. 그는 남자들을 잡기 위해 아등바등 따라다니던 나를 연습 상대로 이용하곤 했다.

도널드가 하우스에 있을 때도 우리는 축구나 야구를 하면서 놀았다. 뉴욕 군사학교에서 야구를 했던 그는 로버트보다 공을 덜세게 던지는 법을 알았다. 하지만 여섯 살, 아홉 살, 열한 살 난 조카들을 상대로 공을 살살 던질 이유는 알지 못하는 듯 보였다. 도널드가 던진 공을 잡으면 총소리가 나듯 주변이 쩌렁쩌렁 울렸다. 그리고 공이 가죽 글러브에 들어와 박히면서 축대의 벽돌에 부딪히곤 했다. 그는 어린아이들과 놀 때도 무조건 이겨야 하는 사람이었다.

낙관주의자 중에서도 낙관주의자만이 희망을 잃지 않고 서니사이드타워에서 살아남을 수 있었다. 그곳에는 도어맨이 없었고 정문 양옆에 놓인 커다란 두 화분에는 항상 먼지가 쌓여 있었다. 아버지가 사는 6층 복도에는 담배 연기가 진동했다. 쥐색 카펫은 눅눅했고 삭막해 보였다. 천장 조명은 특별히 신경을 쓰지 않은 것처럼 밝기만 했다.

아버지가 누리던 그만의 라이프스타일은 어머니와 결혼한 직후 정점을 찍었다. 서턴 플레이스 근처에 방 하나짜리 집에 살 때였다. 그해 내내 그는 밤마다 코파카바나 나이트클럽에서 친구들과 어울렸고, 주말이면 비행기를 타고 비미니로 떠났다. 그러다가 곧 내리막길을 걸었다. 반면 도널드의 라이프스타일은 시간이 갈수록 더 사치스러워졌다. 도널드는 이바나_{Ivana}와 결혼하기 전부터 맨해튼에 살고 있었다. 결혼식을 마치고는 5번가의 방 두 개짜리 아파트에서 살았고, 방 여덟 개짜리 아파트를 거쳐 5년도 안 돼 1천만 달러 상당의 트럼프타워 3층짜리 펜트하우스로 옮겼다. 여전히 할아버지로부터 월급을 받으면서 말이다.

1960년대에 할아버지는 자식들에게 재산을 남기기 위해 미들랜드 어소시에이트를 설립했다. 자식들 각자 여덟 개 건물의 소유권 15퍼센트씩을 물려받았다. 그중 하나가 서니사이드타워였다. 명백한 사기라고 하기엔 애매한, 반쯤 법률적으로 보이는 이 행위는 엄청난 증여세를 피해 부를 양도한다는 목적이 있었다. 그 당시 내 아버지가 자기 몫의 지분을 알고 있었는지는 모르겠다. 어찌 되었건 1973년 당시 그의 몫은 약 38만 달러였다. 오늘날의 가치로 환산하면 20만 달러 정도다. 하지만 겉보기에 그 돈은 그림의 떡처럼 보였다. 그는 보트와 비행기, 머스탱과 재규어도 잃었다. 여전히 자동차 번호판을 갖고 있었지만, 이제는 낡아 빠진 포드 LTD에 붙어 있었다. 그때까지만 해도 아버지의 재산은 전적으로 '이론'에 불과했다. 신탁 자금에는 손을 댈 수 없다고 생각했고, 자신에게 그러한 권리가 있는 줄도 몰랐다. 그 어느 쪽이든 아버지는 좌절감을 느끼며 할아버지에게 휘둘렸다.

아버지와 함께 텔레비전으로 뉴욕 메츠 경기를 보던 날, 인터폰이 울렸다. 놀란 표정으로 아버지가 인터폰을 받았다. 그러고는 곧이어 "젠장"이라고 한숨을 쉬었다. 누가 인터폰을 걸었는진 몰라도, 아버지의 여유로운 오후를 긴장이 흐르는 하루로 바꿔놓은 것만은 분명했다.

"곧 도널드가 올라올 거야." 아버지가 말했다.

"왜요?"

"잘 모르겠구나." 평소에 짜증을 내지 않던 아버지가 미간을 찌푸렸다.

아버지는 셔츠를 입고 나와 벨이 울리자마자 문을 열었다. 그러고는 도널드가 집 안으로 들어올 수 있도록 몇 걸음 물러났다. 도널드는 스리피스 정장을 입고 광 나는 신발을 신고 있었다. 그는 넓은 고무 밴드로 묶인 주황색 서류봉투를 들고 거실로 들어왔다.

"귀염둥이, 안녕?" 그가 나를 보며 말했다. 나도 손을 흔들어주었다.

"맙소사, 프레디." 도널드가 돌아서며 아버지를 불렀다. 그러고는 경멸하는 표정으로 주위를 둘러보며 말을 이었다. "아버지가 여기에 사인해서 브루클린으로 가져오래."

"오늘?"

"응. 왜? 바빠?"

"네가 갖다 주면 되잖아."

"안 돼. 압류 중인 부동산을 살펴야 해. 부동산 가격이 정점을 찍었을 때 사들이는 패배자들이 나를 기다리고 있다고!"

프레디라면 감히 브루클린 밖에서 프로젝트를 추진하지는 못했을 것이다. 몇 년 전 부모님이 포코노스로 주말여행을 가면서 크로스 브롱크스 고속도로를 지날 때의 일이다. 고속도로 양옆에는 안전부적격 판정을 받은 건물들이 줄줄이 늘어서 있었다. 어머니는 아버지가 이곳에 있는 건물들을 개조할 수 있지 않느냐고 말했다. 그러자 아버지는 손사래를 쳤다. 할아버지의 뜻을 거절할 수 없다는 의미였다. 그는 할아버지의 머릿속에는 온통 브루클린뿐이라고 말했다.

"브루클린에 사람이 필요할 거야. 형이 돌아와야 해." 도널드는 창밖을 보며 얘기했다.

"돌아와서 대체 뭘 하라는 건데?" 아버지는 비웃었다.

"몰라. 예전에 하던 거 하면 되지."

"지금 네가 하는 일?"

불편한 침묵이 흘렀다. 도널드는 시계를 봤다.

"기사가 아래서 기다리고 있어. 이만 가볼게. 아버지께 4시까지 갖다 드려, 알았지?"

도널드가 떠난 후 아버지는 소파에 앉아 담배를 태웠다. 그러고는 내게 말했다. "얘야. 우리 차 타고 브루클린에 갈까?"

브루클린 사무실에 도착한 아버지는 이곳저곳을 훑었다. 그러고는 할아버지의 비서이자 문지기인 에이미 루어센Amy Luerssen에게 갔다(그는 나의 대모이기도 하다). 에이미 이모는 사무실 문 앞 오른쪽 책상에 앉아 있었다. 그는 아버지를 "우리 프레디"라고 부르며 예뻐했다.

할아버지의 개인 사무실은 살짝 어두웠다. 벽에는 명판과 액자에 넣은 증명서들이 걸려 있었다. 머리 장식을 한 인디언 족장의 반신 목상도 여기저기에 놓여 있었다. 나는 할아버지 책상 뒤에 앉아 수많은 파란색 사인펜 중 하나를 집어 들고는 하우스에 널려 있던 값싼 메모장 같은 종이에 그림을 그렸다. 혼자 남겨졌을 때는 할아버지 의자에 앉아 의자를 빙빙 돌렸다.

할아버지는 언제나 우리를 가르길로라는 레스토랑에 데려갔다. 빳빳한 천 냅킨과 식탁보가 테이블 위에 놓여 있었다. 할아버지는 거의 매일 그곳에서 식사를 했다. 공손한 종업원들은 할아버지를 알아보았고, 언제나 그를 "트럼프 씨"라고 부르며 의자를 빼주었다. 식사 자리는 지나치게 신경이 쓰였다. 차라리 에이미 이모나 사무실의 다른 사람과 함께 밥을 먹는 게 나았다. 아버지와 할아버지는 서로에게 말을 걸지 않았는데, 그나마 아버지는 그 둘 사이에 누군가가 끼면 스트레스를 덜 받았다. 다만 도널드만큼은 예외였다. 도널드는 우리가 사무실에 있을 때 거의 자리를 비웠지만, 우연히 마주치기라도 하는 날이면 분위기가 심각해졌다. 도널드는 마치 사무실이 자기 것인 양 활보했고, 할아버지는 이런 행동을 부추겼을 뿐 아니라 즐기기까지 했다. 도널드 앞에서 할아버지는 거의 딴 사람이었다.

1973년 법무부 침해조사과는 1968년 제정된 공평주거권리법에 따라 흑인에게 임대를 거부한 도널드와 할아버지를 고소했다. 이 사건은 연방 주택과 관련한 인종차별 소송 중 사상 최대 규모였다. 악명 높은 로이 콘Roy Cohn 변호사가 도와주겠다고 나섰다. 도널드와 콘은 웨스트 55번가에 있는 호화로운 회원 전용 레스토랑인 르 클럽에서 만났다. 나이트클럽이기도 한 이곳에는 밴더빌트가(밴더빌트는 미국에서 해운업과 철도업으로 재산을 모은 역사상 가장 부유한 인물 중의 하나다 - 옮긴이)와 케네디가, 국제적 유명 인사들과 그리 유명하지 않은 왕족들이 단골로 찾았다. 콘이 조지프 매카시Joseph McCarthy의 수석 보좌관으로 실패한 반공주의 운동의 역풍을 맞은 지는 10여 년이 흘렀다. 그는 그때의 일로 상원의원 수석 보좌관 자리에서는 물러났지만, 이후로도 수십 명의 사람에게 동성애자나 공산주의 관련 혐의를 씌워 그들의 삶을 망치고 직업을 빼앗았다.

악랄한 기질과 영향력 있는 인맥을 갖춘 많은 다른 사람처럼, 콘 역시 그 어떠한 규칙에서도 예외였다. 뉴욕의 특정 엘리트층은 콘을 감쌌고 루퍼트 머독Rupert Murdoch, 존 고티John Gotti, 앨런 더쇼비츠Alan Dershowitz, 뉴욕 로마가톨릭 대주교 등 다양한 사람이 그를 고용했다. 콘은 자신이 크고 자란 뉴욕시에서 몇 년간 매우 부유하고 성공적이며 영향력 있는 삶을 살았다.

보수적인 프레드와 달리 콘은 뽐내기를 좋아했다. 또한 과묵한 프레드와 달리 그는 수다스러웠다. 하지만 이들이 서로 완전히 다른 부류의 사람은 아니었다. 정도의 차이가 있을 뿐이었다. 콘이 잔인함과 위선을 공공연하게 드러냈다면, 프레드는 가족이라는 친밀한 울타리 안에서 이를 보여줬다. 또한 프레드는 도널드가 콘과 같은 사람들에게, 나중에는 블라디미르 푸틴이나 김정은과 같은 독재자들에게 비위나 맞춰주며 자신의 권력을 공고히 하는 사람들에게 끌리게끔 키워냈다.

콘은 법무부에 1억달러짜리 맞소송을 제기하라면서 도널드를 부추겼다. 허위 사실을 유포해 오해의 소지가 있는 혐의를 받아 막심한 피해를 입었다는 것이다. 이 작전은 어처구니 없고 요란했지만, 한편으로는 톡톡한 홍보 효과를 거뒀다. 도널드는 스물일곱 살에 신문 1면을 장식했다. 트럼프는 맞소송까지 가지 않고도 사건을 해결했다. 부당한 행위를 인정하진 않았지만 그래도 인종차별 혐의는 벗고자 임대 관행을 바꾸기로 했다. 그렇다고 해도 언론의 주목을 끌 수 있었기에 그들은 승리했다고 여겼다.

도널드가 로이 콘 같은 부류의 사람과 얽혀 있을 때 그에게 무기가 된 건 할아버지의 후한 돈 씀씀이와 신중하게 일궈온(사실은 망상에 불과한) 그의 기발함과 우월성이었다. 도널드는 어린 시절 무관심과 두려움, 방치로부터 자신을 보호하기 위해 방어기제를 세웠다. 그리고 형의 학대를 지켜볼 수밖에 없었던 그는 이에 대응하고자 형에게서 부족했던 '킬러'적인 면모를 길러왔다. 그리고 이는 할아버지가 요구하는 대리인으로서 기량을 키워가는 데 이바지했다.

프레드가 정확히 언제부터 도널드에게 눈길을 주었는지는 알 방법이 없다. 다만 추측하건대, 그를 군사학교에 보낸 뒤였을 것이다. 도널드는 강인한 사람, 즉 '킬러'가 되라는 아버지의 충고를 잘 받아들였다. 상급반 학생들에게 무작위로 구타를 당하거나 집에서 쫓겨나도 '신경 쓰지 않는 척'하면서 자신의 가치를 증명했다. 도널드를 향해 커지는 프레드의 신뢰는 둘 사이에 유대감을 형성했다. 또한 이는 도널드에게 확고부동한 자신감을 키워줬다. 결국 가족 중 가장 중요한 단 한 사람은 도널드에게 호감을 표시했다. 프레디와 달리 도널드가 아버지에게 받은 관심은 긍정적이었다.

대학을 졸업한 도널드는 사회에 진출하며 할아버지의 인맥으로 더 큰 인맥을 만들었다. 여기에 할아버지의 돈을 이용하여 자신의 이미지를 '떠오르는 우주의 중심'으로 포지셔닝했다. 프레드는 그런 아들의 공로가 곧 자신에게도 이익이 된다는 것을 알고 있었다. 도널드가 전도유망한 딜 메이커로 인정을 받으면 결국 모든 게 프레드의 공으로 돌아갈 거였다. 프레드 혼자만 그렇게 생각했을지라도 말이다. 프레드는 1980년대 초 인터뷰에서 도널드가 자기보다 훨씬 더 성공했다며 그를 추켜세웠다.

"저는 전적으로 도널드의 재량에 맡기겠습니다." 프레드가 말했다. 이어지는 말이 더 가관이었다. "도널드는 훌륭한 비전을 지녔고 손대는 사업마다 대박으로 이끕니다. 도널드는 제가 알고 있는 사람 중 가장 똑똑한 사람입니다." 모두 거짓말이었다. 프레드는 십 년 전부터 그렇지 않다는 걸 이미 알고 있었다.

스티플체이스 프로젝트 이후 기반을 잃은 프레드는 새로운 사업을 확장시킬 대리인이 필요했다. 프레드는 도널드가 세상으로 뻗어 나가 가문의 브랜드를 만들어주었으면 하고 바랐다. 부도덕한 둘째 아들이 초라하고 늘 예산이 부족한 임대주택을 관리하는 데 적합하지 않다는 건 오래전부터 알고 있었다. 하지만 자신에게 지원을 받는다면, 그의 오만함과 파렴치함을 잘만 이용한다면, 맨해튼에서 개발 프로젝트를 추진하는 건 불가능한 일도 아니었다. 급기야 프레드는 대리만족에 그치지 않았다. 도널드가 맨해튼에 진출했을 때 그는 아들의 사업에 깊이 관여했다. 도널드가 앞에 나서 대중을 상대하는 동안 프레드는 뒤에서 일을 마무리했다. 프레드는 아들을 통해 자신이 그토록 열망하던 맨해튼의 개발업자로서 명성을 떨쳤고, 도널드는 프레드를 통해 인정받고자 하는 욕구를 채웠다. 대중에게 프레드는 안중에도 없었지만, 도널드가 아니었다면 이 같은 기회조차 누리지 못했으리란 걸 알고 흡족해했다. 도널드의 성공에는 프레드와 그의 막대한 재산이 있었다. 도널드에 관한 이야기는 사실 프레드에 관한 이야기였다. 하지만 프레드도 그런 공공연한 비밀이 세상에 밝혀지면 모든 계획이 수포가 된다는 것을 알고 있었다. 돌이켜보면 프레드는 인형술사였지만 그 누구에게도 자신이 인형 끈을 당기는 모습을 보여주지 않았다. 비즈니스맨으로서 도널드의 무능을 간과한 게 아니라 둘 다의 재능을 뽐낼 무대가 이 세상에 충분하다는 걸 알고 있었다. 프레드는 아들에게 수백만 달러를 기꺼이 투자했다. 자기 PR의 대가, 뻔뻔한 거짓말쟁이, 타고난 마케터이자 브랜드 설계자인 도널드는 프레드가 평생을 꿈꿔온 모든 걸 이룰 수 있게 해줄 것만 같았다. 자아에 걸맞은 명성을 얻고, 돈만으로는 절대 채워지지 않을 야망을 프레드는 이루고 싶었다.

그로부터 2년간 장남 프레디는 말수를 잃었다. 점점 우울해졌고 비쩍 말라갔다. 서니사이드타워 아파트는 여러모로 잿빛이었다.

북서향이라 빛이 잘 들어오지 않았을 뿐더러 자욱한 담배 연기가 끊일 날이 없었다. 아버지의 기분은 끔찍하게 좋지 않았다. 우리와 함께 있던 시간에만 간신히 침대에서 일어났다. 때로는 숙취 때문이었고 때로는 점점 심해지는 우울증 때문이었다. 계획이 없다던 아버지는 종종 일을 한다거나 할머니의 심부름을 간다며 우리를 홀로 남겨두었다.

언젠가 아버지는 신문팔이 소년을 관리하는 직업을 얻었다고 했다. 잠깐 신문 배달을 했던 내가 봤을 때 아버지의 일은 그들에게 차 트렁크에 있는 신문을 나눠주고 배달을 시킨 뒤 배달원이 일을 마쳤을 때 현금을 수금하는 업무였다. 아버지는 하루에 100달러를 번다고 했다. 어린 날의 나에게는 아주 많은 돈처럼 느껴졌다.

어느 날 저녁, 우리는 집에서 아버지의 여자친구 조안나Johanna와 밥을 먹었다. 나는 사실 조안나가 없을 때가 훨씬 좋았다. 조안나는 왠지 모르게 사람을 불쾌하게 하는 구석이 있었다. 그는 우리와 친하지도 않았고 친해지려는 노력조차 하지 않았다.

"프레디, 담뱃불 좀 붙여줘." 조안나는 영국인도 아닌데 담배를 'Fag'라고 불렀다(이 단어는 영국에선 '담배'로 통하지만 미국에서는 '게이'를 뜻한다-옮긴이). 이런 단어를 쓴다는 것만으로도 충분히 별로인 사람이었다. 아버지는 언젠가부터 그 말을 따라 하기 시작했다.

식사를 마쳤을 때, 나는 그날 오후 어머니와 함께 은행에 다녀온 무용담을 들려줬다. 어머니가 긴 줄을 서서 기다리는 동안 나는 여러 가지 가명으로 예금 인출 전표에 큰 액수를 적고 있었다.

나는 그게 얼마나 웃긴 일이었는지 웃음을 참아가며 간신히 얘기하고 있었다. 하지만 아버지는 가명으로 몰래 돈을 찾아 현금으로 분산시키려는 교묘한 전략을 경계에 찬 눈빛으로 듣고 있었다.

"토스티 씨가 이 일을 알고 있니?" 아버지가 물었다. 좀 더 주의를 기울였어야 했는데, 나는 농담인 줄 알고 계속해서 이야기를 이어갔다. 아버지는 점점 흥분해 몸을 앞으로 기울였고 손가락으로 나를 가리켰다.

"도대체 뭘 한 거니?" 화를 내거나 목소리를 높이는 일이 거의 없던 아버지가 그렇게 기분 나빠하는 건 처음 봤다. 나는 혼란스러웠고 말을 잘못 내뱉기 전의 시점으로 돌아가고 싶었다. 하지만 그런 시점 따위는 없었다. 실제로 일어난 일에 대한 설명은 아버지를 더욱 화나게 했다.

"만약 토스티 씨가 이 일을 알게 된다면, 할아버지가 가만두지 않을 거야."

"프레디, 별일도 아니잖아." 조안나가 아버지의 주의를 딴 데로 돌리려는 듯 그의 팔에 손을 얹으며 말했다.

"별일도 아니라니? 이건 '존나' 심각하다고."

나는 아버지의 욕설에 움찔했다. 그때 그 방에 있던 사람들은 말로 아버지를 이길 수 없다는 걸 알았다. 아버지는 술에 취해 옛날이야기로 빠져들었다. 나는 그를 진정시키고 싶었지만 겨우 여덟 살 난 아이에 불과했다.

1975년 여름, 도널드가 기자회견을 열어 그랜드하얏트호텔의 건축 랜더링을 발표했다. 그는 그랜드센트럴역 옆의 낡은 코모도 어호텔을 철거하고 새 호텔을 짓는다는 계약을 '이미' 따낸 사람처럼 연설했다. 언론은 그의 주장을 사실처럼 실었다.

비슷한 시기에 아버지는 우리에게 들려줄 소식이 있다고 했다. 어머니는 그를 저녁식사에 초대했다. 벨 소리를 듣고 나는 문을 열었다. 그날 이렇게 잘생긴 아버지의 모습은 처음인 것 같았다. 평소와 다름없이 검정 슬랙스에 흰색 드레스 셔츠 차림이었지만, 옷은 빳빳했고 머리는 반질반질하게 뒤로 넘어가 있었다.

엄마가 샐러드를 뒤적이는 동안 아버지는 작은 테라스에서 스테이크를 구웠다. 우리는 테라스 옆에 놓인 작은 식탁에 앉아 포근한 여름의 산들바람을 맞으며 음식을 즐겼다.

"여름이 지나면 웨스트팜 비치로 이사를 할 거야. 뒤에 선착장이 있는 멋진 아파트를 찾았어." 아버지가 말했다.

그는 이미 보트도 골라놓았다. 우리가 그를 보러 웨스트팜 비치로 가면, 그는 물가로 데려가 낚시와 수상스키를 하게 해주었다. 그는 모처럼 '계획'을 말하며 행복하고 자신감에 차 보였다. 이건 옳은 결정임에 틀림없었다. 나는 오랜만에, 아니 처음으로 아버지의 얼굴에서 희망을 보았다.

8장

속도 이탈

나는 식탁에 앉아 내 앞에 놓인 신발 한 짝을 보며 이것의 의미가 뭔지 알아내려고 노력했다. 나무 밑에 남아 있는 상자를 다시 살펴보았다. 아마 다른 짝이 따로 포장되어 있겠지. 하지만 다른 짝은 없었다. 딱딱한 사탕으로 가득 찬 10센티미터 굽의 금색 라메(금실·은실을 섞어 짠 천 - 옮긴이) 신발이었다. 사탕 뭉치와 신발은 모두 셀로판지로 싸여 있었다. 어디서 났는지 궁금했다. 추첨으로 주는 상품이거나 오찬 파티 기념품일까?

도널드는 부엌에서 나와 팬트리를 지나갔다. 내 옆을 지나가면서 도널드가 물었다.

"그게 뭐야?"

"삼촌이 준 선물이잖아."

"정말? 내가?" 잠깐 쳐다보았다.

"이바나!" 현관을 향해 소리쳤다.

이바나는 거실 근처에 있는 크리스마스트리의 반대편에 서 있었다.

"이바나!"

"무슨 일이야, 도널드?"

"멋져." 도널드는 신발을 가리켰고 이바나는 미소를 지었다. 어쩌면 진짜 금이라고 생각했을지도 모른다. 1977년, 내가 도널드와 이바나에게 처음으로 받은 크리스마스 선물은 블루밍데일스 백화점에서 파는 12달러짜리 속옷 세 박스였다. 그해 내 오빠 프리츠는 가죽으로 제본된 일기장을 선물받았다. 연배가 좀 있는 사람이 쓰는 것처럼 보일 정도로 고급스러운 물건이었다. 하지만 2년이 지난 일기장이란 걸 알게 됐을 때 프리츠는 자신이 무시를 당했다고 생각했다. 적어도 속옷은 쓸 수 있는 기한이 정해져 있지는 않았으므로 다행인 편이었다.

명절이 되자 도널드와 이바나는 값비싼 스포츠카나 (심지어 할아버지의 리무진보다 더 긴) 전용 기사가 운전하는 리무진을 하우스에 세워놓았다. 모피와 실크를 몸에 두르고 별난 머리와 화장을 한 이바나와, 값비싼 스리피스 정장과 광을 낸 신발을 신은 도널드는 사교계 명사처럼 당당하게 현관을 밟았다. 그들 앞에선 다른 사람의 옷차림은 보수적이고 유행을 따라가지 못하는 것처럼 보였다.

나는 성실하게 번 돈을 유지하는 데만 신경 쓰는 사람도, 편협하고 구두쇠였던 할아버지의 사업을 혼자 힘으로 키운 사람도, 트럼프라는 우리의 이름을 브랜드로 만든 사람도 도널드라고 믿으면서 자랐다. 하지만 진실은 매우 달랐다. 2018년 10월 2일에 발행된 《뉴욕타임스》 기사는 우리 가족이 수십 년간 저지른 무수한 사기와 반불법행위를 밝혀냈다.

프레드 트럼프와 그가 보유한 회사는 도널드에게 대규모로 돈을 빌려주고 신용 한도를 올려주었다. 트럼프의 형제자매가 받은 대출은 그에 비하면 빙산의 일각에 불과했다. '돈을 찍어내는 기계'를 가진 것마냥 도널드 트럼프의 현금 흐름은 끊이지 않았다. 뉴저지 카지노 규제 당국에 제출된 기록에 따르면 도널드는 1979년 1월에 150만 달러를, 2월에 6만 5000달러를, 3월에 12만 2000달러를, 4월에 15만 달러를, 5월에 19만 2000달러를, 6월에 22만 6000달러를, 7월에 240만 달러를, 8월에 4만 달러를 프레드 트럼프의 회사로부터 빌렸다.

1976년, 로이 콘 변호사는 도널드와 이바나에게 혼전계약서에 서명할 것을 제안했다. 이때 이바나는 이혼 시 자신이 받을 위자료에 대해서도 명시하길 원했는데, 그 위자료의 액수는 할아버지의 재산을 바탕으로 책정되었다. 나는 이 이야기를 할머니에게 들었다. 혼전계약서에 적힌 위자료에는 이혼 수당과 양육 수당은 물론이고, 아파트와 '만일의 경우'를 대비하여 이바나가 요구한 보상액 '15만 달러'가 명시되어 있었다. 과거 부모님의 이혼계약서에 적힌 위자료 역시 할아버지의 재산을 바탕으로 책정됐는데, 이

'15만 달러'라는 금액은 그때 어머니가 자녀 양육 명목으로 받은 이혼 수당(월 600달러짜리 수표)의 21년치에 달하는 금액이었다.

도널드와 이바나가 결혼하기 전 크리스마스 풍경은 매번 비슷비슷했다. 다섯 살 때의 크리스마스와 열한 살 때의 크리스마스를 구분할 수 없을 정도로 매해 크리스마스는 밋밋하고 평범했다. 오후 1시, 우리는 선물을 바리바리 싸들고 하우스의 현관문으로 들어갔다. 악수를 했고 인사를 나눴고 얼굴에 키스 비슷한 것을 했고 거실에 다함께 모여 새우 칵테일을 마셨다. 이 거실은 현관과 마찬가지로 1년에 딱 두 번만 사용됐다. 아버지는 뉴욕과 플로리다를 종종 오갔지만 내 기억에 명절에 얼굴을 비친 적은 없었다.

추수감사절과 크리스마스 저녁식사는 항상 똑같았다. 하지만 어느 크리스마스에 할머니는 무모하게 칠면조 대신 로스트비프를 만들었다. 다행히 반응은 좋았지만 도널드와 로버트 삼촌은 열에 받쳐했다. 할머니는 식사 내내 고개를 숙이고 손을 무릎에 얹었다. 더 이상 메뉴 이야기를 하지 않을 거라고 생각했던 찰나에 그 중 한 명이 말했다.

"칠면조 요리가 없다는 게 믿어지지가 않네요, 어머니."

이바나는 가족의 일원이 되자, 식탁 권력의 중심에 있던 도널드 옆에 앉았다. 유일하게 할아버지와 같은 눈높이에 설 수 있었던 도널드는 할아버지의 오른편에 앉았다. 그와 가장 가까이 앉은 메리앤 고모와 로버트 삼촌, 그리고 이바나는 그의 박수 부대가 되었다. 그들의 임무는 오로지 하나였다. 도널드가 제일 중요한 사람인 것처럼 맞장구를 쳐주고, 그가 주도하는 대화를 따라가고, 그의 의견에 따르는 것이었다. 처음부터 결과가 정해진 게임이었다. 메리앤과 로버트는 아버지의 명백한 편애에 대항하는 일이 의미가 없다는 것을 일찍이 깨달았다.

"아버지에게 한 번도 대든 적이 없었어." 메리앤이 말했다. "단 한 번도."

이들에게는 대세를 따라가는 게 더 쉬웠다.

비슷한 현상은 도널드의 참모들 사이에서도 찾아볼 수 있다. 적어도 존 켈리John Kelly(2017년 7월 31일부터 2019년 1월 2일까지 도널드 트럼프 행정부의 대통령 비서실장으로 재임한 인물 - 옮긴이)와 믹 멀베니Mick Mulvaney(미국 공화당 소속 정치인 - 옮긴이)는 충분히 '충성'하지 않았다는 평계로 내쫓기기 전 한동안 저렇게 행동했을 것이다. 아첨꾼이란 게 원래 그렇다. 먼저, 화가 나더라도 침묵을 지킨다. 그리고 아무런 행동을 취하지 않음으로써 공모자가 된다. 마지막으로, 도널드에게 희생양이 필요할 때 결국 소모품처럼 버려진다.

시간이 지날수록 할아버지는 도널드와 다른 자녀를 마음이 아플 정도로 티가 나게 차별했다. 로버트와 메리앤은 그저 아버지의 눈치만 살피며 아버지가 시키는 대로 말하고 행동했다. 마치 지금의 공화당원들처럼 말이다. 그들은 자신들의 형제인 내 아버지가 할아버지의 기대에 부응하지 못했을 때 무슨 일을 겪었는지 알고 있었다.

테이블 끝에 앉아 있던 우리는 쓸모없는 존재였고, 머릿수를 채우는 게 우리 일이었다.

도널드와 이바나가 내게 금색 라메 신발을 선물한 지 1년이 지난 후 나는 또 다른 선물을 받았다. 이번에 받은 선물은 '선물 바구니'였다. 나는 이 선물을 지금까지 도널드가 내게 준 선물 중에서 속옷 세 박스, 금색 라메 신발과 더불어 '선물 3관왕'에 올렸다. 자신들에게 들어온 선물을 재활용한 것이 분명한 그 선물은 내게 전혀 쓸모없었고 나는 다만 이바나가 셀로판지를 얼마나 좋아하는지 확인했을 뿐이었다. 포장지를 벗기자, 분명히 병이 하나 들어가 있었을 자리에 동그랗게 뭉친 박엽지가 메꿔져 있는 것이 눈에 들어왔다. 그 옆에는 고급 정어리와 워터 크래커(보통 버터나 치즈와 함께 먹는 얇고 파삭파삭한 크래커 – 옮긴이) 상자, 베르무트(포도주에 고미제, 향료, 브랜디, 설탕 등을 섞어 만든 혼성 포도주 – 옮긴이)에 절인 올리브와 살라미가 든 병이 누워 있었다. 사촌 데이비드가 지나가면서 박엽지가 들어가 있던 빈 공간을 가리키며 물었다.

"그건 뭐야?"

"나도 몰라. 여기 있는 것들이랑 어울리는 거겠지." 크래커 상자를 들어 보이며 말했다.

"아마도 캐비아였을걸." 데이비드가 웃으면서 말했다.

나는 어깨를 으쓱했다. 캐비아가 뭔지 몰랐다.

바구니 손잡이를 잡고 계단 옆에 쌓인 선물 더미를 향해 걸었다. 이바나와 할머니가 앉아 있었다. 이바나에게 바구니를 들어 보이며 말했다.

"고마워요, 이바나."

"그거 네 거니?"

처음에는 선물 바구니를 말하는 줄 알았다. 하지만 이바나는 푸른 선물 더미 위에 있던 잡지를 가리켰다. 나는 그해 10월에 발행된 SF 소설 잡지 《옴니》에 정신이 팔려 있었다. 하우스에서의 지루한 저녁식사가 시작되기 전까지 잡지를 끝까지 읽을 기회가 생겼으면 하는 마음에 12월호를 들고 왔다.

"아, 그렇구나. 친구 밥Bob이 이 잡지를 발행해."

"말도 안 돼! 이 잡지 너무 좋아요."

"그럼 시내로 한번 나와. 밥을 소개해줄게."

그는 아이작 아시모프Isaac Asimov(러시아에서 출생한 미국의 과학 소설가이자 저술가-옮긴이) 정도로 대단한 사람은 아니었지만, 아무튼 꽤나 설레는 일이었다.

"우와, 고맙습니다."

접시에 음식을 담아 아버지의 방으로 올라갔다. 아버지는 너무 아파서 온종일 방 안에만 틀어박힌 채 가만히 앉아 휴대용 라디오를 듣고 있었다. 아버지에게 접시를 건네주었지만, 아버지는 관심이 없는 듯 접시를 다시 작은 협탁 위에 놓았다. 아버지에게 이바나가 내게 《옴니》의 발행인 밥을 소개해주겠다고 한 일도 말해주었다.

"잠깐. 이바나가 누구를 소개해준다고?"

이름을 절대 잊어버릴 수 없었다. 이바나와 이야기를 나눈 직후 잡지에 적힌 발행인의 이름을 봤고, 거기에 밥의 이름이 있었기 때문이다.

'밥 구치오네Bob Guccione, 발행인'.

"《펜트하우스》를 발행하는 사람을 만날 거라고?"

열세 살이었던 나도 《펜트하우스》가 뭔지 알았다. 동일 인물일 리가 없었다. 아빠는 낄낄거리며 말했다.

"좋은 생각이 아닌 것 같은데."

설렜던 마음이 차갑게 식었다.

어머니가 받은 선물은 하나도 웃기지 않았다. 아버지와의 이혼 후 몇 년이 지난 지금도 왜 어머니가 전남편 가족의 크리스마스 파티에 참석해야만 했는지 수수께끼지만, 더 이해할 수 없는 것은 그럼에도 불구하고 어머니가 매해 꼬박꼬박 그 자리에 참석했다는 사실이다. 분명 어머니가 가고 싶었던 마음보다 트럼프 가족은 어머니가 오지 않기를 더 크게 바랐을 것이다. 어머니가 도널드 부부에게 받은 선물은 적당히 좋았지만, 항상 이바나나 로버트의 아내 블레인의 선물보다는 급이 더 낮은 가게에서 산 물건들이었다. 더 심각한 것은 어머니가 받은 선물 중 상당수는 선물받은 물건을 재포장한 것이 자명했다는 사실이다. 이바나가 어머니에게 선물한 핸드백은 명품이었지만 안에는 뽑아 쓴 흔적이 있는 크리넥스 휴지가 들어 있었다.

저녁식사와 선물 개봉을 끝낸 후 우리는 각자 다른 방으로 흩어졌다. 몇 명은 부엌으로 갔고 몇 명은 뒷마당으로 갔고 나머지는 서재로 갔다. 나는 서재 바닥에 다리를 꼬고 앉았다. 도널드와 로버트가 보고 있던 영화 「고질라」와 축구 경기를 멀리서 흘끗 보고 있었다. 잠시 후 어머니가 사라진 것을 깨달았다. 처음에는 걱정이 되지 않았다. 하지만 어머니가 돌아오지 않자 나는 어머니를 찾아나섰다. 부엌을 확인했지만 할머니와 고모들만 있었다. 오빠와 데이비드가 축구를 하는 뒷마당으로 나갔다. 오빠에게 어머니를 봤냐고 물어봤다. 오빠는 관심이 없는 듯 "몰라"라고 대답했다. 나는 살짝 겁이 났다.

엄마는 식탁에 혼자 앉아 있었다. 그때쯤 사이드보드(상에 내갈 음식을 잠시 얹어 두는 작은 탁자 - 옮긴이)는 치워져 있었고, 바닥에 널브러진 천 냅킨 몇 장만이 여기서 식사를 했다는 사실을 알려줬다. 어머니를 방해하고 싶지 않은 마음에 쉽사리 입을 뗄 수 없었다. 내가 왔다는 걸 어머니가 알아채고 먼저 말을 걸어주길 바라면서 문 앞에 가만히 서 있었다. 달가닥거리는 접시 부딪치는 소리와 아이스크림 케이크에 대해 떠드는 소리가 주방에서 흘러나왔다. 나는 희미해져 가는 오후의 햇빛이 비치는 마호가니 식탁으로 다가갔다. 상들리에 불은 꺼져 있었지만 나는 온종일 무언가에 시달린 어머니의 표정을 아예 알아볼 수 없게 더 어두웠으면 좋겠다고 생각했다. 몸이 닿지 않도록 조심스럽게 옆 의자에 앉았다. 그저 옆에 앉아 있어주는 것 말고는 아무런 위안도 줄 수 없었다.

속옷 선물을 받기 8개월 전, 도널드와 이바나는 마블컬리지엣 교회에서 결혼식을 올리고 21클럽에서 피로연을 열었다. 어머니와 오빠, 그리고 나는 사촌들이 앉는 식탁에 앉았고 아버지는 참석하지 않았다. 피로연 진행은 배우 조이 비숍Joey Bishop이 맡았다. 가족들은 원래 피로연 진행을 아버지에게 맡길까도 생각해봤지만, 플로리다에 남아 빅 삼촌을 돌보는 편이 더 좋겠노라고 결론 지었다며 내게 말해주었다. 하지만 이는 진실이 아니었다. 할아버 지는 그저 아버지가 결혼식에 오지 않길 바랐고 실제로도 오지 말 라고 했다.

도널드 트럼프가 맨해튼을 돌면서 압류 중인 매물을 찾는 동안 나는 매주 수만 달러를 '날리고' 있었다. 금요일 학교를 마친 후 친구 집에 놀러 가 주야장천 모노폴리(한국의 부루마블과 유사한 미국의 부 동산 보드게임 - 옮긴이)를 하면서 말이다. 주말 내내 쉬지 않고 모노폴 리를 하며 놀았다. 빠르면 30분 안에 끝났지만 길게는 몇 시간까 지 걸렸다. 모든 게임에서 변함이 없었던 건 내 점수였다. 나는 하 는 게임마다 족족 졌다. 결국 친구들은 내게 이길 기회를 주었으 나(그리고 나는 친구들이 도전할 기회를 주었다), 나는 점점 더 많은 돈을 빌 렸고 빚은 산더미처럼 불어났다.

상황이 최악일 때조차 나는 전략을 단 한 번도 바꾸지 않았다. 말이 애틀랜틱시티에 놓일 때마다 부동산을 모조리 매입했고 투 자금을 회수할 수 없을 때도 무리하게 집과 호텔을 지었다. 큰 점 수 차로 지고 있어도 두 배, 세 배의 투자를 했다. 친구들은 두 부 동산 재벌의 손녀딸이자 조카인 내가 부동산 투자에는 영 재능이 없다고 놀렸다. 그동안 도널드와 공통점이 눈곱만큼도 없다고 생 각해왔는데, 그때 나는 처음으로 도널드와 내 몸 안에 같은 피가 흐르고 있다는 사실을 깨달았다.

아버지가 돌아가신 후 도널드는 내게 "'우리(도널드와 할아버지)'는 프레디가 싫어하고 소질이 없었던 것(부동산 사업)을 하라고 강요하는 대신에 자기가 좋아하고 잘하는 것을 하도록 '내버려 뒀어야' 했다"고 말했다. 하지만 아버지가 트럼프매니지먼트를 운영하는 데 소질이 없다는 증거는 아무것도 없었다. 도널드가 소질이 있다는 증거가 없었듯이 말이다.

1978년 어느 날 밤, 웨스트팜비치의 아파트에서 아버지는 심각한 복통을 느끼며 잠에서 깼다. 아버지는 차를 몰고 응급실로 갔다. 아버지는 차를 세우고 곧바로 병원에 들어가지는 않았다. 굳이 병원에 가야 하는지 고민하며 차 안에 있었다고 했다. 어쩌면 '이러다가 괜찮아지겠지'라고 생각했을 수도 있다. 하지만 아버지는 나와 오빠를 봐서라도 병원에 가야겠다고 생각했다.

아버지의 상태는 아주 안 좋았다. 결국 마이애미 병원으로 이송되었고, 의사는 심장에 결함이 생겨 수술해야 한다고 말했다. 할아버지는 메리앤에게 플로리다에 가서 아버지를 뉴욕으로 데려오라고 말했다. 그게 뉴욕으로 가는 아버지의 마지막 비행이었다. 플로리다에서 3년을 보낸 후 다시 고향으로 돌아왔다.

뉴욕에서 의사들은 아버지의 승모판(혈액이 심실에서 심방으로 거꾸로 가는 것을 막는 심장 속 판막 - 옮긴이)에 결함이 생겼고 심장이 위험할 정도로 비대해진 것을 발견했다. 돼지 심장에서 건강한 판막을 떼서 이식하는 매우 위험한 시술을 해야 했다. 수술 전날 어머니와 내가 아버지를 만나러 하우스에 갔을 때 엘리자베스 고모가 이미 와 있었다. 우리가 '독방'이라고 불렀던, 어린 시절에 썼던 작은 침실에 아버지가 누워 있었고 그 옆에는 엘리자베스 고모가 앉아 있었다. 간이침대에 누워 있던 아버지의 볼에 뽀뽀했다. 하지만 아버지를 아프게 할까 봐 차마 그 옆에는 앉지 못했다. 아픈 아버지를 보는 건 이번이 처음은 아니었다. 폐렴이나 황달에 걸렸을 때나 술에 거나하게 취했을 때, 또 자포자기 상태에 있던 아버지를 본 적이 있지만 그때의 모습은 충격적이었다. 아직 마흔 살이 채 되지 않은 아버지는 마치 80세 노인처럼 보였다. 아버지는 시술과 돼지 판막에 관해 이야기를 해주었고, 엄마는 "프레디, 당신이 유대인이 아니라 참 다행이에요"라고 말했다. 우리 모두는 웃었다.

회복 기간은 길었고, 아버지는 몸을 추스르고자 하우스에 머물렀다. 수술 후 1년, 아버지는 예전보다 더 나아졌지만 혼자 살 만큼 건강하지는 않았다. 재정적인 걸림돌도 있었다. 할아버지를 위해 다시 일하기 시작했지만 이번에는 정비 요원이었다. 재활원에 있었던 시간을 제외하고는 계속해서 술을 마셨다는 사실은 이제 놀랍지도 않았다. 의사 중 한 명은 술을 더 마시면 죽을 수도 있다고 경고했지만, 심장 개복 수술도 아버지의 음주를 막기에는 충분하지 않았다.

아버지가 뉴욕으로 돌아온 이래 처음으로 우리는 함께 추수감사절을 보냈다. 할머니의 식탁 끝에 함께 앉은 아버지는 귀신처럼 창백하고 삐쩍 말랐다.

식사가 절반 정도 나왔을 때 할머니는 갑자기 캑캑거렸다.

"어머니, 괜찮으세요?" 아버지가 물었다. 아무도 눈치채지 못한 것 같았다. 할머니는 계속해서 캑캑댔지만, 식탁 반대쪽에 앉은 사람들은 무슨 일인지 고개를 들어 올려다본 후 다시 접시를 내려다보면서 입에 샐러드를 집어넣었다.

"어서요." 아버지는 할머니의 팔꿈치 아래 손을 넣으며 말했다. 그리고 할머니가 발걸음을 옮길 수 있도록 조심스럽게 도왔다. 아버지는 할머니를 부엌으로 데려와 뒤에서 두 팔로 끌어안은 채 몇 번 힘을 줘 흉부를 압박했다. 하임리히법(음식 등이 목에 걸려 질식 상태에 빠졌을 때 실시하는 응급처치법)이었다. 아버지는 1960년대 후반과 1970년대 초반에 자원봉사로 구급차를 운전하며 간단한 응급치료법을 배운 적이 있었다. 아버지가 다시 식탁으로 돌아갔을 때 모두 박수갈채를 보냈다.

"잘했어, 형." 마치 모기를 잡은 사람에게 건네듯 로버트 삼촌이 말했다.

도널드의 존재감은 그가 하우스에 없을 때도 변함이 없었다. 아버지는 부엌에 가거나 방으로 돌아갈 때마다 주방 테이블에 흩어져 있던 잡지 표지와 뉴스 기사 스크랩을 안 보고 지나갈 수가 없었다. 1973년 소송 이후로 도널드는 뉴욕 타블로이드를 장식하는 주요 인사가 되었고, 할아버지는 도널드의 이름이 나온 모든 기사를 수집했다.

아버지가 하우스로 돌아왔을 때 이미 진행되고 있던 도널드의 그랜드하얏트 프로젝트는 1972년 뉴저지에서 할아버지와 도널드가 맺은 파트너십의 더 복잡한 버전에 불과했다. 그랜드하얏트 프로젝트는 초기에 할아버지가 아베 베아메Abe Beame 뉴욕 시장과 연줄이 있었기 때문에 가능했다. 할아버지는 시장과 휴 캐리Hugh Carey 주지사의 선거 운동에 아낌없이 후원했는데, 기금 모금자인 루이스 선샤인Louise Sunshine이 프로젝트를 성사시키는 데 큰 도움을 주었다. 프로젝트를 확정 짓기 위해서 베아메 시장은 할아버지에게 40년간 연간 1000만 달러의 세금 감면 혜택을 약속했다. 하지만 뉴욕 언론은 코모도어호텔 철거가 시작되었을 때 도널드의 말을 인용하며 도널드가 단독으로 거래를 성사한 것이라 일관되게 보도했다.

뉴욕으로 돌아온 아버지는 나와의 소원해진 관계를 회복하고 싶다며 내게 열여섯 살 생일파티를 열어주겠다고 말했다. 1981년 5월이었다. 마침 몇 달 전 그랜드하얏트가 개업한 상황이었다. 아버지는 도널드에게 작은 연회장 중 하나를 사용할 수 있는지 물어봤다. 자신의 새로운 프로젝트를 가족에게 과시할 기회를 노리고 있던 도널드는 흔쾌히 동의했고 할인까지 해줬다.

며칠 후 아침식사 때 스크랩으로 뒤덮인 식탁에서 아버지는 할아버지에게 파티에 관해 이야기했다.

"프레디." 할아버지는 화가 난 목소리로 말했다. "도널드는 바빠서 이런 쓸데없는 일에 신경 쓸 시간이 없어."

숨은 의미는 명확했다. 도널드는 중요한 인물이고, 중요한 일을 하고 있으며, 아버지는 그렇지 않다는 뜻이었다.

어떻게 상황이 풀렸는지는 모르겠지만 결국 아버지는 해냈고 내 열여섯 번째 생일 파티는 그랜드하얏트에서 열렸다.

가장 마지막에 도착한 도널드가 연회장 입구에 들어섰다. 나는 오늘의 실질적인 주인공인 그를 마중하기 위해 친구들과 함께 서 있었다. 우리를 향해 걸어온 도널드는 내게 생일 축하 인사를 하는 대신 두 팔을 벌리면서 말했다.

"정말 대단하지 않니?"

우리는 모두 동의했다. 다시 한 번 호텔을 쓰게 해줘서 고맙다고 인사한 뒤 모두에게 도널드를 소개했다.

"로비는 어때? 정말 끝내주지, 안 그래?"

"끝내주네요." 내가 말했다. 친구들도 고개를 끄덕였다.

"어느 누구도 이 일을 나만큼 해내진 못했을걸. 저 창들 좀 봐."

나는 도널드가 우리를 화장실에 데려가 타일까지 자랑할까 봐 조마조마했다. 다행히 할아버지와 할머니를 보자 도널드는 내게 악수를 하고 뺨에 뽀뽀했다. "귀염둥이, 재밌게 놀아."

아버지는 몇 테이블이 떨어진 자리에 혼자 앉아 있었다.

친구들 쪽으로 등을 돌리자, 친구들은 나를 쳐다보고 있었다.

그중 한 명이 물었다.

"야, 방금 뭐였어?"

1981년 여름, 메리앤 고모는 아버지를 뉴저지주 벨 미드Belle Mead에 있는 캐리어 클리닉Carrier Clinic(중독치료 전문 시설 – 옮긴이)으로 데려갔다. 나중에 도널드가 골프장으로 개발할 베드민스터 부지에서 30분 정도 떨어져 있는 곳이었다. 아버지는 마지못해 30일 프로그램에 참여했고 무사히 마쳤다. 프로그램이 끝나는 날 메리앤과 메리앤의 두 번째 남편 존 배리John Barry는 아버지를 다시 하우스로 데려왔다. 아버지가 머무를 수 있는 최악의 장소였다. 다음 날 메리앤이 아버지를 보러 갔을 때는 이미 아버지가 다시 술에 손을 대기 시작한 후였다.

내 아버지 프레디는 모든 것을 잃었다. 가족, 직업, 친구, 그리고 다시 일어설 의지력까지. 프레디를 돌봐줄 유일한 사람은 결국 할아버지와 할머니뿐이었다. 하지만 그들조차 그 사실을 받아들이기를 거부했고, 특히 프레드 할아버지는 아들의 존재만으로도 격노했다.

그동안 할아버지는 내 아버지를 통해 다른 자식들에게 경고를 해왔다. 그러나 결과적으로 할아버지의 통제는 뜻밖의 방향으로 흘러갔다. 할아버지는 무소불위의 권력을 휘두르며 자식들이 독립해 자신을 넘어서는 포식자로 성장하기를 바랐지만, 결국 그 치열한 후계자 교육의 최전방에 있던 아버지는 알코올 중독과 건강 악화로 할아버지에게 의지할 수밖에 없는 상황에 갇혀버리고 말았다. 할아버지는 자신이 만든 상황 너머를 바라보는 능력이 없었다. 아마 그는 그때 처음으로 자신의 위력에도 한계가 있다는 것을 깨달았을 것이다.

그해 8월 여름 캠프를 마치고 집에 돌아온 후 나는 아버지에게 기숙학교에 가고 싶다고 이야기했다. 고모와 삼촌들이 다니던 아주 작은 학교인 큐포레스트 학교를 10년간 다녔지만 너무 지루하고 답답했다.

더 많은 도전과 기회, 그리고 더 나은 스포츠 시설이 있는 곳으로 가고 싶었다. 아버지는 더 큰 학교로 가면 가뜩이나 특별한 재능 하나 없는 내가 평범함 속에 파묻힐 것이라고 경고했지만, 적어도 내가 원하는 것이 무엇인지 그리고 내가 그곳에서 도망쳐야만 하는 이유가 무엇인지에 대해서는 충분히 이해를 한 것 같았다.

하지만 문제가 있었다. 다음 학기 입학까지 3주밖에 시간이 없었다. 1981년 8월의 마지막 2주에 걸쳐 나는 어머니와 함께 코네티컷주와 매사추세츠주에 있는 거의 모든 기숙학교를 방문했다.

결과를 기다리는 동안 할아버지의 허락을 받아야 했다. 적어도 아버지는 그래야 한다고 내게 말했다. 마침내 아버지와 나는 할아버지가 항상 앉던 자리 앞에 섰다. 아버지는 내가 뭘 하고 싶어 하는지 할아버지에게 설명했다.

"왜 학교를 옮기고 싶은 건데?" 내가 그 자리에 없는 것처럼 할아버지가 물었다.

"큐포레스트는 괜찮은 학교야." 할아버지는 30년 가까이 큐포레스트 이사회의 일원이었다.

"변화를 줄 때가 됐어요, 아버지. 메리에게 분명 좋은 기회가 될 거예요."

할아버지는 추가될 내 학자금을 언급했다. 하지만 내 학비는 아버지의 신탁 자금으로 충당할 예정이었고, 할아버지의 재산에 영향을 주지 않을 것이 뻔했다. 그럼에도 할아버지는 나 때문에 돈이 더 들 것이라고 불평했다. 그리고 큐포레스트가 더 좋은 학교라는 말을 자꾸 반복했다. 하지만 아버지는 물러서지 않았다.

내 생각에 할아버지는 내가 무슨 학교에 다니든지 신경 쓰지 않았던 것 같다. 결국 우리는 할아버지를 설득하는 데 성공했다. 드디어 꿈이 현실이 되었다는 사실만큼이나 아버지가 끝까지 내 편을 들어줬다는 사실이 기뻤다.

기숙학교에 입교하기 전날, 하이랜더에 있는 아파트에서 나와 자전거를 타고 할아버지 댁으로 향했다. 자전거 페달을 밟지 않고 도로 내리막길을 따라 내려왔다. 자전거를 차고 옆에 있는 높은 벽돌 벽에 기대 세워놓고 뒷문으로 이어지는 계단으로 올라갔다.

9월 초 오후의 뒷마당은 조용했다. 옥외 시멘트 테라스에 있는 계단을 두 칸씩 뛰어 올라가 초인종을 눌렀다. 아무런 가구도 없는 파티오는 휑했다. 어렸을 때 로버트만 그 공간을 사용했다. 한때는 연철 의자 두 개가 있었다. 주말에 하우스에 올 때면 의자 두 개를 한데 모아 그중 하나를 발을 받치는 용도로 사용했다. 베이비오일을 몸에 잔뜩 바르고 접이식 알루미늄 태닝 반사기를 턱 밑에 받쳤다.

몇 분이 흘렀을까. 다시 초인종을 누르려던 참에 드디어 할머니가 문을 열었다. 나를 보고 깜짝 놀란 표정이었다. 들어가려고 방충망 문을 내 쪽으로 당겼지만 할머니는 현관에서 길을 비켜주지 않았다.

"할머니 안녕하세요. 아빠를 보러왔어요."

할머니는 앞치마에 손을 닦으며 서 있었다. 마치 무언가를 몰래 하다가 들킨 사람처럼 긴장해 있었다. 내일 기숙학교로 들어간다고 말했다. 할머니는 키가 꽤 컸는데 뒤로 넘겨 머리를 핀으로 팽팽하게 고정하니 평소보다 더 엄격해 보였다. 할머니는 끝까지 나를 현관으로 못 들어오게 막았다.

"아빠는 집에 없단다." 할머니가 말했다. "언제 돌아올지 모르겠구나."

나는 혼란스러웠다. 불과 며칠 전에 내가 아버지에게 인사를 하러 오겠다고 말해놓은 상황이었고, 아버지는 내가 온다는 사실을 알고 있었다. 나는 아버지가 내가 오는 것을 잊어버렸다고 생각했다. 작년에도 아버지는 우리가 세운 계획을 종종 잊어버렸다. 그래서 아주 놀라지는 않았지만, 그래도 뭔가 이상했다. 할머니와 내가 서 있던 곳 바로 위층에 있던 아버지의 침실 창문을 통해 라디오가 흘러나왔다.

신경 쓰지 않는 척하면서 어깨를 으쓱했다.

"알겠어요. 그럼 나중에 전화하라고 전해주세요."

나는 할머니에게 포옹을 건넸고 할머니는 뻣뻣하게 나를 안았다. 뒤로 돌아서자마자 문이 닫히는 소리가 들렸다. 나는 길을 걸어 계단을 내려갔다. 차도에 세워둔 자전거를 타고 집으로 향했다. 다음 날 나는 기숙학교에 들어갔다. 한동안 아버지의 전화는 오지 않았다.

에델워커 학교의 새로 지은 강당에서 스키 대회에 나갔다가 사고로 척추를 다쳐 전신 마비가 된 주인공의 감동적인 이야기를 다룬 「저 하늘에 태양이」라는 영화를 보고 있었다. 갑자기 프로젝터가 꺼지고 불이 들어왔다.

같은 기숙사를 쓰는 친구들과 이야기를 나누며 웃고 있었을 때, 체육 선생님 다이앤 던Diane Dunn이 학생들을 뚫고 다가오는 걸 보았다. 던은 우리 가족이 매해 여름마다 참가했던 항해 캠프의 지도자였기 때문에 어렸을 때부터 우리와 친했다. 그래서 나는 종종 에델워커 학교 사람들이 던을 선생님이라 부르는 것을 이해할 수 없었다. 그래서 나는 체육 선생님이라고 부르지 않고 그냥 던이라고 불렀고 던 역시 나를 트럼프라고 불렀다. 기숙학교를 선택한 가장 큰 이유 역시 던 때문이었고 그는 첫 2주 동안 내가 아는 유일한 사람이었다.

던이 손을 흔들었을 때, 나는 웃으면서 말했다.

"던, 안녕하세요."

"트럼프, 집에 전화하렴." 던이 말했다.

손에 종이 쪼가리를 쥐고 있었지만 건네주지 않았다. 당황한 것처럼 보였다.

"무슨 일이에요?"

"어머니께 전화해봐."

"지금 당장요?"

"응. 어머니가 집에 안 계시면 할아버지 댁에 전화해봐."

대사를 외운 것처럼 말을 했다.

밤 10시에 가까운 시간이었고, 이렇게 늦게 할아버지 댁에 전화를 건 적은 없었다. 아버지와 할머니는 자주 병원을 들락날락했다. 아버지는 몇 년간 술을 많이 마시고 담배를 자주 피운 탓이었고, 할머니는 골다공증 때문에 뼈가 자주 부러졌다. 그래서 별로 걱정이 되지 않았다.

내 기숙사는 강당 근처에 있었다. 밖으로 나가 타원형 잔디밭을 가로지른 후 계단을 두 칸씩 뛰어 건물 위로 올라갔다. 문 오른편에 있는 계단 벽에 공중전화가 걸려 있었다. 수신자가 요금을 부담하는 전화로 어머니께 전화를 걸었지만 아무도 받지 않았다. 그래서 하우스에 전화를 걸었다. 할머니가 받았다. 일단 할머니에게 급한 일이 생기지 않았다는 사실은 분명했다.

"안녕." 잠시 후, 할머니가 낮은 소리로 대답했다. 곧바로 할아버지에게 전화를 건넸다.

"그래." 그는 평소와 마찬가지로 딱딱하고 사무적인 목소리였다. 잠깐 뭔가 오해가 있지 않았을까 의심했을 정도로 평소와 다른 점이 없었다. 강당에서 영화까지 끄고 나만 따로 끌고 나올 정도로 급했던 일이 무엇일까? 강당에서 던은 어쩔 줄 모르는 표정을 짓고 있었다. 나중에서야 든 생각이지만 던은 이미 알고 있었을 것이다.

"무슨 일이에요?"

"네 어머니가 잠시 자리를 비웠다." 할아버지가 말했다. "몇 분 후에 집에 올 거야."

풀을 먹여 빳빳하게 다린 하얀 셔츠, 빨간 넥타이, 남색 스리피스 정장을 입은 채 조명이 잘 들어오지 않는 서재 전화대 옆에 서서 빨리 전화를 끊으려는 할아버지의 모습이 상상이 갔다.

"무슨 일인데요?"

"네 아버지가 병원에 실려갔다. 하지만 걱정하지 않아도 된다." 날씨를 알려주는 것처럼 말했다.

전화를 끊을 수도 있었다. 강당으로 다시 돌아가 새로운 학교에서 새로 사귄 친구들과 어울릴 수도 있었다.

"심장 문제예요?"

도널드를 제외하고는 그 누구도 할아버지에게 말대꾸한 적이 없다. 하지만 이번만큼은 잠자코 전화를 끊을 수는 없었다. 분명 내게 전화를 걸라고 한 이유가 있었을 것이다.

"그래. 좀 심각한 것 같다. 아니, 심각하다고 말할 수 있겠구나."

잠깐 정적이 흘렀다. 진실을 말해야 할지 말지 고민하는 것이 여기까지 느껴졌다.

"이만 자러 가거라. 아침에 어머니한테 전화하고." 할아버지는 전화를 끊었다.

한 손으로 수화기를 잡고 어떻게 해야 할지 모른 채로 계단 옆에 서 있었다.

위층 문이 닫히는 소리가 났다. 발소리는 점점 커졌다. 수화기를 거치대에 내려놨다. 1층으로 내려가던 몇몇 학생들이 내 옆으로 지나갔다. 다시 수화기를 집어 들어 어머니에게 전화를 걸었다.

이번엔 전화를 받았다.

"엄마, 방금 할아버지랑 통화했어요. 아빠가 병원에 실려 갔다고 하던데, 무슨 일인지는 이야기를 안 해줬어요. 아빠 괜찮아요?"

"심장마비가 왔어." 어머니가 말했다.

그 말을 듣는 순간, 내 시간은 남들과 다르게 지나갔다. 잘 기억나지 않지만 충격은 시간을 거슬러 올라갔다. 어쨌든 어머니는 계속해서 말을 이어갔지만 어머니가 하는 말은 귀에 들어오지 않았다. 쉴 새 없이 말을 했지만 대화 중 일부분은 나를 위해 존재하지 않는 것만 같았다.

"심장마비가 왔다고요?" 마지막으로 들은 말이 귓속에 메아리쳤다. 나는 중요한 내용을 놓치지 않은 것처럼 보이려고 억지로 한마디를 쥐어짰다.

"메리야… 아버지는 돌아가셨어." 어머니는 울기 시작했다. "그래도 한때는 네 아버지를 사랑했단다." 어머니가 말했다.

어머니는 계속해서 말을 이어나갔지만 나는 벽에 기댄 채 바닥에 주저앉았다. 전화기가 손에서 미끄러져 머리 위에 대롱대롱 매달렸고 나는 얼어붙었다.

1981년 9월 26일 토요일 오후, 할머니와 할아버지 중 한 명은 구급차를 불렀다. 그때는 몰랐지만 아버지는 3주 동안 심하게 앓았다. 누군가 의료진의 도움을 요청한 것은 이번이 처음이었다.

할머니는 자메이카 병원, 부스메모리얼 병원, 동네 의료 센터 등을 정기적으로 다녔다. 내 아버지도 자메이카 병원에 몇 번 입원한 적이 있다. 트럼프 가문의 사람들 대다수는 그 병원에서 태어났다. 그래서 병원 관계자와 관리부서와 오래전부터 인연이 깊었다. 게다가 할아버지와 할머니는 자메이카 병원에 수백만 달러를 기부했다. 1975년 할머니의 이름을 따서 트럼프파빌리언 재활양로병원이 세워졌다. 부스메모리얼 병원에서 할머니는 구세군 자원봉사자들과 함께 왕성하게 활동했다. 그곳은 심한 천식 때문에 내 어린 시절 대부분을 보냈던 곳이기도 했다. 아버지가 심하게 앓았을 때 전화 한 통만 걸어줬다면 아버지는 두 시설 중 한 곳에서 최상의 치료를 받았을 수도 있었겠지만, 할아버지는 어느 곳에도 전화를 걸지 않았다. 구급차는 아버지를 자메이카의 퀸스병원 센터로 데려갔다. 그 누구도 아버지가 입원한 병원에 가지 않았다.

구급차가 떠난 후 할아버지는 네 자녀에게 전화를 걸었지만 도널드 삼촌과 엘리자베스 고모만 연락이 닿았다. 늦은 오후에 도널드와 엘리자베스가 하우스에 도착했을 때 병원은 아버지의 상황이 위급하다고 분명하게 말했다. 그때까지도 병원에 간 사람은 아무도 없었다.

도널드는 무슨 일이 일어나고 있는지 알리려고 어머니에게 전화했지만 계속 통화 중이었다. 그는 관리인에게 전화를 걸어 인터폰을 걸라고 부탁했다. 어머니는 바로 하우스에 전화했다.

"형수님, 아무래도 오늘을 넘기기 어려울 것 같아요." 도널드가 말했다.

어머니는 아버지가 아픈지도 몰랐다.

"무슨 일이 있을지 모르니까 하우스에 가서 대기하고 있어도 괜찮을까요?" 어머니는 혼자 있고 싶지 않았다.

얼마 후 어머니가 하우스에 도착했을 때 할아버지와 할머니만 서재에서 전화기 옆자리를 지켰다. 도널드와 엘리자베스는 영화를 보러 나갔다.

어머니가 할아버지와 할머니 옆에 앉아 있는 동안 모두 말을 아꼈다. 2시간 정도 지난 후 도널드와 엘리자베스가 돌아왔다. 새로운 소식이 없다는 말을 듣고 도널드는 떠났고, 마흔 살 가까이 되던 엘리자베스는 차 한 잔을 타서 방으로 올라갔다. 어머니가 떠날 채비를 하던 중 전화가 울렸다. 병원이었다. 그날 저녁 9시 20분, 아버지는 마흔두 살의 나이로 돌아가셨다.

아무도 학교로 나를 데리러 오지 않았다. 간신히 하루를 보내고 일찍 일어나 버스를 타기 위해 준비했다. 던은 나를 하트포드의 그레이하운드(미국 내 장거리 버스-옮긴이) 터미널로 데려다주었고, 나는 맨해튼의 항만 공사 터미널로 가는 버스에 올랐다. 어머니와 오빠는 시내에서 나를 태워 하우스로 갔다. 다른 가족들은 이미 아침식사실에 모여 장례를 어떻게 치를 것인지 이야기를 나누고 있었다. 메리앤 고모와 메리앤의 아들이자 나의 사촌인 데이비드, 로버트, 블래인, 도널드, 이방카를 8개월째 임신 중이었던 이바나, 도널드와 이바나의 첫째 아들인 세 살배기 도널드 트럼프 주니어가 있었다. 그들은 어머니나 나나 오빠에게 아무 말도 하지 않았다. 특히 로버트 삼촌은 억지로 위로를 해주려고 했지만 로버트의 말은 마음에 와닿지 않았다. 이를 느꼈는지 삼촌은 곧 내게 말을 거는 것을 멈췄다. 할아버지와 메리앤은 조용한 목소리로 이야기했다. 할머니는 장례식 경야(망자를 장사 지내기 전 유족과 지인이 곁에서 밤새워 지키는 일-옮긴이)에 무슨 옷을 입을지 고민했다. 할아버지는 검정색 정장 바지를 골라주었지만 할머니의 마음에 들지 않았다.

오후에 우리는 하우스에서 10분 정도 떨어진 퀸스 빌리지에 있는 소규모 장례식장인 'R.슈츠맨앤선'으로 차를 몰고 갔다. 관이 놓여 있는 본실로 들어가기 전에 나는 로버트 삼촌에게 상의할 것이 있다고 말했다. 나는 방문객실에서 복도 끝에 있는 작은 방으로 삼촌을 끌고 갔다.

"아빠의 시신을 보고 싶어요." 돌려 말할 이유가 없었다. 시간이 별로 없었다.

"안 돼, 메리. 그건 안 돼."

"삼촌, 중요한 일이라고요."

종교적인 이유가 있는 것도 아니었고, 어떻게 아버지의 시신을 처리했는지 궁금한 것도 아니었다. 나는 장례식에 가본 적이 없었을 뿐더러 장례 절차에 대해 아무것도 몰랐다. 아버지를 봐야 한다고 생각했지만 그 이유가 뭔지 설명할 수 없었다. "아버지가 죽었다는 걸 믿을 수가 없어요. 그렇게 믿을 이유도 없고요. 저는 아버지가 아팠는지도 몰랐는데요?"라고 말할 수는 없었다. 나는 그저 "아버지를 꼭 봐야만 해요"라고 말했다.

로버트는 잠시 멈추더니 마침내 입을 뗐다.

"귀염둥이야, 안 돼. 아버지는 화장 중이고 시신을 아직 처리하지 않았어. 그게 아빠에 대한 마지막 기억이 된다면 끔찍할 거야."

"상관없어요." 당시의 내가 정확히 무엇을 원했는지 여전히 이해할 수 없지만, 나는 절박했다. 로버트는 나를 내려다보고 자리를 떴다. 나는 길을 막았다.

"삼촌, 제발요."

로버트는 잠시 멈췄다가 복도로 걸어 나가기 시작했다.

"이제 그만 해." 로버트가 말했다. "들어가야지."

월요일, 두 번의 경야 사이에 가족들은 점심을 먹으러 하우스로 갔다. 도널드와 이바나는 슈퍼마켓에 가서 이미 포장해놓은 대량의 콜드 컷(차가운 가공육 - 옮긴이)을 가져왔고 메리앤과 엘리자베스가 아침식사 테이블에 놓았다. 입을 여는 사람은 아무도 없었다. 다들 조용히 음식을 입에 넣기만 했다. 마치 아버지의 죽음을 모른 척하는 것만 같았다.

자리에서 슬그머니 빠져나가 어렸을 때처럼 하우스 이곳저곳을 돌아다녔다. 서재 출입구 맞은편에 있는 계단으로 걸어갔다. 저 멀리 도널드가 수화기를 손에 쥐고 있는 모습이 언뜻 보였다. 방금 전화를 마쳤는지 아니면 전화를 하려고 했는지 모르겠지만, 그는 복도에 서 있는 나를 보자 수화기를 거치대에 내려놓았다. 우리 둘 다 아무런 말도 하지 않았다. 롱아일랜드에 있는 조부모님의 노스힐스 컨트리클럽에서 어머니날 행사를 한 뒤 처음으로 도널드를 봤다. 할머니를 제외하고 아무도 눈물을 흘리지 않을 것이라고 예상은 했지만, 도널드와 할아버지는 아버지의 죽음을 특히 더 무덤덤하게 받아들이는 것 같았다.

"도널드 삼촌, 있잖아요."

"귀염둥이, 무슨 일이야?" 나는 가끔 내 삼촌들 중 몇 명이나 내 이름을 제대로 알고 있을지 헷갈렸다.

"화장할 거죠?"

나는 지난 몇 년 동안 아버지가 화장하고 싶어 하는 걸 알고 있었다. 매장하는 것에 큰 거부감이 있었던 아버지는 어머니와 결혼한 뒤 줄곧 자신이 죽으면 땅에 묻지 말라고 당부했다. 이는 거의 집착에 가까웠기 때문에 나는 열 살이 되기도 전에 아버지가 묻히기 싫어한다는 걸 알고 있었다.

"응."

"그리고요? 땅속에 묻히는 건 아니죠?"

도널드의 얼굴에 짜증이 섞였다. 그런 대화를 나누고 싶지 않았던 게 분명했다.

"땅속에 묻힐 거야."

"말도 안 되는 거 알죠?"

"그게 네 아버지가 원하는 거란다."

도널드는 수화기를 집어 들었다. 내가 꿈쩍하지 않자 도널드는 어깨를 으쓱하더니 전화를 걸기 시작했다.

뒤쪽 계단으로 올라가기 위해 몸을 돌렸다. 2층 복도 끝 한쪽에는 공동욕실로 연결된 메리앤의 방과 엘리자베스의 방이 있었고, 다른 한쪽에는 파란색과 금색의 침대보와 색깔을 맞춘 장식을 단 창문이 있는 도널드와 로버트의 공동 침실이 있었다. 그보다 훨씬 큰 할아버지, 할머니의 안방은 계단 옆에 있었고, 그 안에는 할머니의 드레스룸과 거울 달린 벽이 있었다. 복도 한가운데에는 '독방'이 있었다. 아버지의 간이침대 덮개를 벗기니 얇은 매트리스가 보였다. 이동식 라디오는 여전히 침대 옆 작은 협탁 위에 놓여 있었다. 옷장 문은 약간 열려 있었고, 그 사이로 철 옷걸이에 삐딱하게 걸린 단추 달린 흰색 셔츠 두 장이 보였다. 방에는 창문이 하나밖에 없어서 이렇게 화창한 날에도 빛이 잘 들어오지 않았다. 그늘진 방은 소박했다. 방 안으로 들어가야겠다고 생각했지만 그곳에 나를 위한 건 없었다. 아래층으로 다시 내려갔다.

아버지의 경야는 나팔절(새해를 기념하는 유대교의 4대 절기 중 하나-옮긴이) 첫째 날과 겹쳤다. 그러나 아버지와 같은 학교를 다니며 사교모임을 했던 친구들은 빠지지 않고 참석해줬다. 아내 주디Judy와 함께 자메이카 병원에서 열린 저녁 파티와 자선 행사에 자주 얼굴을 비췄던 아버지 친구 스튜Stu는 빌리 드레이크를 제외한 친구 중에서 아버지를 가장 잘 아는 사람이었다. 스튜는 할아버지가 방 뒤편에 홀로 서 있는 것을 보고는 재빨리 그에게 다가가 경의를 표했다. 두 사람은 악수를 했다. 애도를 표한 뒤 스튜가 말했다.

"요즘 부동산 경기가 안 좋은 것 같던데 도널드는 잘 풀렸으면 좋겠네요. 뉴스에서 자주 보이던데 은행에 빚을 많이 진 것 같더군요."

할아버지는 죽은 아들의 친구에게 팔을 두르고 애써 웃으면서 말했다.

"스튜어트, 도널드는 걱정하지 말게. 괜찮을 거야." 도널드는 그곳에 없었다.

추도 연설을 한 사람은 오빠가 유일했다(적어도 내가 기억하기로는 그랬다). 오빠는 낱장으로 된 종이에 쓴 연설문을 읽었다. 롤린스 대학 2학년이었던 오빠는 올란도에서 비행기를 타고 오면서 추도문을 적었을 것이다. 오빠는 아버지와 함께 보냈던 좋은 시간을 회고했다. 그중 대부분은 기억이 나지 않을 만큼 아주 어릴 때 이야기였지만, 오빠는 아버지가 살아온 현실을 숨김없이 이야기했다. 오빠는 아버지가 트럼프 가문의 골칫거리였다고 말했다. 사람들이 입을 틀어막으며 탄식하는 소리가 들렸다. 짜릿했다. 나는 누구나 다 알고 있지만 모두가 모른 척하던 명백한 진실이 가증스러운 껍질을 뚫고 바깥으로 삐져나오는 쾌감을 느꼈다. 나는 아버지의 초라했던 삶을 폭로한 오빠의 추도가 오히려 아버지를 변호한다는 느낌을 받았다. 오빠는 아버지가 살아 있을 땐 늘 다른 가족들과 타협해왔다. 하지만 오늘만큼은 진실을 말했다. 나는 마음속으로 오빠의 용기를 진심으로 응원해줬다. 그리고 한편으로는 오빠가 나보다 훨씬 더 아버지와 좋은 추억을 많이 쌓은 것 같아 부럽기도 했다.

경야가 끝날 무렵, 사람들이 줄을 서서 차례로 망자에게 애도를 표했다. 관 앞에 잠시 멈춰 선 채 눈을 감고 시체의 손을 살짝 움켜쥐었다. 관 앞에는 무릎을 꿇을 사람을 위해 쿠션을 덧댄 낮은 벤치가 놓여 있었다. 그곳에 무릎을 꿇는 사람도 종종 있었다. 엘리자베스 고모 차례가 오자 고모는 슬픔에 북받쳐 흐느껴 울기 시작했다. 태연하고 건조한 분위기 속에서 느닷없이 터져 나온 엘리자베스 고모의 통곡을 사람들은 말없이 쳐다보았다. 하지만 손을 내밀어주는 사람은 아무도 없었다. 관에 손을 얹고 무릎을 꿇은 엘리자베스 고모는 몸을 심하게 떨다 결국 균형을 잃고 바닥에 쓰러졌다. 나는 고모가 쓰러지는 걸 가만히 지켜봤다. 바닥에 널브러진 고모는 자신이 어디에 있는지, 무엇을 하고 있는지 전혀 모르는 사람처럼 계속 울기만 했다. 그때까지도 뒤쪽에서 할아버지와 이야기를 나누던 도널드와 로버트가 급히 다가와 고모를 번쩍 들어 올려 밖으로 데리고 나갔다. 고모는 다리를 절뚝거렸다.

이제 내 차례였다. 나는 망설이며 관에 다가갔다. 이 작은 관에 188센티미터의 장신이었던 아버지가 들어가 있다는 게 믿기지 않았다. 나는 관을 만드는 과정에서 분명 착오가 있었을 것이라 생각했다. 관을 실어갈 벤츠가 밖에 와서 기다리고 있었지만 나는 무시하고 가만히 서서 관에 달린 황동 장식을 물끄러미 쳐다보며 고개를 숙였다. 아무 생각도 들지 않았다.

"안녕하세요, 아빠."

낮은 목소리로 말했다. 아래를 내려다보며 머리를 쥐어짜다가 어쩌면 아버지의 발과 이야기를 나누고 있을지도 모른다는 생각이 들었다. 당황한 나는 한 발짝 물러나 친구들에게 돌아갔다.

교회 예식은 없었다. 관은 화장장에 옮겨졌고, 우리는 잠시 옆 예배당에 모였다. 예배당에는 이상할 정도로 밝은 햇살이 흠뻑 내리쬐고 있었다. 가족은 추모 기도를 드릴 목사를 따로 지정하지 않았다. 아마 곧 불에 들어갈 사람에게 그 정도의 성의는 불필요하다고 여겼을 것이다.

장례식이 끝나면 가족 묘지가 있는 미들빌리지 근처 올페이스 묘지에 차를 몰고 갈 계획이었다. 당시까지만 해도 이 묘지에는 할아버지의 부모님인 프리드리히 트럼프와 엘리자베스 트럼프만이 묻혀 있었다. 지난 이틀 동안 어머니와 오빠와 나는 다른 가족들에게 아버지의 유골을 대서양에 뿌리게 해달라고 간청했다. 나는 예배당을 떠나기 전 마지막으로 애원하기 위해 할아버지의 걸음을 따라잡았다.

"할아버지, 아버지의 유골을 땅에 묻을 수는 없어요."

"그건 네가 결정할 일이 아니다."

할아버지는 발걸음을 옮겼지만 나는 그게 마지막 기회라는 것을 알았기에 할아버지의 옷깃을 꽉 잡았다.

"그래도 아버지의 뜻을 따라야 하지 않나요?" 내가 물었다. "땅속에 묻히고 싶지 않아서 화장해달라고 한 거예요. 제발 아버지의 유골을 몬탁으로 가져가게 해주세요."

그 말을 뱉자마자 나는 큰 실수를 저질렀다는 것을 깨달았다. 할아버지는 몬탁을 증오했다. 몬탁은 아버지가 부동산 사업에 뛰어들지 못하고 보트나 낚시 같은 보잘것없는 취미로 삶을 탕진한 곳이었다.

"몬탁." 할아버지는 미소에 가까운 표정을 지으며 그 단어를 반복했다. "그럴 일은 없을 거다. 차에 타거라."

대리석과 화강암으로 만들어진 증조할아버지의 묘석은 아버지의 이름과 사망 날짜를 새기기 위해 땅에서 뽑혀 잠시 못자리 위에 누워 있었다. 그 위로 부딪힌 강렬한 햇볕 때문에 할아버지는 굵은 눈썹 아래 연한 푸른 눈을 찡그렸다. 할아버지는 마치 중고차 영업사원처럼 양팔을 벌리고 발끝으로 폴짝폴짝 뛰면서 증조할아버지의 묘석에 대해 설명했다. 적어도 그 순간만큼은 망자에 대한 예의와 존중은 찾아볼 수 없었다. 묘석 앞에서 조문을 다 읽은 할아버지는 화장된 유골을 철제 함에 넣고 땅에 묻었다.

1981년 9월 29일 자 아버지의 사망진단서에는 이렇게 적혀 있었다.

"자연적인 원인으로 죽음을 맞이했음."

42세에 자연사를 맞이하는 게 가능할까? 아버지는 유언을 남기지 않았다. 책, 사진, 오래된 축음기 음반, ROTC와 방위군 메달 중 아버지가 남길 만한 게 있을지도 몰랐다. 오빠는 아버지의 타이맥스Timex 시계를 받았고 내게 남겨진 건 아무것도 없었다.

나이를 먹을수록 하우스에는 차가운 공기가 감돌았다. 아버지가 돌아가신 후 처음으로 맞이하는 추수감사절에도 하우스는 싸늘했다. 그날 저녁식사를 마친 후 로버트가 내게 다가와 어깨에 손을 얹었다. 그러고는 아기 침대에서 자고 있는 작은 아기를 가리켰다. 도널드와 이바나의 딸이자 내 새로운 사촌 이방카였다.

"봐, 자연의 순리지."

로버트가 무엇을 말하려는지 나는 충분히 이해했지만 애써 모르는 척했다. '옛것을 보내고 새로운 것을 맞이하라'는 말이 그의 혀끝에서 맴도는 것 같았다. 로버트는 적어도 노력이라도 했다. 그러나 할아버지와 도널드는 달라진 게 없는 것처럼 행동했다. 아들이었던 사람과 형이었던 사람이 죽었는데도 할아버지와 삼촌은 뉴욕 정치인과 그들의 불법적인 거래에 관해 떠들었고, 못생긴 여자들에 관해 떠벌렸다.

오빠와 내가 크리스마스 연휴를 보내려고 하우스에 왔을 때 우리는 할아버지의 변호사 중 한 사람인 어윈 더벤을 만났다. 어윈의 파트너였던 매튜 토스티가 세상을 떠난 후 어윈은 트럼프 가문의 거의 모든 재산을 관리하기 시작했다. 내 아버지의 재산에 관한 세부사항 역시 어윈이 관리하고 있었다. 아버지에게 재산이 있다는 사실은 충격적이었다. 나는 사실상 아버지가 한 푼도 남기지 않고 세상을 떠났다고 생각했다. 하지만 알고 보니 할아버지와 증조할머니가 마련한 신탁 자금이 남아 있었다. 그때는 몰랐지만, 내 기숙학교 비용은 모두 신탁 자금에서 나오고 있었다.

이 신탁 자금은 오빠가 서른 살이 되는 해에 오빠와 내가 절반씩 수령할 수 있도록 설계되었다. 그전까지는 이 돈에 손을 댈 수 없었다. 오직 어윈 더벤, 메리앤 고모, 도널드와 로버트 삼촌만이 이 돈을 관리할 수 있었고, 그 중심에 어윈이 있었다. 하지만 예기치 못하게 돈이 필요한 상황이 발생하면 어윈은 나머지 가족들을 만나 동의를 구해야 했다. 그중에서도 도널드는 모든 수표의 최종 결정권자이자 공동 서명인이었다.

우리는 어윈의 사무실에 찾아갔다. 서류 더미가 어윈의 책상을 뒤덮고 있었다. 어윈은 책상 뒤에 놓인 의자에 앉아서 우리가 서명할 서류가 무엇인지 설명하기 시작했다. 설명이 길어지자 오빠는 어윈의 말을 가로막았다.

"메리와 제가 이미 상의한 내용입니다. 일단은 이 기금의 수혜자 중에 어머니도 포함되어 있는지 확인해야겠어요."

"물론이죠." 어윈이 말했다.

그 후 두 시간 동안 어윈은 서류를 꼼꼼하게 살펴봤다. 아버지가 남긴 실제 금액은 명확하지 않았다. 신탁은 열여섯 살짜리 아이에게는 너무나 복잡한 금융 제도였고, 당장 기금을 수령할 수 있다고 하더라도 엄청난 세금을 내야 했다. 장황한 설명을 마치자 어윈은 우리에게 서류를 내밀면서 궁금한 점이 있는지 물었다.

"아니요," 프리츠가 말했다.

나도 고개를 저었다. 우리는 어윈이 한 말을 단 하나도 이해하지 못했다.

3부

교묘한
속임수

TOO MUCH AND NEVER ENOUGH

9장

구제받는 기술

"메리 트럼프, 강도를 당하다." 1991년 핼러윈 다음 날 뉴욕의 각종 신문 1면을 커다랗게 장식한 기사 제목이었다. 할머니에게 무슨 일이 일어났는지는 나도 물론 알고 있었지만, 지하철을 타러 가는 길에 나와 같은 이름이 떡하니 적힌 신문이 놓인 가판대를 지나치는 것은 불편한 일이었다.

하지만 할머니가 받은 피해는 단순 강도 이상이었다. 강도들은 롤스로이스에 쇼핑백을 싣고 있던 할머니의 머리채를 잡아 차 위로 강하게 내리쳤다. 너무나 센 공격을 당한 나머지 뇌출혈이 일어났고, 이로 인해 할머니는 청력과 시력 일부마저 잃었다. 보도 위로 쓰러지면서 할머니의 골반뼈는 여러 조각으로 으스러졌고 갈비뼈도 부러졌다. 할머니는 골다공증을 앓고 계셨기 때문에 이는 더욱 심한 부상으로 이어졌다. 부스메모리얼 병원으로 이송될 때 할머니의 상태는 매우 위중했다. 할머니가 살아나실 수 있을지 조차 확신할 수 없었다.

중환자실에서 개인 병실로 옮겨질 때쯤 할머니는 겨우 차도를 보이기 시작했다. 통증을 견딜 수 있을 정도로 할머니의 상태가 좋아지기까지는 그로부터 몇 주가 더 걸렸다. 나는 할머니가 식욕을 되찾기 시작하자 할머니가 드시고 싶다는 것은 무엇이든 구해 올 만큼 간호에 지극정성이었다. 그렇게 할머니의 상태가 차츰 나아져갈 무렵, 어느 날 도널드가 찾아왔다.

그는 할머니와 내게 인사하곤 할머니에게 짧게 입을 맞췄다. "엄마, 좋아 보이세요."

"많이 나아지셨어요." 내가 말했다. 그는 침대 옆 의자에 앉아 한쪽 발을 침대 가장자리에 올렸다.

"메리가 매일 날 보러 와주고 있단다." 할머니가 나를 보고 미소 지으며 말했다. 도널드는 내 쪽으로 몸을 돌렸다. "많이 한가한가 보구나."

나는 할머니를 슬쩍 쳐다봤다. 할머니가 어이없다는 듯 눈알을 굴리는 모습을 보며 나는 웃음을 참으려 애썼다.

"애야, 넌 어떻게 지내니?" 할머니가 도널드에게 물었다.

"묻지 마세요." 도널드는 귀찮아하는 듯 보였다.

할머니는 도널드에게 손주들 소식을 물었고, 이바나와의 관계에서는 새로운 일이 없는지 물었다. 도널드는 별로 할 말이 없어 보였다. 지루해하는 기색을 역력히 드러내던 그는 병실에 도착한

지 고작 10분 만에 떠났다. 출입문을 보며 도널드가 떠난 것을 확인한 할머니가 말했다. "심술궂기는."

이번에는 나도 웃음을 터뜨렸다. "솔직히 요즘 삼촌 삶이 힘들긴 하잖아요."

당시 그는 약 1년 동안 많은 일을 겪었다. 애틀랜틱시티에 세운 여러 카지노 중 그가 가장 아끼던 곳인 타지마할은 개장한 지 겨우 1년 만에 파산을 선언했고, 결혼 생활 역시 재앙이나 다름없었다. 다만 거기에는 이미 공공연하게 알려져 있던 말라 메이플스Marla Maples 와의 불륜 탓이 컸으니 이 재앙은 도널드가 자초한 것이나 다름없었다. 은행은 그에게 대출 금액을 상환하라고 조금씩 압박을 가했다. 이때 그의 두 번째 저서 『정상에서 살아남기Surviving at the Top』는 『생존의 기술The Art of Survival』이라는 새로운 제목을 달고 문고판으로 출간되기도 했다. 모든 재앙을 자초했음에도 도널드는 전혀 겸손해지거나 창피해하지 않았다.

"불쌍한 도널드." 할머니가 조롱하듯 말했다. 할머니는 어지러워하는 것처럼 보여서, 나는 의료진이 할머니의 진통제 투여량을 줄여야 한다고 생각했다.

"저 애는 늘 저랬어. 부끄러운 말이지만, 저 애가 군사학교에 갔을 때 나는 크게 안심했단다. 도널드는 누구의 말도 듣지 않았어. 내 말은 특히 안 들었지. 로버트를 못살게 굴기도 하고 말이야. 그리고 또… 아, 메리! 저 애는 엄청난 게으름뱅이였어. 학교에서는 품행이 단정한 학생으로 메달을 받았지만 집에서는 게으름뱅이였다고!"

"그래서 어떻게 하셨어요?"

"내가 할 수 있는 일이 뭐가 있었겠니? 저 애는 내 말을 절대 듣지 않았어. 네 할아버지는 이런 일에 신경도 안 썼고 말이야." 할머니는 고개를 저었다. "도널드는 정말 제멋대로였어."

할머니의 말에 나는 깜짝 놀랐다. 나는 언제나 할아버지가 모든 것을 살피는 감독관이라고 생각했기 때문이었다. "할아버지가 신경도 안 쓰셨다니 뜻밖인데요."

공교롭게도 그때 할아버지는 맨해튼의 한 병원에서 고관절 수술을 받고 계셨다. 내가 기억하는 한 할아버지가 병원에 가신 건 1989년에 목 종양 절제술을 받았던 이래 처음이었다. 할아버지의 이번 고관절 교체 수술 일정이 우연히 정해진 것인지, 아니면 할머니가 병원에 입원해 있는 동안 할아버지의 고관절 수술을 서둘러 진행시켜 서로 마주치지 않게 하려는 의도였는지는 모른다. 그전부터 악화되고 있던 할아버지의 정신 상태는 입원 기간 동안 더욱 나빠졌다. 심지어 늦은 밤 속옷 차림으로 병원을 탈출하려다가 몇 번이나 간호사에게 붙잡히기도 했다. 다그치는 간호사에게 할아버지는 당신의 부인을 찾으러 간다고 말했다. 이 이야기를 듣고 할머니는 할아버지가 당신을 찾지 못한다는 사실에 꽤 기뻐하시는 듯했다.

1980년 완공된 그랜드하얏트 건설 사업은 큰 성공을 거뒀고, 이윽고 도널드는 1983년 트럼프타워까지 건설하며 화려한 완공식을 열었다. 그러나 건설 현장에서 일한 밀입국 노동자들이 최악의 대우를 받았다는 의혹부터 마피아가 연루되었다는 의혹에 이르기

202

까지, 트럼프타워 사업은 수많은 구설수를 낳으며 논란의 중심에 섰다. 도널드가 본윗텔러빌딩 정면을 장식하던 아르데코 양식의 아름다운 석회암 조각을 파괴했을 때 이 논란은 절정에 올랐다. 자신이 쓸 방을 만들기 위해 본윗텔러빌딩을 없애기로 한 그는 역사적 가치가 높은 예술품인 석회암 조각을 떼어내 뉴욕 메트로폴리탄 미술관에 전달하겠다고 약속했었다. 그러나 이 조각을 온전하게 떼어내려면 큰 비용이 들 뿐 아니라, 공사 일정도 늦춰진다는 사실을 알게 되자 도널드는 약속을 무시하고 이를 부숴버리라고 지시했다.

이 사건이 알려지자 신의를 저버린 태도와 그의 저급한 미학적 수준에 대해 비판이 쏟아졌다. 그러나 이런 비판에 직면하고도 도널드는 어깨를 으쓱하며 그 조각은 "예술적 가치가 없다"라고 말했다. 그는 마치 예술품에 대해 깊게 성찰하고 평가를 내리는 전문가들보다 자신이 아는 것이 더 많다는 듯 행동했다. '내가 더 잘 안다'고 믿는 그의 태도는 시간이 갈수록 점점 굳어졌을 것이다. 얕은 지식(특히 경영 관련 지식)이 바닥날수록 도널드의 독선적인 태도는 불안감과 비례해 점점 강해졌다. 현재 우리가 보는 그의 모습이 바로 그 증거다.

도널드가 처음으로 주도한 두 개의 사업이 상대적으로 원활히 성공할 수 있었던 이유는 거래 성사 능력이 뛰어났던 부동산 개발자 프레드 할아버지의 전문성 덕분이었다. 할아버지의 인맥, 영향력, 인정, 돈, 지식 그리고 아마 가장 중요한 요소였을 도널드를 향한 전폭적인 지원이 없었다면 그는 성공하지 못했을 것이다. 이전까지 도널드는 할아버지의 돈과 영향력에 전적으로 의존했다. 스스로는 이를 절대 인정하지 않으며 오로지 자신만의 재산과 지식으로 성공을 거뒀다고 주장하지만 말이다. 언론은 아무런 의심 없이 이 말을 믿었다.

1977년, 쇠락해가던 해변의 휴양도시 애틀랜틱시티를 구하기 위해 카지노 사업이 합법화되자 도널드는 곧바로 이곳에 카지노를 세우겠다는 야심찬 계획을 세웠다. 은행도 기꺼이 그의 뒤를 따랐다. 이때 만약 할아버지의 의견에 조금이라도 귀를 기울였다면 도널드는 애틀랜틱시티에 투자하는 실수를 피할 수 있었을 것이다. 할아버지는 맨해튼이라면 투자 위험을 무릅쓸 가치가 있다고 생각했다. 애틀랜틱시티에는 사업 측면에서 큰 관심을 보이지 않았다. 그 때문에 할아버지는 도널드가 애틀랜틱시티에 투자하는 것을 탐탁지 않아 했다. 애틀랜틱시티에서는 정치적 영향력도 없고 지역 산업에 대한 지식도 없던 할아버지가 도널드에게 줄 수 있는 것은 돈과 별 영향력을 미치지 못하는 조언뿐이었다. 할아버지의 영향력이 줄어들고 있던 1982년, 도널드는 게이밍 라이선스(지방정부기관이나 주정부기관이 발행하는 카지노 등 도박 시설 관리 면허증 - 옮긴이)를 신청했다.

남동생이 호시탐탐 투자할 기회를 찾아다니는 동안 메리앤 고모는 1970년대 중반부터 뉴저지주에서 지방 검사로 근무하고 있었다. 메리앤은 도널드에게 로이 콘Roy Cohn에게 청탁을 하나 해줄 수 있을지 물었다. 당시 로이 콘은 레이건 행정부에서 꽤나 영향력을 발휘해 실험 중이던 에이즈 치료제인 아지도티미딘AZT을 구할 수 있었을 뿐 아니라 사법 인사 임명에도 어느 정도 관여할 수 있는 인물이었다. 마침 뉴저지주 지방법원 내 미국연방지방법원 판사 직위가 공석이었고, 메리앤은 이 자리가 자신에게 알맞다고 생각했다. 도널드에게도 이는 구미가 당기는 제안이었다. 가까운 친인척 한 명이 판사 자리에 있다면 앞으로 진행할 다양한 사업에 여러모로 유용할 것이라는 계산이었다. 콘은 에드 미즈Ed Meewse 법무부 장관에게 전화를 한 통 넣었다. 메리앤은 9월에 판사로 지명되었고, 10월부터 공식적으로 판사직을 수행하기 시작했다.

한편 할아버지의 영향력이 약해졌다는 신호를 보내는 또 다른 사건이 있었다. 도널드가 할아버지에게 어떤 허락도 구하지 않고, 실물도 확인하지 않은 채 (훗날 트럼프캐슬이 될) 한 카지노를 3억 달러가 넘는 가격에 인수한 것이다. 트럼프플라자의 전신인 하라스호텔을 인수한 지 불과 1년밖에 되지 않았을 때의 일이었다. 도널드는 좋은 것이란 많을수록 더 좋다고 생각했다. 그는 애틀랜틱시티가 무한한 가능성을 지닌 곳이라 믿었고, 따라서 카지노도 하나보다 두 개가 있는 것이 더 낫다고 생각했다. 당시 도널드의 회사는 이미 수십억 달러의 부채를 지고 있었다(1990년 그의 개인 부채는 9억 7500만 달러까지 치솟았다). 그런데도 그는 멈출 줄을 몰랐다. 같은 해에는 마러라고(미국 플로리다 팜비치의 도널드 트럼프 소유 리조트 - 옮긴이)를 800만 달러에 구입했고, 1988년에는 2900만 달러짜리 요트를 구매했다. 1989년에는 이스턴항공을 3억 6500만 달러에 인수했다. 너무 많은 돈을 써버린 나머지 1990년에는 세 번째 카지노인 타지마할을 완공하기 위해 이자율이 14퍼센트에 달하는 약 7억 달러의 정크본드Junk Bonds(직역하면 '쓰레기 채권'으로 신용등급이 낮은 기업이 발행하는 고위험 고수익 채권 - 옮긴이)를 발행해야 했다. 은행을 비롯한 모든 이들은 도널드가 구매하는 막대한 양의 자산과 높은 인수 가격, 거래 시의 대담한 태도에 눈이 멀어 그의 부채가 빠른 속도로 늘어나고 있다는 사실을 눈치채지 못했고, 터무니없는 행동이 반복되는데도 그의 사업가적 통찰력을 의심하지 못했다.

당시 도널드가 가장 좋아하는 색 배합은 빨강, 검정, 금색 조합이었다. 이 때문에 애틀랜틱시티의 천박한 화려함은 쉽게 돈을 벌 수 있다는 유혹만큼이나 그에게 매력적으로 다가왔다. 어찌 됐든 부동산은 늘 이기는 게임이었기 때문에 매물을 살 돈이 있는 사람은 그곳에서 돈을 벌 수 있었다. 애틀랜틱시티에 관심이 없던 할아버지에 반해 도널드는 이곳에 매료되었다. 할아버지를 비롯한 다른 사람들의 막대한 투자는 차치하더라도, 그랜드하얏트나 트럼프타워와 달리 궁극적으로 다른 주체에 의해 운영되는 개발 사업이었던 카지노는 당시 성행하는 사업이었다. 그런 면에서 카지노는 도널드가 아버지로부터 독립해 성공할 수 있는 최초의 기회이기도 했다.

카지노를 직접 소유한다는 생각에 도널드는 '빅 픽처'를 그렸다. 자신의 아이디어로 카지노 전체를 창조하기 시작한 것이다. 또한 카지노 한 채가 좋다면 두 채는 더 좋고, 세 채는 그보다 훨씬 좋을 것이라 생각했다. 물론 그의 카지노끼리도 서로 경쟁하며 결국에는 서로의 매출을 잡아먹을 터이니 이는 환상에 불과했지만, 어쨌든 더 많은 카지노를 원하는 그의 생각에도 나름의 논리는 있었다. 그의 아버지도 이런 식의 사업으로 성공을 거뒀기 때문이다. 그러나 도널드가 이해하지 못했을 뿐 아니라 애초에 이해하기를 거부한 것이 하나 있었다. 애틀랜틱시티에서 카지노를 소유하고 운영하는 일은 브루클린에서 부동산을 소유하고 임대하는 일과 사업 모델, 시장, 고객층을 비롯한 모든 면이 현저히 달랐다는 점이다. 두 도시 간의 확연한 차이점을 알아볼 수 없었던 그는 할아버지가 브루클린이 모든 면이 더 낫다고 생각한 것처럼, 애틀랜틱시티가 모든 면에서 더 낫다고 생각했다. 그는 카지노 한 채가 황금알을 낳는 거위라면 카지노 세 채는 거위 떼라고 생각했다. 도널드는 할아버지가 아파트 건물을 운영한 방식대로 카지노를 운영할 작정이었다.

이 계획에서 설명할 수 없는 유일한 점은 도널드가 세운 두 개의 카지노에 투자한 은행과 투자자들이 그가 세 번째 카지노를 세우려 할 때 강력하게 반대하지 않았다는 사실이다. 세 번째 카지노 건설이 자신들에게 막대한 손실을 발생시킬 수 있는데도 말이다. 게다가 도널드가 세 번째 카지노에 투자할 사람들을 찾을 수 있었다는 사실 역시 이해하기 어렵다. 당시 도널드의 부채 금액을 봤다면 아무리 무모한 투자자라도 겁을 먹었을 것이다. 그러나 1980년대 후반에는 그 누구도 도널드의 말에 반대하지 않았다. 결국 잘못된 판단하에 사업 하나가 추가로 진행되었다. 이는 절대 이 사업을 성공시킬 수 없는 남자(도널드)의 자아를 더욱 강하게 만들어주는 부작용까지 가져왔다.

그해 8월 『정상에서 살아남기』가 출간되었다. 출간 몇 주 만에 이 책을 조롱하는 패러디가 쏟아져 나오며 책의 주제와 출간 시기가 적절하지 않았다는 사실이 분명해졌다. 1990년 6월 도널드는 트럼프캐슬 사업 금액 4300만 달러를 지불하지 못했다. 6개월 뒤 할아버지는 트럼프캐슬의 칩을 구매하기 위해 현금 300만 달러 이상을 차에 실어 운전기사 편에 보냈다. 운전기사가 서류 가방에 칩을 싣자마자 즉시 카지노를 떠난 것을 보면 알 수 있듯이, 도박을 위해 칩을 구매한 것은 아니었다. 허나 이것만으로는 충분하지 않았다. 다음날 할아버지는 트럼프캐슬로 15만 달러를 더 보냈다. 아마 이 돈으로도 칩을 더 사들였을 것이다.

이 작전은 일시적으로는 도움이 되었지만 결국 할아버지는 승인받지 않은 자금을 카지노에 투입해 게이밍 커미션Gaming Commission(합법적인 갬블링 운영규칙을 제정하고 관리하는 기관 - 옮긴이)의 규정을 위반했다는 혐의로 3만 달러의 벌금을 납부해야 했다. 도널드가 카지노 때문에 도산하지 않도록 계속해서 도움을 제공하려면(이는 할아버지가 원한 일이었다), 할아버지가 뉴저지주에서 게이밍 라이선스를 취득해야 했다. 하지만 이미 너무 늦은 후였다. 도널드는 애틀랜틱시티 내 카지노 시장의 30퍼센트를 점유하고 있었지만 그의 세 번째 카지노인 타지마할 때문에 나머지 두 카지노에서는 아무런 수익도 거둘 수 없었다(타지마할이 개장한 해 트럼프플라자와 트럼프캐슬의 수익금은 통상 올리던 수익에서 총 5800만 달러가 감소했다). 3개 카지노에서는 매년 9400만 달러의 부채가 발생했고, 손익분기점을 맞추기 위해서는 타지마할이 적어도 매일 100만 달러 이상의 수익을 내야 했다.

　도널드에게 투자했던 은행들도 많은 돈을 잃고 있었다. 타지마할이 막 개장했을 때 도널드에게 대출을 해준 기관들과 도널드는 그의 소비를 통제하고 관리할 방법을 찾기 위해 대책 회의를 열었다. 파산과 채무 불이행의 조짐은 그때도 이미 어렴풋이 보이고 있었고, 은행들은 자신의 돈을 지키려면 도널드의 이미지를 보호할 대책을 찾아야 했다. 은행들은 도널드가 대외적으로 (그리고 자신을 위해) 드러내던 성공과 자신감이라는 허세가 없다면 이미 위험에 처한 그의 자산 가치가 더 하락할 수도 있음을 걱정했다. 도널드의 성 '트럼프'는 자산 그 자체였다. 트럼프라는 성이 가치를 잃는다면 채권을 구매할 새로운 투기꾼이나 임차인을 끌어들일 수 없을 것이었고, 당연히 새로운 수입을 창출하는 것도 불가능했다.

　1990년 5월, 결국 은행은 도널드에게 사업 운영비를 지불하는 것 외에도 매달 45만 달러씩 보조금을 제공하는 협약을 체결했다. 연 5500만 달러에 이르는 이 금액은 오로지 그의 개인 지출 용도였다. 이 돈으로 도널드는 트럼프타워 내 그가 거주하던 3층짜리 아파트와 전용기를 계속 이용했고, 마러라고를 담보로 대출도 받았다. 도널드가 이미지 장사를 계속하려면 자신의 이미지를 드높이는 호화로운 라이프 스타일을 계속 유지해야 했다.

　은행이 도널드의 생활을 계속해서 감시할 수 있도록 도널드는 매주 금요일 은행 관계자들을 만나 자신의 지출 내역과 요트 등 자산 판매 진행 상황을 보고해야 했다. 상황이 심각하다는 것은 누구도 부인할 수 없는 사실이었다. 도널드는 로버트 삼촌에게 은행이 자기를 '죽이고 있다'고 불평했다. 그러나 확실한 사실은 그가 아버지로부터 받은 것과는 다른 방식으로 은행에 신세를 지고 있다는 점이었다. 과거에는 그 어떤 구속도 받은 적이 없던 도널드는 이와 같은 은행의 방식에 짜증을 냈다. 그러나 그에게는 은행 대출을 갚아야 할 법적 의무가 있었고, 대출을 갚지 않으면 그에 따른 결과를 책임져야 했다. 최소한 결과는 있어야 했다.

이처럼 많은 제약에도 불구하고 도널드는 자신의 지불 능력을 초과할 정도로 현금을 계속 지출했다. 이혼하면서 이바나에게는 위자료로 1000만 달러를 지급했고, 말라 메이플스와의 약혼반지를 사는 데 25만 달러를 썼다. 추측하건대 그는 원하는 대로 돈을 쓸 수 없는 상황이 자신에게 올 것이라고는 한 번도 생각해보지 않았을 것이다. 은행은 도널드가 협약 내용을 위반했다는 점을 비판하면서도 실질적인 제재 조치는 전혀 가하지 않았다. 그 때문에 자신이 원하는 것이라면 무엇이든 할 수 있다는 도널드의 믿음은 한층 더 공고해졌다. 그에게는 너무나 익숙한 일이었다.

도널드를 비난하기 힘든 측면도 있다. 애틀랜틱시티로 간 후에는 아버지의 승인이나 허락을 받을 필요가 없어졌고, 더 이상 자기 자랑을 할 필요도 없었다. 그가 어떤 사업을 하든 은행은 기꺼이 수억 달러를 제공했고 언론도 도널드의 일거수일투족에 주목하며 칭찬을 남발했기 때문에 그는 과대평가된 채로 계속 인정받았다. 은행의 지원과 언론의 관심에 눈이 먼 나머지, 도널드는 상황이 얼마나 위험한지 알 수 없게 된 것이다. 그러나 신화는 결국 신화였다. 도널드는 기본적으로 할아버지의 작품이었지만, 애틀랜틱시티로 간 후의 그를 조종한 것은 은행과 언론이었다. 도널드는 은행과 언론 덕분에 능력을 거머쥐었지만 그만큼 거기에 의존적이기도 했다. 할아버지와 함께하던 시절과 똑같았다.

도널드는 겉으로 보기에는 매력 있는 사람이었고 카리스마도 있었기 때문에 그에게 빠지는 사람들도 꽤 많았다. 그럼에도 자신의 매력이 한계에 다다르자 도널드는 또 다른 '사업 전략'을 펼쳤다. 자신이 원하는 것을 갖지 못하게 된다면 파산 신청을 해버리거나 타인을 망쳐버리겠다고 위협하며 성질을 부리는 것이었다. 둘 중 어느 방법을 쓰든 승자는 도널드였다.

'도널드는 성공을 거둔 적이 있기 때문에 또 성공을 이룰 것이다'라는 전제는 근본적으로 현실을 무시하는 말이다. 사람들이 도널드가 달성했다고 믿는 것들을 그는 사실 달성하지 못했으며, 달성할 능력도 없었다. 그런데도 그의 자아는 가족뿐 아니라 그와 만나는 모든 사람에 의해 끊임없이 충족되어야 했다. 현재 그의 자아는 완전히 고삐가 풀린 상태다.

뉴욕의 엘리트들은 도널드를 인정하지 않았을 뿐 아니라 그를 퀸스에서 온 광대로 취급했다. 하지만 그런 그들도 도널드의 허세와 어마어마한 자기 포장 능력은 인정했다. 덕분에 도널드는 이들의 파티에 초대를 받으며 르클럽을 비롯한 이들의 아지트에도 들락거릴 수 있었다. 뉴요커들이 더 재미있는 볼거리를 원할수록 언론은 사람들이 원하는 장면을 제공하고 싶어 했다. 더 중요하고도 실질적인 이야기를 희생하면서까지 말이다. 도널드가 은행과 주고받은 복잡한 거래를 기사화해서 굳이 사람들을 지루하게 만들 이유가 있겠는가? 이렇듯 도널드의 이야기는 교묘하게 오락거리처럼 취급되었기 때문에 그는 많은 이득을 보았을 뿐 아니라 자신이 정확히 원하는 것을 얻을 수 있었다. 언론이 도널드의 이혼 소식과 왕성한 성기능 등 외설스러운 이야기에 대해서만 관심을 가진 것이다. 언론이 현실을 부정한다면 그도 현실을 부정할 수 있었다.

나는 기숙학교를 졸업한 후 기적적으로 터프츠 대학에 입학하게 되었다. 비록 입학한 해 2학기에 중퇴를 한 번 하기는 했지만, 결국 1989년 대학교를 졸업했다. 졸업한 지 1년 뒤, 즉 할아버지가 315만 달러의 카지노 칩을 조용히 구매하기 직전 나는 컬럼비아 대학에서 영문학 및 비교문학 석사 과정을 시작했다. 그러나 신학기가 시작된 지 고작 두 달이 지났을 무렵, 도둑이 들어 집에 있던 모든 전자기기를 훔쳤다. 도둑은 공부하는 데 꼭 필요했던 타자기마저 훔쳤다. 할아버지의 변호사 어윈에게 전화를 걸어 할아버지께 용돈을 미리 받을 수 있을지 물어봤지만 단칼에 거절당했다. 어윈이 말하기를, 할아버지는 내가 일자리를 얻어야 한다고 생각하셨다.

이후 할머니를 뵈러 간 나는 도둑맞은 일을 할머니에게 말했다. 그러자 할머니는 내게 수표를 한 장 써 주시겠다고 하셨다. "할머니, 괜찮아요. 몇 주만 더 기다리면 돼요."

"메리." 할머니가 말했다. "누가 돈을 준다고 하면 절대 거절하지 마라." 다행히 할머니가 수표를 써주신 덕분에 그 주에 새 타자기를 살 수 있었다. 그러나 얼마 지나지 않아 어윈에게 전화가 왔다. 화가 난 듯한 목소리였다.

"할머니께 돈을 달라고 했나요?"

"그러진 않았는데요." 내가 말했다. "도둑맞았다고 말씀드렸더니 도와주셨어요."

매달 말 당신의 개인 계좌와 할머니의 계좌 그리고 회사 계좌를 통해 발행된 수표 내역을 확인하던 할아버지가, 할머니가 내 이름으로 수표를 발행한 것을 알고 노여워한 것이었다.

"조심하세요." 어윈이 경고했다. "할아버지께서는 당신과 절연하겠다는 말씀을 자주 하신다고요."

채 몇 주가 지나지 않았을 때 어윈은 또다시 전화를 걸어 할아버지가 내게 또 화가 났다는 소식을 전했다. 이번에는 내가 수표에 한 서명이 마음에 들지 않기 때문이라고 했다.

"어윈 씨, 농담이시죠?"

"아닙니다. 서명에 적힌 글자가 읽기 어려워서 싫으시대요."

"서명이잖아요."

잠시 말을 멈춘 어윈은 부드러운 어조로 다시 말했다. "서명을 바꾸세요. 메리 씨도 게임에 동참해야 합니다. 할아버지께서는 당신이 이기적이라고 생각하세요. 이러다가는 메리 씨가 서른이 되었을 때 할아버지께 아무것도 못 받을 수도 있어요." 하지만 나는 '게임'을 해야 한다는 어윈의 말을 도저히 이해할 수 없었다. 우리는 어떤 조직 구성원이 아니라 가족 아니었던가.

"제가 무슨 잘못을 하고 있다는 것인지 모르겠어요. 저는 아이비리그 대학에서 석사 과정을 밟고 있는데요."

"프레드 씨는 신경도 안 씁니다."

"도널드 삼촌도 제가 석사 공부 중이라는 사실을 아나요?"

"네."

"삼촌이 제 수탁 관리인이에요. 삼촌은 뭐라고 하나요?"

"도널드 씨가 뭐라고 했냐고요?" 어윈은 비웃는 듯했다. "아무 말도 안 했어요."

당시 할아버지는 알츠하이머 진단을 받지 않은 상태였지만 그때도 치매 증상을 보이고 있었고, 때문에 할아버지의 위협이 심각하게 느껴지지는 않았다. 그래도 나는 서명을 바꿨다. 우리 가족은 모두 특혜를 받기도 했고, 방치당하기도 했다. 이상한 조합이었다. 나는 당시 물질적으로 필요한 모든 것을 가질 수 있었고 사립학교나 여름 캠프 같은 호사도 마음껏 누려왔었다. 하지만 마음속에는 늘 내가 누리는 모든 것들이 영원하지 않을 것이라는 불안이 자리 잡고 있었고, 가족들 역시 같은 이유로 아무도 자신을 신경 쓰지 않는다는 자기 파괴적인 생각에 빠져 의기소침해지곤 했다. 아니, 심지어 도널드를 제외하면 우리 가족을 신경 쓰는 사람은 아무도 없다는 생각마저 들기도 했다.

도널드가 종종 "별 볼 일 없는 회사"라고 말하고는 했던 트럼프 매니지먼트는 꽤 잘나가고 있었다. 1988년에서 1993년 사이 프레드 할아버지는 자기 몫으로 1억 900만 달러를 챙겼고, 그의 은행

구좌에는 그보다 수천만 달러 이상 많은 금액이 들어 있었다. 반면 도널드가 표면상 경영자로 있었던 트럼프오거니제이션은 점점 더 심각한 문제에 시달리고 있었다.

당시 4인 가족이 10년 동안 편안한 생활을 할 수 있을 만큼의 금액을 도널드에게 매달 보조금으로 지급하던 은행은 보조금 액수를 삭감하고 더 이상의 대출을 거절했다. 도널드는 자신에게 일어나는 모든 일을 경제와 은행, 운 탓으로 돌렸다.

도널드는 모든 일이 공평하지 않다고 생각했다. 이런 성격은 자신의 불만에만 관심을 기울이며, 성공했을 때를 제외하고는 모든 일에 대한 책임을 회피했던 할아버지와 비슷했다. 책임을 회피하며 다른 사람에게 비난의 화살을 돌리는 도널드의 능력은 그의 아버지로부터 물려받은 것이었다. 할아버지는 수백만 달러를 몰래 지원했지만 도널드가 실패하는 것을 막지는 못했다. 하지만 자신의 실수나 잘못된 판단 때문에 곤경에 빠지게 되었을 때 남 탓으로 돌렸던 것처럼, 예를 들어 스티플체이스파크 개발 사업이 실패로 돌아갔을 때 내 아버지를 탓했던 것처럼, 도널드를 대신할 희생양을 찾을 수는 있었다. 도널드는 자신의 아버지가 실패를 인정하는 것을 높이 사지 않는다는 사실을 일찌감치 알고 있었다. 내 아버지가 겪은 일을 보고 자라며 얻은 교훈이었다.

1960년대 말에서 1970년대 초까지 할아버지는 도널드가 얼마나 무능한지 몰랐을 것이다. 그는 장남인 프레디를 희생시키면서까지 '트럼프 제국'의 미래를 이끌어갈 사람으로 도널드를 선택했다. 그랬던 할아버지에게 자신의 선택에 결함이 있다는 것, 즉 도널드에게 약점이 있다는 사실을 인정하는 건 불가능에 가까웠다. 브루클린이라는 작은 물에 갇혀 재능이 빛을 발하지 못하는 것이고, 자신의 아들이 세상을 떠들썩하게 만들려면 더 큰물에서 놀도록 도와줘야 한다고 믿는 편이 그에게는 차라리 쉬웠을 것이다.

코모도어호텔이 천천히 그랜드하얏트호텔로 변모하자 프레드는 도널드가 조작해낸 성공에 눈이 멀어버렸다. 도널드는 이번 공사를 하는 데 할아버지의 인맥, 지식, 기술이 크나큰 도움이 되었다는 사실을 감추고 그의 영향력을 약화시키기 위해 모든 사업 과정의 품질을 떨어뜨렸다. 사실 할아버지의 도움이 없었다면 그랜드하얏트호텔과 트럼프타워 모두 완공하기조차 어려운 사업이었다. 두 건설 사업을 마친 후 도널드를 향해 쏟아지는 관심을 보며 할아버지도 혼란스러웠을 것이다. 사실 이번 건설 사업은 맨해튼에서는 꽤 흔하게 진행된 사업이었기에 도널드가 아닌 다른 사람이 맡았다면 이렇게나 많은 세간의 관심은 받지 못했을 것이다.

할아버지는 도널드의 게임 방식을 늘 알고 있었다. 그에게 게임 방법을 알려준 이가 바로 자기 자신이었기 때문이다. 할아버지는 언론 플레이, 거짓말, 속임수를 모두 정당한 사업 전략이라고 생각했고, 무엇보다도 이 부자가 가장 효율적이라고 생각한 게임 방식은 '정치인과의 협잡'이었다. 할아버지는 끊임없이 건설 사업을 진행하면서 '전후 부동산 거물'로 자신의 입지를 강화했고 동시에 수많은 세금 사기를 저지르며 납세자들의 돈으로 자신의 지갑을 두둑이 채웠다. 이때의 범죄 행각 덕분에 그의 네 자녀가 수십 년 동안이나 그 혜택을 누리며 살았던 것이다. 어리석은 사람들이 가십에만 관심을 기울이는 동안 도널드는 계속해서 언론플레이를 이용해 악성 대출, 나쁜 투자, 잘못된 판단을 기반으로 한 성공으로 명성을 떨치고 있었다.

그러나 프레드와 도널드에게는 분명한 차이점이 있다. 프레드는 정직하지 않고, 진실성도 부족한 사람이었지만 탄탄한 사업체로 수입을 안정적으로 창출하는 진정한 사업가였다. 그러나 도널드는 상황을 그럴듯하게 보이도록 만드는 능력과 아버지의 돈에 기대 환상을 만들어내는 능력밖에 없는 사람이었다.

애틀랜틱시티로 온 뒤, 얼마 지나지 않아 도널드가 부동산 임대 사업에만 들어맞지 않는 것이 아니라 종류를 막론하고 그 어떤 사업을 하기에도 적절하지 않은 인물이라는 사실이 드러났다. 그가 제아무리 자기 홍보와 자신의 세력 확장에 두각을 나타낼지라도, 화려하고 현란한 이미지 강조가 필수인 카지노 사업조차 운영할 능력이 없다는 게 드러난 셈이다.

도널드의 걸출한 능력을 자랑하며 아들이 자신을 훨씬 앞질렀다고 주장하던 프레드도 사실 자신의 주장이 전혀 진실이 아니라는 것을 알고 있었을 것이다. 그는 이를 모르기에는 너무 똑똑할 뿐만 아니라 셈에도 능한 사람이었다. 프레드는 도널드의 사업에서 발생하는 숫자들이 들어맞지 않는다는 것을 눈치채고 있었다. 그러나 이 모든 것을 알고 있음에도 계속해서 도널드를 지원했다는 사실은 무언가 다른 사정이 있었다는 것을 암시한다.

프레드가 애틀랜틱시티의 현실을 부정했다는 것이 바로 그 사정이었다. 그는 자신의 생각에 부합하지 않는 사실에는 귀를 기울이지 않는 사람이었다. 그러므로 아들과 마찬가지로 거센 비난의 화살을 은행과 경제, 카지노 산업으로 돌린 것이다. 프레드는 도 널드가 만든 성공의 환상에 너무 깊이 빠져들어 도널드와 불가분한 관계로 연결되고 말았다. 현실을 직시하는 것은 곧 자신의 책임을 인정하는 일과 다름없었기에 프레드는 절대로 현실을 인정하지 않았다. 그는 모든 것을 걸었다. 이성적인 사람이라면 이때 멈췄겠지만, 프레드는 도리어 판돈을 두 배로 올리기로 결심했다.

도널드가 사업을 과장해 그 내용을 대대적으로 홍보하는 글귀와 사진들은 프레드의 머릿속을 가득 채우고 있었다. 게다가 아버지와 아들의 엄청난 비난을 이기지 못하고 누그러진 은행 덕에 도널드는 실상 크나큰 재정난에 시달리면서도 생활 방식에는 전혀영향을 받지 않았다. 그때까지 할아버지는 공식적으로 알츠하이머 진단을 받지는 않은 상태였지만, 마침내 그 증상이 천천히 프레드의 판단력을 흐리기 시작했다. 자녀들 중 단연 최악인 아들을 일단 최고라고 믿기 시작하자 시간이 지날수록 프레드는 현실 대신 도널드의 과대 포장만을 믿게 되었다. 도널드는 무슨 일이 일어나든, 얼마나 큰 타격을 입든, 자신은 괜찮을 것이라고 믿었다. 과거에도 그랬듯 이번에 도널드가 배운 교훈은 그의 '가설'을 한 번 더 입증해주었다. 실패하더라도 언젠간 그 상황에서 탈출하게 될 거라는 걸 미리 안다는 것 말이다. 이는 실패하면서 얻은 모든 교훈을 의미 없게 만든다. 실패를 인정하지 않은 채 '대단한 승리'라고 주장하며 뻔뻔하게 과장하는 행동도 마찬가지다. 따라서 도널드는 절대로 변하지 않았다. 설사 그가 변할 수 있었다고 해도 그에게는 변할 필요가 전혀 없었기 때문이다. 이는 결국 우리 모두에게 부차적인 해를 끼치게 된 일련의 심각한 결과를 초래하고 말았다.

파산 위험이 커지고 곤란한 상황이 늘어나자 도널드는 언변이나 위협으로 문제를 해결하는 능력에도 한계가 있다는 것을 처음으로 깨닫게 되었다. 늘 탈출구를 잘 찾아내던 그는 이때부터 아버지를 배신하고 형제자매들로부터 막대한 양의 돈을 훔칠 계획을 세웠던 것 같다. 그는 할아버지와 오랫동안 함께 일한 변호사 어윈 더벤과 회계사 잭 미트닉Jack Mitnick에게 비밀리에 접근해, 트럼프매니지먼트의 재산을 포함해 할아버지의 모든 재산에 대한 완전한 통제권을 자신에게 위임한다는 내용이 담긴 유언 보충서를 작성해달라고 요청했다. 이렇게 되면 메리앤, 엘리자베스, 로버트가 상속받을 수 있는 재산은 사실상 도널드가 얼마나 자비를 베푸는지에 달려 있게 되는 것이었다. 그뿐만 아니라 극히 소액의 금전 거래를 할 때도 도널드에게 승인을 받게 될 터였다.

훗날 할머니가 메리앤 고모에게 해준 이야기에 따르면 어윈과 잭은 실제로 할아버지 댁으로 찾아와 할아버지에게 유언 보충서에 서명해달라고 요청했다고 한다. 이들은 유언 보충서가 전적으로 할아버지의 뜻에 따라 쓰인 것처럼 말했다. 마침 그날따라 의식이 또렷했던 할아버지는 정확히 말할 수는 없지만 무언가 잘못되었다는 것을 느끼고, 화를 내며 서명을 거부했다. 어윈과 잭이 떠난 뒤 할아버지는 할머니에게 걱정스러운 기색을 비쳤다. 할머니는 즉시 맏딸에게 전화를 걸어 최선을 다해 무슨 일이 있었는지 설명했다. 할머니가 한 말을 요약하면 이렇다. "네 할아버지가 수

상한 냄새를 딱 맡은 거지."

검사였던 메리앤은 신탁이나 유산에 대해 크게 아는 바가 없었다. 그래서 뉴저지주에서 변호사로 명성이 높았던 남편 존 배리에게 도움을 줄 수 있는 사람을 추천해달라고 했다. 배리는 즉시 자신의 동료에게 상황을 조사해달라고 부탁했고, 얼마 지나지 않아 도널드의 음모가 낱낱이 밝혀졌다. 결국 할아버지는 1984년 작성해놓았던 유언장을 대체하는 새로운 유언장을 썼다. 새 유언장에는 메리앤, 도널드, 로버트가 집행자로 명시되었다. 여기에 더해, 도널드에게 무엇을 얼마나 주었는지와 관계없이 다른 세 자식에게도 동일한 양의 재산을 상속해야 한다는 새로운 기준도 추가되었다.

몇 년 후 메리앤은 이렇게 말했다. "우리 모두 무일푼이 될 뻔했어. 엘리자베스는 길거리에 나앉아 구걸하고 있었을 거야. 커피 한 잔 사 마시고 싶어도 도널드에게 허락을 받아야 했을걸." 고모와 삼촌들이 도널드의 음모를 막을 수 있었던 것은 순전히 '천운'이었다. 그런데도 이들 형제자매는 휴가 때면 아무 일도 없었다는 듯 함께 모이곤 했다.

이처럼 도널드가 감히 할아버지의 재산을 뺏을 시도를 하게 된 것은 할아버지가 도널드를 '유일하게 내게 중요한 사람'이라고 생각하도록 만들었기 때문이었다. 도널드는 모든 것을 너무 많이 받았다. 그야말로 투자를 받은 그는 자신의 형제자매들, 심지어 자신의 어머니에게까지 해를 끼치고 형인 프레디를 희생시키면서까지 가문의 일인자로 올라섰다. 도널드는 모든 가족의 성공과 명성이 자신에게 달려 있다고 생각했다. 그래서 결국 자신에게 '더 많은 것을 받을 자격'을 넘어, '모든 것을 가질 자격'이 있다고 생각하게 된 것이다.

원룸 아파트 창가에 서서 차들이 퀸스버러브리지에 빽빽이 들어서 있는 풍경을 바라보고 있던 어느 날, 도널드로부터 전화가 왔다. 그가 나에게 전화하는 것은 매우 드문 일이었다.

"터프츠 대학 학장이 네가 예전에 쓴 편지를 내게 보냈단다."

"정말요? 왜요?"

나는 그가 하는 말을 곧장 알아듣지 못했다. '예전에 쓴 편지'란 학교를 졸업하기 전, 나를 가르치던 한 교수가 종신 재직 심사를 받을 때 그를 지지하기 위해 썼던 편지를 말하는 것이었다. 벌써 4년 전 이야기이기 때문에 나는 거의 잊어버리다시피 한 일이었다.

"모금 활동 차원에서 터프츠 대학이 얼마나 좋은 학교인지 내게 보여주려고 편지를 보냈더구나."

"죄송해요. 학장님이 무례하셨네요."

"아니야, 아주 멋진 편지였어."

도무지 대화의 주제를 파악할 수가 없었다. 대답할 말을 찾고 있던 내게 도널드가 느닷없이 말했다. "내 다음 책의 저자가 되고 싶지 않니? 출판사에서 새 책을 쓰자고 하는데, 네게 좋은 기회가 될 것 같구나. 아주 재미있을 거야."

"굉장한데요." 내가 말했다. 그리고 정말로 굉장한 일이라 생각했다. 수화기 너머로 비행기 엔진 소리가 들려왔다. 그는 비행기

안에 있는 모양이었다.

"그런데 어디 가는 길이세요?"

"라스베이거스에서 돌아가는 길이야. 내일 로나에게 전화하렴."
로나 그래프Rhona Graff는 트럼프오거니제이션 직원으로, 도널드
의 비서였다.

"그럴게요. 고맙습니다, 삼촌."

내가 썼던 편지를 나중에 다시 읽어보고 나서야 도널드가 왜 나
를 고용하고 싶어 했는지 이해할 수 있었다. 내가 유달리 아름다
운 문장을 구사해서가 아니었다. 내게 타인이 정말 '좋은 사람처
럼 보이도록' 글을 쓰는 재주가 있었기 때문이었다.

며칠 후 트럼프오거니제이션 사무실에 내 책상이 생겼다. 별 특
징 없는 개방된 공간의 천장에는 형광등이 달려 있었고, 벽에는
파일 정리용 철제 캐비닛이 길게 늘어서 있었다. 잡지 커버 속 도
널드를 더욱 빛내주던 화려한 금과 유리 장식의 벽면과는 사뭇 다
른 모습이었다. 그보다는 Z가에 있는 트럼프매니지먼트의 실용적
인 사무실과 더 닮은 구석이 많아 보였다.

첫 주에는 동료들과 친해지며 문서 정리 체계를 익혔다(놀랍게도
내 이름이 적힌 서류철이 하나 있었다. 그 안에는 내가 고등학교 3학년 때 도널드에게 롤링
스톤스The Rolling Stones 콘서트 티켓 두 장을 구해달라고 부탁했던 편지가 들어 있었다. 도
널드는 티켓을 구해주지 못했다). 대부분의 시간을 혼자 일했지만, 질문이
생기면 도널드 밑에서 일하던 부사장 중 하나인 어니 이스트Ernie
East에게 물어 도움을 받았다. 어니 이스트는 아주 좋은 사람이었
다. 그는 내게 도움이 될 만한 유용한 문서들을 알려주고, 직접 찾

아서 내 책상 위에 올려두기도 했다. 문제는 책의 내용이 어떻게 채워질지를 내가 정확히 알지 못했다는 것이었다. 『재기의 기술 The Art of the Comeback』이라는 책 제목을 보고 겨우 유추해낸 개괄적인 주제가 내가 아는 전부였다.

도널드가 과거 출판한 두 권의 책을 읽어보지는 않았지만 책에 대해 조금은 알고 있었다. 『거래의 기술』은 내가 이해한 바로는 도널드를 진지한 부동산 개발자로 묘사하는 책이었다. 이 책의 대필 작가인 토니 슈워츠Tony Schwartz는 마치 도널드가 자신의 사업 철학을 이해하고 고수하는 사람인 것처럼 일관된 내용으로 책을 잘 써냈다(그러나 이후 그는 이 일을 맡은 것을 후회했다).

출간 시기를 잘못 잡았던 두 번째 저서 『정상에서 살아남기』 이후 도널드는 이전 저서에서처럼 다시 진지한 부동산 개발자의 모습을 보이고 싶어 하는 것 같았다. 나는 도널드가 가장 불리한 상황에서 어떻게 심연을 딛고 올라와 이전보다 더욱 눈부신 승리와 성공을 거뒀는지 설명하는 것부터 시작했다. 사실 플라자호텔 때문에 도널드가 네 번째 파산을 앞두고 있던 때였기에 이 서사를 뒷받침할 증거가 많지는 않았지만, 그래도 노력해야 했다.

매일 아침 출근해 내 자리로 가기 전, 나는 도널드와 마주앉아 인터뷰를 나눌 시간이 있기를 바라면서 그의 자리에 들렀다. 그가 그동안 무엇을 했는지, 어떻게 했는지를 이해하는 가장 좋은 방법은 인터뷰라고 생각했기 때문이었다. '그의' 책을 쓰기 위해서는 '그의' 관점이 전적으로 필요했고, 그가 자신의 말로 자신의 이야기를 내게 들려줘야 했다. 그러나 도널드를 만나러 가면 그는 보통 통화 중이었다. 내가 의자에 앉자마자 그는 스피커폰을 켰다. 내가 들은 거의 모든 통화 내용은 사업에 관한 이야기가 아니었다. 전화를 건 사람들은 스피커폰이 켜져 있다는 사실을 모른 채 가십거리에 관해 이야기하거나, 도널드에게 어떤 여자들이나 새로 문을 연 클럽에 대해 어떻게 생각하는지를 물었다. 때로는 도널드에게 부탁하려 전화를 건 사람들도 있었다. 주된 통화 주제는 골프였다. 수화기 너머 상대방이 터무니없는 아첨이나 외설스러운 이야기, 멍청한 소리를 할 때면 도널드는 '멍청하기는'이라고 말하고 싶은 듯 스피커폰을 가리키며 실실 웃었다.

통화 중이지 않을 때면 도널드는 자신의 이야기가 실린 기사 스크랩 파일을 살펴봤다. 스크랩된 모든 기사는 그에 관한 기사이거나 최소한 그의 이름을 언급하는 기사였다. 그는 대부분의 방문객에게 그러하듯 내게도 이 기사들을 보여줬다. 그는 기사 내용에 따라 때로는 할아버지도 즐겨 쓰셨던 플레어 사의 색깔 펜으로 기사 위에 무언가를 적어 기자에게 보내기도 했다. 그러고는 스크랩철을 닫고, 그가 재치 있게 썼다고 느낀 논평에 대해 나는 어떻게 생각하는지를 묻고는 했다. 모두 내가 글을 쓰는 데는 별 도움이 되지 않는 일이었다.

도널드가 나를 고용한 지 몇 주가 지난 뒤에도 나는 급여를 받지 못하고 있었다. 이 이야기를 꺼내자 그는 처음에는 내 말을 이해하지 못하는 척했다. 나는 최소한 컴퓨터와 프린터기를 사기 위해서라도 가불을 받을 필요가 있다는 점을 지적했다. 그때까지도 나는 대학원에 다닐 때 할머니의 도움으로 산 전자 타자기를 쓰고 있었다. 그러나 도널드는 내 급여가 출판사의 소관이라고 생각했다. "랜덤하우스(1925년 설립된 미국 출판사로 2013년 영국 펭귄 그룹과 합병해 현재 명칭은 펭귄랜덤하우스이다 - 옮긴이)와 이야기해보지 그러니?"

당시에는 몰랐지만, 알고 보니 출판사는 도널드가 나를 고용했다는 사실도 모르고 있었다.

어느 날 밤 집에 앉아 지루한 문서 틈에서 흥미로운 자료를 찾아보고 있었을 때 도널드가 들뜬 목소리로 전화를 걸어왔다. "내일 사무실에 오면 로나가 정보를 몇 개 줄 거야. 그동안 책 집필에 필요한 자료들을 준비해왔어. 정말 좋은 내용이란다."

마침내 자료들을 검토해보며 책을 어떻게 구성할지 생각해볼 수 있겠다는 기대감이 들었다. 나는 그때까지도 그가 자신이 재기한 것에 대해 어떻게 생각하는지, 자신의 사업을 어떻게 운영하는지, 심지어 현재 진행되고 있는 사업에서 도널드가 대체 무슨 역할을 하는지조차 모르고 있었다.

다음 날 로나는 도널드가 말한 대로 타자기로 작성된 약 10페이지의 문서를 내게 건넸다. 그러나 그 문서를 다 읽고 난 후에도 나는 도무지 책을 어떻게 구성해야 할지 갈피를 잡을 수 없었다. 이 문서는 도널드가 의식의 흐름에 따라 말한 내용을 글로 옮긴 것이었다. 정확히 말하면, '도널드의 마음을 받아주지 않았다는 이유로 갑자기 세상에서 가장 못생기고 뚱뚱하며 최악의 게으름뱅이 취급을 받게 된 여자들'에 대한 그의 생각을 담은 요약본이었다. 도널드는 마돈나Madonna가 껌을 씹는 방식이 매력적이지 않다고 떠들었고, 월드 챔피언십에 네 번 출전해 금메달을 두 번 목에 걸었던 카타리나 비트Katarina Witt 전 독일 피겨스케이팅 선수의 종아리가 두껍다고 조롱했다. 고작 이 정도가 그 문서에서 가장 눈에 띄는 내용이었다. 나는 그에게 더 이상 인터뷰를 요청하지 않기로 했다.

때로 도널드는 내 어머니 린다의 안부를 묻기도 했다. 4년 전 추수감사절 직전, 이바나와 로버트 삼촌의 아내 블레인이 할머니에게 함께 휴일을 보낼 사람으로 린다와 자신들 중 한쪽만을 택하라는 최후통첩을 전한 이후로 도널드는 그녀를 본 적이 없었다. 이바나와 블레인은 (이혼해 정확히 동서지간이라고는 할 수 없는) 린다가 너무 조용하고 우울한 사람이라 잘 지내기 어렵다고 생각했다. 어머니는 1961년부터 트럼프 가족의 일원이었다. 왜 할머니가 부모님이 이혼한 후에도 휴일마다 어머니를 불렀는지 도무지 이해할 수 없었지만, 어쨌든 어머니는 할머니가 부르면 언제든 함께했다. 25년도 넘는 시간이 지난 후 할머니는 당신의 결정이 나와 오빠에게 어떤 영향을 미칠지 고려하지도 않은 채 이바나와 블레인을 택했다.

"우리가 네 어머니를 계속 지원해준 것이 실수였던 것 같다. 이혼 후 몇 년 뒤에 관계를 완전히 끊어 어머니가 자립하셨다면 상황이 더 나았을 텐데." 도널드가 말했다.

도널드와 할아버지는 누구든 수입이 없을 때는 돈이나 도움을 제공받을 권리가 있다는 사실을 결코 이해하지 못했다. 매우 부유한 가문에서 태어난 장남의 전 부인으로서, 프레드 트럼프와 메리 트럼프 부부의 손주 두 명을 거의 혼자 힘으로 길러낸 내 어머니가 할아버지에게 받은 것은 아무것도 없었다. 도널드에게도 당연히 아무것도 받은 적이 없었다. 그러나 할아버지도, 도널드도 마치 자기들이 내 어머니에게 무언가를 준 것처럼 행동했다.

도널드는 자신이 친절하다고 생각했을 수도 있다. 물론 그의 내면에도 친절함이라는 불씨가 피어올랐던 적이 있었을 것이다. 한 번은 내게 견인된 차를 되찾으라며 흔쾌히 100달러를 건넨 적도 있었다. 아버지가 돌아가신 뒤, 할머니 외에 나를 받아준 유일한 가족 구성원도 도널드였다. 그러나 그가 친절함을 발휘할 기회는 극히 적었고, 할아버지도 도널드가 친절한 모습을 보이는 것을 원하지 않았기 때문에 시간이 지날수록 그는 순수하게 친절한 마음을 제대로 표현하지 못하는 사람이 되었다. 결국 도널드가 아무리 친절한 마음으로 무언가를 베풀어도 다른 사람들은 인지하지도 못하는 지경에 이르렀다. 당시에는 몰랐지만 어머니에 대한 이야기를 나누던 그때에도 도널드는 여전히 은행으로부터 매달 45만 달러의 보조금을 받고 있었다.

어느 날 아침, 나는 도널드의 책상 건너편에 앉아 우리의 마러라고 여행 계획에 대해 함께 이야기를 나누고 있었다(도널드는 내가 팜비치맨션을 직접 보는 것이 책 집필 작업에 도움이 되리라 생각했다). 그때 누군가 그에게 전화를 걸었다. 필립 존슨Philip Johnson이었다. 그와 통화하던 중 도널드의 머리에 갑자기 좋은 생각이 떠오른 것 같았다. 그는 재빨리 스피커폰을 켰다. "필립!" 그가 말을 이어갔다. "내 조카와 이야기 좀 나눠봐. 내 다음 책을 조카가 쓰고 있거든. 타지마할에 대해 자네가 아는 것을 다 이야기해줘."

내 소개를 하자 필립은 내게 다음 주에 코네티컷주에 있는 자신의 집으로 와 책에 관해 이야기하자고 제안했다.

전화를 끊은 도널드가 말했다. "아주 멋질 거야. 필립은 좋은 사람이지. 타지마할의 포르타코셰어Porta-co-share 디자인을 필립한테 맡겼었어. 이전에 어디서도 본 적 없는 엄청난 작품이야."

마러라고 여행 이야기를 마무리한 후 나는 사무실을 떠나 도서관으로 향했다. 필립 존슨이 누군지도 몰랐고, '포르타코셰어'라는 말은 생전 처음이었다.

다음 날 공항으로 가는 리무진 안에서 나는 도널드에게 필립 존슨의 집에서 그를 만나기로 했다고 이야기했다. 도서관에서 찾아보니 필립 존슨은 유명 건축가로, 자신이 직접 디자인한 것으로 유명한 글라스하우스Glass House에서 살고 있었다. 타지마할에서 존슨이 디자인한 작품도 발견했다. 도널드가 '포르타코셰어'라 부른 이것은 알고 보니 '포르트코셰르Porte Cochère'(프랑스 저택 건축에서 건물의 출입구에 마차를 맬 수 있도록 조성된 폭이 넓고 높은 문으로, 오늘날은 차를 대는 간이 차고로 쓰인다 - 옮긴이)였다. 왜 도널드가 존슨을 책 집필 작업에 끌어들이고 싶어 하는지 이해가 됐다. 존슨은 그냥 유명한 사람일 뿐 아니라 도널드가 들어가고 싶어 하는 사회 집단 이곳저곳에 속해 있는 인물이었다. 하지만 그런 존슨이 왜 가치도 없고 별 볼 일 없는 작업인 타지마할 간이 차고 디자인을 맡았는지 이해할 수가 없었다.

차를 탄 지 10분도 지나지 않아 도널드가 《뉴욕포스트》 한 부를 집어 드는 모습을 보며 나는 그가 내게 책에 대한 정보를 알려 줄 의사가 전혀 없다는 것을 깨달았다. 그쯤 되자 단지 출판사의 간섭을 받기 싫어서 나를 고용한 것이 아닌지 의심되기 시작했다. 책의 성공에 큰 역할을 맡는 전문 작가보다는 계약서를 작성하지 않아도 되고, 급여도 아주 적게 줄 수 있는 조카에게 일을 시키는 것이 훨씬 더 편할 테니 말이다. 그러나 앞으로 두 시간 동안이나 그와 함께 비행기에 갇혀 있어야 했기 때문에 나는 그동안 그와 대화를 나눌 수 있기를 바랐다.

활주로에서 대기하고 있던 비행기에 올라 객실에 들어서자 도널드가 팔을 활짝 벌리며 물었다. "어때?"

"멋지네요, 삼촌." 나는 상황에 맞는 대답을 할 줄 아는 사람이었다.

비행기가 순항 고도에 오른 후 안전벨트를 풀었다. 도널드의 경호원 중 한 명이 그의 옆에 다이어트 콜라 한 잔을 놓은 뒤 그에게 큰 편지 꾸러미를 건넸다. 나는 도널드가 편지를 읽는 모습을 지켜봤다. 그는 편지를 한 장씩 집어 봉투를 열어 내용을 확인하고는 편지와 봉투를 바닥에 버렸다. 종이 더미가 바닥에 어느 정도 쌓이면 콜라와 편지를 배달한 같은 경호원이 다시 나타나 종이를 수거한 뒤 걸어가 쓰레기통에 버렸다. 같은 장면이 계속 반복되었다. 나는 더 이상 이 모습을 보지 않기 위해 자리를 옮겼다.

우리를 태운 차가 마러라고 입구에 도착했을 때 직원 한 명이 이미 나와 있었다. 도널드는 집사와 함께 집으로 들어갔고, 나는 사람들에게 나를 소개했다. 58개의 침실과 33개 욕실이 있는 호화

맨션의 모든 세간에는 금박이 입혀져 있었다. 거실의 규모는 약 167제곱미터에 높이는 약 13미터에 달했다. 맨션의 모든 것은 내가 생각한 대로 화려했지만 불편하기 그지없었다.

그날 밤 저녁식사 자리에는 나, 도널드, 말라뿐이었다. 말라와는 이전에 여러 번 만난 적이 있었지만 단둘이 만나 친해질 기회는 없었다. 말라는 친절했고, 도널드도 말라 옆에서는 편안해하는 듯 보였다. 나보다 나이가 단 두 살 위인 말라는 이바나와는 완전히 다른 사람이었다. 성질을 잘 내고 거만하며 앙심을 잘 품는 이바나와 달리, 말라는 현실 감각이 있는 사람이었고 목소리도 나긋나긋했다.

이튿날 아침에는 저택을 탐방하며 시간을 보냈다. 나 외에 다른 손님은 없었기 때문에 집 전체가 공허했고 이상하리만치 조용하게 느껴졌다. 책에 실을 만한 흥미로운 이야깃거리를 찾기 위해 나는 집사와 대화를 나누기도 했고, 저택에서 일하는 다른 사람들과도 시간을 보냈다. 점심을 먹기 전에는 잠시 수영도 했다. 마러라고는 어떤 면에서는 매우 격식 있는 장소였지만 우리 가족이 주로 모이는 장소에 비해서는 훨씬 편하게 느껴졌고, 그래서 나는 수영복에 반바지만 입은 채 점심식사를 위해 테라스로 향했다.

내가 가까이 다가가자 골프복을 입고 있던 도널드가 이전에는 한 번도 나를 본 적 없다는 듯이 위아래로 훑어봤다. "세상에, 메리. 가슴 죽이는데!"

"여보!" 말라가 짐짓 경악한 척하며 도널드의 팔을 찰싹 때렸다.

그때 나는 스물아홉 살이었고 쉽게 부끄러워하는 성격은 아니었지만, 그 말을 듣자 갑자기 수치스러움이 느껴지며 얼굴이 붉어졌다. 빠르게 타월을 어깨 주위에 둘렀다. 부모님과 오빠를 제외하고는 가족 중 내가 수영복을 입은 모습을 본 사람이 없었다는 사실이 갑자기 떠올랐다. 안타깝게도 책에 실을 자료를 조사하기 위해 팜비치에 머무는 동안 발견한 흥미로운 이야기는 이 사건뿐이었다.

뉴욕으로 돌아온 도널드는 내가 늘 자신과 인터뷰를 하고 싶어 하는 것에 지쳐 사람들의 이름이 적힌 목록을 하나 건넸다. "이 사람들과 이야기해보렴." 목록에는 그가 운영하는 카지노 사장들과 메리앤의 남편인 존의 이름도 포함되어 있었다. 물론 이 사람들이 약간의 도움이야 줄 수 있겠지만, 도널드로부터 직접 얻는 정보 없이 책을 쓰는 것은 거의 불가능한 일이었다. 그는 이 점을 절대 이해하지 못하는 것 같았다.

나는 모든 카지노의 사장들을 만났다. 이들은 당연히 틀에 박힌 수준의 모범 답안 같은 이야기만 반복했다. 나는 도널드의 사업이 혼돈과 부진의 절정에 달했을 때 일어난 일을 이들은 결코 이야기하지 않을 것이라는 사실을 깨달았다. 다행히 완전히 헛걸음을 한 것은 아니었다. 카지노를 직접 가본 적은 한 번도 없었기 때문에, 최소한 그곳들이 어떻게 생겼는지는 알게 되었으니 말이다.

그러나 존 배리와의 만남은 애틀랜틱시티 카지노에서의 만남보다 더욱 도움이 되지 않았다.

"어떤 이야기를 들려주실 수 있나요?" 내가 물었을 때 존 배리는 눈알만 굴렸다.

마침내 도널드로부터 편집자가 나를 만나고 싶어 한다는 말을 들었다. 점심식사 약속이 잡힌 뒤 나는 마침내 도널드와 내가 책의 다음 단계에 대해 논의하게 되리라 기대하며 약속 장소인 식당으로 갔다. 미드타운 시내에 있는 고급 레스토랑이었다. 편집자와 나는 주방 근처에 놓인 비좁은 테이블에 앉았다.

짧은 잡담이 오간 뒤 편집자는 더 경험이 많은 작가가 책을 썼으면 좋겠다는 랜덤하우스의 의견을 전했다.

"꽤 오랫동안 집필 작업을 해왔는데요." 내가 말했다. "그리고 작업도 꽤 진전시켰어요. 문제는 삼촌이 저와 앉아서 인터뷰를 하지 않으려 한다는 거예요."

"피아노를 처음 배우는 사람이 곧바로 모차르트 협주곡을 칠 수는 없죠." 편집자는 마치 내가 이제 막 알파벳을 뗐다는 듯 말했다.

"삼촌은 제가 지금까지 한 일이 마음에 든다고 하시던데요." 내가 반박하듯 말했다.

편집자는 방금 내가 한 말이 자신의 주장을 뒷받침한다는 듯 나를 바라보며 말했다. "도널드 씨는 메리 씨가 쓴 것을 한 번도 읽지 않았어요."

다음 날 나는 사무실로 가서 책상을 정리하고 후임자에게 도움이 될 만한 모든 자료를 넘겼다. 화는 나지 않았다. 도널드가 다른 사람을 시켜 나를 해고한 것도 신경 쓰이지 않았다. 사업은 한계에 부딪혀 있었다. 게다가 그의 사무실에서 그만큼 시간을 보낸 뒤에도 나는 도널드가 정확히 무슨 일을 하는지 알 수 없었다.

10장

밤은 예고 없이 찾아오지 않는다

우리는 몇 년 전 내가 이곳 마러라고에서 도널드와 멜라니아와 함께 점심을 먹었던 테이블과 같은 자리에 앉아 있었다. 부활절을 맞아 가족들이 이곳에 모이고 있던 참이었다. 할아버지는 할머니를 돌아보며 미소 띤 얼굴로 나를 가리키며 물었다. "이 아름다운 아가씨는 누구야?"

그러고는 곧 나를 향해 얼굴을 돌렸다. "아름다운 아가씨 아니신가요?"

"고맙습니다, 할아버지." 내가 말했다.

할머니는 속상해하시는 것 같았다. 나는 할머니에게 걱정하지 마시라고 말씀드렸다. 하지만 할아버지는 이미 막내 손주들과 운전기사를 비롯해 수십 년을 함께 지냈는데도 기억하지 못하는 사람이 여럿 있었다. 할아버지는 내게 '아름다운 아가씨'라는 새로운 별명을 붙였고, 돌아가실 때까지 나를 이렇게 불렀다. 할아버지는 부드럽고 친절하게 나를 대했다. 내가 누군지 잊은 할아버지는 아주 다정했다.

"어서요, 아빠." 로버트가 한 걸음 내디뎠지만 할아버지는 움직이지 않았다. 할아버지와 할머니를 위한 축하 행사에 모인 인파를 보는 할아버지의 눈이 공포로 뒤덮였다. 마치 그곳에 있는 사람들이 누구인지, 자신이 그곳에서 무얼 하고 있는지를 갑자기 잊어버린 사람 같았다. 그전까지 내가 보아온 할아버지의 모습은 경멸, 귀찮음, 분노, 즐거움, 자기만족이 전부였다. 공포에 질린 모습은 여태 할아버지가 보여준 적이 없었기에 걱정스러웠다. 할아버지가 불안해하는 모습은 딱 한 번 본 적이 있다. 바로 도널드가 할아버지를 골프장에 데려갔을 때였다. 취미가 골프였던 도널드는 골프장에서 엄청나게 많은 시간을 보냈지만, 취미 따위 필요로 하지 않았던 할아버지는 한 마디 불평도 없이 그 시간을 버텼다. 둘이 골프 코스에서 돌아왔을 때 나도 할아버지 댁에 있었다. 할아버지는 거의 알아보기 힘들 정도로 다른 사람 같았다. 도널드와 할아버지는 둘 다 골프복을 입고 있었는데, 할아버지는 하늘색 바지에 흰색 카디건을 입고 카디건 색에 맞춰 흰색 신발을 신고 있었다. 할아버지가 정장이 아닌 다른 옷을 입은 모습을 본 것도 그때가 처음이었다. 나는 할아버지가 그렇게 불편해하며 타인의 시선을 신경 쓰는 모습은 본 적이 없었다.

얼마 지나지 않아 할아버지는 계속해서 물건을 제자리에 두지 못하고 단어나 대화 주제를 잊어버리며 익숙한 얼굴들도 기억에서 지웠다. 할아버지에게 얼마나 가치 있는 사람인지를 알려면 할아버지가 얼마나 오래 자신을 기억하는지 확인하면 되었다. 할아버지가 내 아버지를 기억했는지는 모르겠다. 아버지가 세상을 떠난 뒤 몇 년 동안 그에 대해 이야기하는 것을 들어본 적이 없기 때문이다.

메리앤 고모는 임상심리학자였던 아들 데이비드에게 할아버지가 검진을 받고 신경 검사를 받을 때마다 곁을 지키라고 일러두었다. 할아버지가 데이비드에 대한 기억을 잃지 않도록 혼신의 힘을 기울인 것이다. 그러나 얼마 지나지 않아 할아버지는 데이비드를 그저 '의사 선생님'이라 부르기 시작했다.

메리앤 고모, 할아버지와 함께 마러라고 수영장 옆에 섰을 때 할아버지가 나를 가리키며 고모에게 물었다. "이 아가씨 아름답지 않니?" 할아버지가 내게 처음으로 이 별명을 붙인 지 1년 정도가 지났을 때였다.

"네, 아빠." 고모가 피곤한 듯한 미소를 지으며 말했다.

할아버지는 고모를 빤히 바라보더니 뒤늦게 생각났다는 듯 물었다. "누구시죠?"

누군가에게 뺨이라도 맞은 듯 고모의 눈가에 눈물이 고였다. "아빠." 메리앤이 부드럽게 말했다. "메리앤이에요."

"그래요, 메리앤." 할아버지가 미소 지었다. 하지만 메리앤의 이름은 이제 할아버지에게 아무런 의미도 없었다(그런 할아버지도 '도널드'만큼은 결코 잊지 않았다).

트럼프캐슬(할아버지가 315만 달러 어치의 칩을 구매해 구제한 그곳이다)의 사장직을 의심스럽게 내려놓은 로버트 삼촌은 1991년에 입원하신 할아버지의 빈자리를 채우고자 트럼프매니지먼트에 들어간 이후 회사에 계속 남아 있었다. 로버트에게는 좋은 일자리였다. 매년 수백만 달러를 벌 수 있었을 뿐만 아니라, 단지 할아버지의 살아 있는 자식 중 한 명이라는 이유만으로 특별한 기술이나 노력이 없이도 매년 50만 달러를 추가로 받았다. 원래는 할아버지와 도널드가 이 일을 맡기 위해 훈련을 받았지만 둘은 각기 다른 이유로 일을 맡지 못했다. 할아버지도 매일 사무실에 출근해 퇴근 시간까지 책상에 앉아 있었지만, 회사의 명목상 책임자이자 실질적인 관리자는 로버트였다. 따박따박 돈이 나오는 이 일자리를 로버트는 '황금알을 낳는 거위'라 불렀다.

그날은 할아버지에게 일수가 사나운 날이었다. 할아버지가 층계를 따라 가족들이 모여 있는 서재로 내려왔다. 할아버지의 턱수염과 눈썹은 새로 염색되어 있었고, 가발은 머리 위에 비뚤게 얹혀 있었다. 그러나 스리피스 정장만은 흠잡을 데 없이 완벽하게 입고 있었다.

염색하고 가발을 쓰는 일은 할아버지가 최근 시작한 변화였다. 언제나 당신의 외모를 뽐내던 할아버지는 머리카락이 벗겨지는 것을 한탄했다. 가발을 쓴 할아버지의 머리는 살짝 덥수룩해 보였다. 가발에 대해서는 아무도 별 이야기를 하지 않았지만, 염색은 가족들에게 엄청난 충격을 안겼다. 특히 공공장소에 갈 일이 있을 때는 더욱 그랬다. 할아버지는 약국에서 사온 싸구려 염색약을 머리와 턱수염, 눈썹에 바른 채 너무 오랜 시간을 방치하고는 했다. 그럴 때면 할아버지의 턱수염과 눈썹은 이상한 다홍색이 되었다. 할아버지가 염색 결과물을 뽐내며 서재에 들어오자 할머니가 말했다. "어머나 세상에, 프레드."

"맙소사, 아버지!" 도널드가 할아버지에게 소리쳤다.

"젠장 할." 로버트는 낮은 목소리로 욕지거리를 내뱉었다.

메리앤이 할아버지의 팔을 만지며 말했다. "아버지, 다시는 이렇게 염색하시면 안 돼요."

내가 서재에 들어갔을 때 할아버지는 안락의자 옆에 서 있었다.

"안녕." 할아버지가 말했다.

"안녕하세요, 할아버지. 잘 지내시죠?"

할아버지는 나를 쳐다보더니 지갑을 꺼냈다. 할아버지의 지갑은 너무 두꺼워서 주머니에 들어가는 게 신기할 정도였다. 할아버지는 지갑 속에 반쯤 벗은 여자의 사진을 넣고 다녔다. 내게 열두 살 때 그랬던 것처럼 할아버지가 다시 그 사진을 보여줄까 걱정이 되었다.

"이것 좀 보렴." 당시 할아버지가 지갑에서 사진을 꺼내며 내게 말했다. 나이가 많아봤자 열여덟 살은 넘지 않았을 법한 여자가 짙은 화장을 한 채 카메라를 향해 순진한 미소를 짓고 있었다. 여자는 드러난 가슴을 손으로 받치고 있었다. 도널드는 할아버지의 어깨너머로 사진을 쳐다보고 있었다. 나는 뭐라고 말해야 할지를 몰라 조언을 구하듯 할아버지를 바라봤다. 할아버지는 그저 사진을 힐끔거릴 뿐이었다. "어떻게 생각하니?" 할아버지가 낄낄거리며 웃었다. 할아버지의 웃음소리를 그때껏 제대로 들어본 적이 없었다. 아마 할아버지는 한 번도 웃은 적이 없었을 것이다. 할아버지가 즐거움을 표현하는 방식은 "하!" 하고 말하며 비웃음을 짓는 게 전부였다.

이날은 할아버지가 지갑에서 사진이 아닌 100달러짜리 지폐 한 장을 꺼내며 물었다. "머리카락 나한테 팔래?" 어렸을 때 할아버지는 나를 볼 때마다 이 질문을 꺼냈다. 나는 웃었다. "죄송해요, 할아버지. 저도 머리카락이 필요해서요."

한 손에 작은 상자를 들고 엘리자베스 고모가 다가왔다. 고모는 할아버지의 팔꿈치에 한 팔을 감으며 그에게 기댔다. 할아버지는 멍하니 앞을 바라보더니 팔을 떼어내고 서재를 나갔다.

이윽고 도널드가 자신의 아이들과 로버트의 의붓아들을 데리고 서재에 들어왔다. 에릭을 뺀 나머지 아이들은 모두 아직 어렸다. 키가 크고 통통한 남자아이들은 정장을 입고 있었다. 도널드가 텔레비전 옆에 놓인 의자에 앉자 이방카가 도널드의 무릎 위로 올라갔다. 남자아이들은 레슬링을 시작했다. 도널드는 의자에 앉아 이방카에게 뽀뽀를 하거나 볼을 꼬집으며 아이들이 레슬링 하는 모습을 지켜봤다. 이따금 그는 발을 내밀어 바닥에 깔린 아이를 찼다. 아이들이 더 어렸을 때는 도널드도 이들과 함께 레슬링을 했다. 주로 도널드가 아이들을 들어 올려 땅에 던지고, 아이들이 "삼촌!"이라며 부르짖을 때까지 무릎으로 아이들을 짓누르는 식이었다. 아이들이 자신에게 본격적으로 맞서 싸울 수 있을 만큼 자라자 도널드는 더 이상 이들과 레슬링을 하지 않았다.

엘리자베스 고모와 내가 최대한 조용한 곳에 다다랐을 때 고모는 내게 상자를 건네며 말했다. "이거 네 거야."

우리 가족이 선물을 주고받을 때는 크리스마스 외에는 없었다. 궁금했던 나는 고모에게 상자를 받아들고는 바로 열어봤다. 그 안에는 스테인리스강 재질의 작고 평범한 시계 알에 올리브 녹색의 시곗줄을 단 타이멕스 빈티지 시계가 들어 있었다.

"누군가 네게 크리스마스 선물로 줬던 거야." 고모가 말했다. "그때 네가 열 살밖에 되지 않아서 어린 나이에 그렇게 좋은 것을 가져서는 안 된다고 생각했지. 그래서 내가 갖고 있었단다." 고모는 할아버지를 찾으러 방을 나갔다.

도널드와 로버트가 함께 아침식사실로 들어왔다. 이 둘은 서로 어깨를 꼭 붙인 채 고개를 아래로 떨구고 있었다. 근처에 서 있던 할아버지가 이들의 말소리를 듣기 위해 거의 발끝으로 선 채 몸을 앞으로 기울였다.

할아버지가 말했다. "도널드, 도널드." 도널드가 대답하지 않자 할아버지는 도널드의 옷소매를 잡아당겼다.

"왜요, 아버지?" 도널드가 뒤돌아보지 않은 채 말했다.

"이것 좀 봐라." 할아버지가 말하며 잡지에서 찢은 종이 한 장을 보여줬다. 할아버지가 이미 갖고 있던 리무진과 비슷하게 생긴 리무진 광고였다.

"이게 뭐 어쨌다고요?"

"나 이거 사 줄래?"

도널드가 종이를 받아 로버트에게 건넸다. 로버트는 종이를 반으로 접어 테이블 위에 놓았다.

"그럼요, 아버지." 로버트가 말했다. 도널드는 아침식사실을 나갔다. 과거에는 얼마나 강한 유대를 나눴는지 몰라도, 이제 할아버지의 남은 아들들은 자신의 아버지가 무슨 생각을 하는지 관심을 기울이는 척조차 하지 않았다. 아버지를 위해 일했던 도널드는 할아버지의 정신이 흐려진 게 마치 자신의 잘못이라고 생각하는지 그를 애써 무시하는 모습을 보였다. 할아버지도 알코올 중독증을 겪었던 장남을 무시했기에 도널드의 태도는 놀라운 일도 아니었다. 하지만 도널드가 공공연하게 무시를 드러내는 모습은 눈에 거슬리는 일이었다. 내가 아는 한 도널드는 할아버지가 가장 좋아하는 자식을 넘어 할아버지가 유일하게 좋아하는 자식이었다. 할아버지가 잔인한 분이라는 사실은 알고 있었지만, 그 잔인한 모습은 대부분 아버지에게만 보여줬다고 생각했다. 부끄러운 일이지만 나는 아버지에게도 그러한 취급을 받게 된 책임이 있을 수 있다고 생각했다. 오래전 할머니가 아프셨을 때 고모와 삼촌들이 얼마나 외롭고 두려운 생활을 했는지 나는 잘 몰랐다. 할머니가 집에 계시지 않았을 때나 도널드가 이런 종류의 무시와 방치에 특히 민감했던 시기에, 할아버지가 자식들을 전혀 돌보지 않았다는 사실도 몰랐다. 내 아버지가 진정으로 성공하겠다는 욕망을 가지고 대담하게 세상 밖으로 나갔을 때 할아버지는 아버지를 지지하거나 도와주지 않았다. 도널드가 성장해 자신에게 도움이 되는 날이 올 때까지 도널드만 지원했다.

1994년 나는 어퍼이스트사이드의 아파트에서 가든시티로 이사했다. 가든시티는 롱아일랜드에 있는 작은 도시로, 할아버지 댁에서 차로 15분 거리밖에 되지 않았다. 나는 할머니의 증손주, 즉 오빠의 딸과 아들을 보여드리러 할머니를 차에 태우고는 운전하곤 했다. 우리가 탄 차는 할아버지가 몇 년 전 할머니의 생신 때 선물로 사준 빨간색 롤스로이스였다. 호두나무로 만든 크고 헐거운 핸들을 앞에 두고 시야가 높은 운전석에 앉으면 말 그대로 지구의 둥근 선이 한눈에 보이는 것 같았다. 약 45분간의 여정을 달리며 할머니와 즐겁게 대화를 나누던 때도 있었지만, 할머니는 시간이 갈수록 점점 더 우울해지고 말수도 적어졌다. 그런 날에는 여행이 끝나지 않을 것만 같은 느낌이 들었다. 어떨 때는 빵을 굽지 않아도 할머니에게서 진한 바닐라 향이 났다. 할머니는 내가 보고 있지 않을 때 뭔가를 지갑에서 몰래 꺼내 입에 집어넣은 적도 있었다.

우리는 주로 서재에서 대화를 나눴다. 나는 자주 할머니를 보러 갔기에 매일 메리앤 고모가 할머니의 상태를 전화로 확인할 때도 할머니의 곁에 있을 때가 많았다. 할머니는 고모와 전화를 할 때면 수화기 한쪽을 막고는 내게 "메리앤이다" 하며 알려주었고, 다시 딸에게 "여기 누가 있게? 메리가 왔단다"라고 말하고는 했다.

할머니는 이 말을 하고는 잠시 말을 멈췄다. 고모가 "메리에게 안부 전해주세요"라고 말하기를 기대하셨던 것 같다. 하지만 고모는 한 번도 내게 인사말을 전한 적이 없었다.

때로는 동네 식당에 밥을 먹으러 가기도 했다. 슬라이폭스인은 할머니가 가장 좋아하는 점심식사 장소 중 하나였다. 할머니가 강도를 당하셨던 주차장이 있는 식료품점 바로 건너편에 있는 소박한 바였다. 우리는 아버지에 대해서는 거의 이야기하지 않았다. 그런데 하루는 할머니가 옛 생각에 잠긴 듯 보였다. 할머니는 아버지가 친구 빌리 드레이크와 어떤 말썽을 부리고 다녔는지, 아버지가 할머니를 얼마나 잘 웃게 만들었는지를 추억했다. 웨이터가 접시를 치우러 오자 할머니는 다시 조용해졌다. 웨이터가 계산서를 가져다줄지 물었을 때 할머니는 아무 대답도 하지 않았다. 그래서 내가 고개를 끄덕였다.

"메리, 네 아버지는 아주 아팠단다."

"알아요, 할머니." 할머니가 아버지의 음주 문제를 말하는 것이라 짐작하며 내가 말했다.

"어떻게 해야 할지 몰랐어."

"할머니, 괜찮아요." 나는 할머니가 울 거라고 예상하며 헛되이 말을 이었다.

"마지막 몇 주 동안은" 할머니가 숨을 크게 들이켰다. "침대에서 일어나지도 못했어."

"제가 집에 들른 날……." 내가 묻기 시작했다. 그맘때쯤 웨이터가 계산서를 가져왔다. "아버지가 의사를 보러 가지 않았나요? 제

말은, 그렇게 아팠다면서요." 내가 물었다.

"네가 자기를 보러 왔었다는 말을 듣고 그 애는 너무 슬퍼했어." 할머니 입에서 다른 말이 나오기를 기다렸지만, 할머니는 지갑을 열었다. 점심식사 값은 늘 할머니가 계산했다. 나는 말 없이 할머니를 집에 데려다드렸다.

1987년, 나는 독일에서 대학교 2학년을 보냈다. 나와 전혀 관련이 없는 나라였지만 어쩌면 할아버지가 좋아하실지도 모른다고 생각했다. 독일은 할아버지의 부모님이 태어난 나라였기 때문이다(할아버지는 내가 독일에 간 것을 좋아하지 않았다). 크리스마스 방학 때 미국으로 돌아갈 예정이었기에 할아버지, 할머니와 함께 머물러도 될지를 묻기로 했다. 나는 동전 몇 개를 손에 쥐고 기숙사 복도에 있는 공중전화 부스에서 할아버지 댁으로 전화를 걸었다.

"안녕하세요, 할아버지. 메리예요." 할아버지가 전화를 받자 내가 말했다.

"그래." 할아버지가 대답했다.

나는 전화를 건 이유를 설명했다.

"네 엄마랑 같이 있지 그러냐?" 할아버지가 물었다.

"고양이 알레르기가 있어서 천식 발작이 일어날까 봐 걱정돼서요."

"그럼 엄마보고 고양이를 갖다 버리라고 해라."

할아버지가 나를 '아름다운 아가씨'라 부르는 때가 훨씬 더 나았다.

나는 할아버지와 함께 사는 일이 할머니에게 얼마나 어려운 일이 되었는지를 직접 목격했다. 할아버지의 이상한 행동은 할머니의 수표책을 숨기는 등 사소한 일에서 시작되었다. 할머니가 할아버지에게 맞서면 할아버지는 할머니가 자신을 파산시키려 한다고 비난했다. 할머니가 할아버지를 논리적으로 설득하려 하면 할아버지는 격분한 모습을 보이며 할머니를 충격에 빠뜨리고 불안에 떨게 했다. 할아버지는 끊임없이 돈 걱정을 했고, 자신의 재산이 조금씩 사라지고 있다며 두려워했다. 할아버지는 인생에서 단 하루도 가난했던 적이 없는데도 가난에 집착하게 되었다. 가난해질지도 모른다는 생각에 사로잡혀 스스로를 고문하게 된 것이다.

할아버지는 다시 잠잠해졌지만, 할머니를 곤란하게 하는 일은 계속됐다. 저녁에 일을 마치고 퇴근한 할아버지는 위층으로 올라가 옷을 갈아입은 후 아래층으로 다시 내려왔다. 문제는 할아버지가 상의는 새 셔츠와 넥타이를 걸쳤지만 바지는 입지 않은 채 속옷과 양말, 신발만 신고 내려오는 경우가 잦았다는 것이다. "다들 잘 있나? 잘 있다고? 그래. 잘 자, 여보." 할아버지는 이렇게 말하고는 다시 위층으로 올라갔다. 하지만 몇 분 뒤 다시 아래층으로 내려왔다.

어느 날 밤, 할머니와 내가 서재에 앉아 있을 때 할아버지가 다가와 물었다. "이봐 여보, 저녁은 뭐 먹나?"

할머니의 대답을 들은 후 할아버지는 서재를 나갔다. 몇 분 뒤 할아버지는 다시 돌아와 물었다. "저녁은 뭐 먹나?" 할머니가 또 대답했다. 할아버지가 서재를 나갔다 들어오기를 열 번, 열두 번,

열다섯 번을 반복했다. 한 번 대답할 때마다 인내심이 닳는 것을 느끼며 할머니는 매번 할아버지에게 대답했다. "구운 소고기에 감자요."

마침내 할머니는 할아버지에게 호되게 말했다. "여보, 제발 그만 좀 해요! 이미 말했잖아요!"

"알았어, 알았어, 여보." 할아버지는 불안한 듯 웃으며 두 손을 들어 보이고는 발끝으로 껑충 뛰어올랐다. "아, 이제 말 안 할게." 마치 대화가 막 끝났다는 듯 멜빵 아래로 엄지손가락을 넣으며 할아버지가 말했다. 할아버지는 늘 똑같이 멜빵 아래로 엄지손가락을 넣었지만 눈빛의 총기는 점점 둔하고 온순해져 갔다.

그렇게 대화를 마치고 방을 나갔다가도 할아버지는 몇 분 뒤 다시 돌아와 물었다. "저녁은 뭐 먹나?"

할머니는 나를 서재와 가까운 현관으로 끌고 갔다. 시멘트로 된 정사각형 모양의 매력 없는 현관은 몇십 년 전 가족들이 바비큐를 하던 곳이었다. 오랫동안 이곳을 쓴 적이 없었기에 나는 현관이 있었다는 사실조차 종종 잊고는 했다.

"메리, 내가 장담하는데 네 할아버지 때문에 돌아버리겠어." 할머니가 말했다. 오랫동안 존재가 잊힌 채 밖에 버려져 있던 의자에는 잔가지와 낙엽이 어지러이 뒤덮여 있었다. 우리는 서 있어야 했다.

"도움을 받으셔야 할 것 같아요." 내가 말했다. "다른 사람이랑 이야기해 보세요."

"그이를 떠날 수가 없어." 할머니는 금방이라도 울 것 같은 모습이었다.

"다시 '집'에 갈 수 있다면 좋을 텐데." 한 번은 할머니가 아쉬운 듯 이렇게 말한 적이 있었다. 나는 할머니가 왜 스코틀랜드로 다시 갈 수 없었는지 이해하지 못했다. 할머니는 이기적으로 보일 수 있는 행동은 결코 하지 않았다.

할머니와 할아버지는 마러라고에 있을 때를 제외하고는 주말이면 차를 타고 다른 자녀들의 시골 별장에 방문하고는 했다. 로버트 삼촌의 별장은 뉴욕 밀브룩에, 엘리자베스 고모의 별장은 사우스햄튼에, 메리앤 고모의 별장은 뉴저지 스파르타에 있었다. 할머니와 할아버지는 자녀들 집에서 하룻밤 묵을 계획을 했기에, 할머니는 할아버지가 아닌 다른 사람들을 만나며 조용하고 편안한 주말을 보내기를 고대했다. 그런데 목적지에 도착하자마자 할아버지는 집에 가고 싶다고 했다. 할아버지가 계속 졸랐기 때문에 할머니는 포기하고 다시 차에 올라 집으로 돌아가야 했다. 주말 동안, 아니 하루만이라도 외출하는 것은 할머니가 하우스에서 벗어나 다른 가족들과 어울릴 유일한 기회였다. 하지만 결국 주말 외출마저도 또 다른 형태의 고문이 되고 말았다. 그러나 우리 가족들이 하는 여러 무의미한 일들과 마찬가지로 할머니와 할아버지는 매주 같은 일을 반복했다.

할머니는 다시 병원에 입원하셨다. 입원하신 이유는 기억이 나지 않는다. 아무튼 퇴원 후 할머니에게는 재활원 입소와 물리치료사 방문 치료 중 하나를 선택할 여지가 주어졌다. 할머니는 재활원에 가기로 결정했다.

"집에 돌아가지 않을 수 있다면 뭐든 좋아." 할머니가 내게 말했다.

재활원으로 가는 편이 더 나았다. 강도 사건 이후 할머니는 서재에 설치된 병원용 침대에서 몇 주를 보내야 했다. 고관절 수술후 아주 잘 회복한 할아버지는 마땅한 위로의 말을 할 줄 몰랐다.

"다 좋아. 그렇지, 여보?" 할아버지가 말했다.

1998년, 우리는 처음으로 트럼프타워에 있는 도널드의 아파트에서 아버지의 날을 기념해 모였다. 할아버지가 사람이 많은 곳에 가는 것이 어려워졌기 때문에 옛날처럼 브루클린의 피터루거스테이크하우스에는 갈 수 없었다. 매년 두 번, 아버지의 날과 할아버지의 생신 때마다 피터루거에 가는 것이 우리 가족의 전통이었다.

피터루거는 참으로 이상하고 값비싼 레스토랑이었다. 이곳의서비스는 형편없었을 뿐 아니라 추가 요금도 있었고, 결제는 현금이나 수표가 아니면 피터루거 충전 카드로만 가능했다(할아버지는 이카드를 갖고 있었다). 메뉴의 종류도 적었다. 주문을 하든 안 하든 상관없이 큰 접시에 얇게 썬 토마토와 흰 양파가 가득 담겨 나왔고, 작은 세라믹 접시에 해시브라운과 시금치 크림도 함께 나왔다. 작은 세라믹 접시에 담긴 음식에는 보통 아무도 손을 대지 않았다.소 옆구리 살은 쟁반에 담겨 나왔는데, 쟁반은 플라스틱으로 만든작은 소들로 꾸며져 있었다. 소들의 모습은 '음메' 하고 울고 있는 빨간색 소부터 금방이라도 테이블 위로 기어 올라올 것 같은 핑크색 소까지 각양각색이었다. 작은 소들은 빨간색 아니면 핑크색이었다. 가족들 대부분은 170밀리리터 크기의 병으로 제공되는 콜라를 주문했다. 이곳의 서비스는 믿기 어려울 정도로 끔찍했기 때문에 저녁식사가 끝나면 우리 테이블에는 소고기 잔해와 열두어 개의 콜라 병, 우리 가족들이 한 번도 먹어본 적 없는 음식들이 가득 담긴 접시가 어수선하게 놓여 있었다.

식사는 할아버지가 소뼈에 남은 골수를 다 빨아먹을 때까지 끝나지 않았다. 식사하는 동안 할아버지의 턱수염은 그야말로 장관이었다.

대학교 재학 시절부터 고기를 먹지 않은 내게 피터루거에서의 식사는 도전 과제였다. 한번은 연어를 주문했는데 이는 실수였다. 테이블의 절반을 차지한 연어 요리에서는 스테이크 전문점에서 요리한 연어에서 날 법한 냄새가 났다. 결국 그날 내가 먹은 것은 콜라, 감자 조금, 아이스버그 양상추 샐러드가 전부였다.

피터루거의 불친절한 웨이터들이 그립지는 않았다. 다만 도널드의 집에 적어도 내가 먹을 수 있는 음식이 있기를 바랄 뿐이었다.

나는 도널드의 펜트하우스에 홀로 일찍 가지 말았어야 했다. 도널드는 서류상으로 말라와 여전히 부부였지만 말라는 이미 오랜 기억 속의 인물이 된 뒤였다. 말라를 대체한 도널드의 새 여자친구는 당시 스물여덟 살이던 슬로베니아 출신의 모델 멜라니아 Melania였다. 나는 멜라니아를 한 번도 본 적이 없었다. 도널드와 멜라니아는 넓지만 용도를 잘 모르겠는 현관 쪽 불편해 보이는 안락의자에 앉아 있었다. 사방에 대리석, 금박, 거울 벽, 흰색 벽, 벽화가 있었다. 도널드가 대체 무슨 수를 쓴 것인지는 모르겠지만 그의 집은 할아버지의 집보다 더 차갑게 보였고 집처럼 느껴지지도 않았다.

멜라니아는 나보다 다섯 살이 어렸다. 그는 발목을 교차시킨 채 도널드의 옆에 비스듬히 앉아 있었다. 멜라니아의 피부는 충격적일 정도로 부드러웠다. 로버트 삼촌과 그의 아내 블레인이 멜라니아를 처음 봤을 때, 삼촌은 멜라니아가 식사하는 내내 거의 한마디도 하지 않았다고 말했다.

"영어를 잘 못해서 그런 것일 수도 있죠." 내가 말했다.

"아니야." 그가 비웃었다. "자기 주제를 알았던 거지." 멜라니아가 듣기에 사람들의 대화가 흥미롭지 않았던 것이 분명했다.

내가 앉자마자 도널드는 『재기의 기술』을 쓰기 위해 나를 고용했던 이야기를 멜라니아에게 들려주었다. 그러더니 내가 '절망의 위기 직전에 빠져나온' 이야기를 자기 마음대로 지어내기 시작했다. 그는 자신과 내가 재기했다는 공통점을 갖고 있다고 생각했다. 우리 둘 다 바닥을 찍었다가 어떻게든 정상에 올랐거나(자신의 경우), 그저 제자리로 돌아온(나의 경우) 사람들이라는 것이다.

"너 대학교 중퇴했었지, 맞지?"

"네, 삼촌. 중퇴했었어요."

그날 처음 본 사람에게 나를 소개하는 데 다분한 의도가 담긴 방식이었다. 내가 중퇴를 했다는 사실까지 도널드가 안다는 것이 놀라웠다.

"얘가 한동안은 정말 안 좋은 시기를 보냈어. 마약에도 손대기 시작했지."

"와." 내가 두 손을 들며 탄식을 뱉었다.

"정말이에요?" 멜라니아가 갑자기 관심을 갖고 물었다.

"아니에요, 아니에요, 아니에요. 평생 마약을 한 적은 한 번도 없어요."

도널드는 나를 쳐다보며 웃었다. 그는 극적인 효과를 위해 이야기를 부풀리고 있었고, 그 사실을 내가 안다는 것도 알고 있었다. "얘 완전 엉망이었어." 그가 더 활짝 웃으며 말했다.

도널드는 재기에 성공한 이야기를 좋아했는데, 더 깊은 구렁텅이에 빠질수록 더 성공적으로 재기한 느낌을 준다는 걸 그는 잘 알고 있었다. 이는 그가 경험으로 직접 체득한 바이기도 하다. 내가 대학교를 중퇴한 이야기와 자신의 책 집필 작가로 고용된 이야기를 합침으로써(동시에 허구의 마약 중독 이야기를 더하면서) 그는 이야기를 더 재미있게 꾸며냈고 자신이 마치 나의 구세주였던 것마냥 상황을 지어냈다. 물론 내가 대학교를 중퇴한 시기와 도널드에게 고용된 시기 사이에는 복학하고 졸업해서 석사 학위를 받기까지의 시간이 있었다. 그리고 이 모든 기간을 통틀어 마약은 전혀 하지 않았다. 그러나 도널드는 자신과 함께 일구지 않은 내 이야기는 강조할 필요도 없다고 생각했다. 그가 하는 이야기는 당사자뿐 아니라 자기 자신에게도 이익이 되어야 했다. 초인종이 울렸을 때 그는 이미 자신이 만들어낸 이야기를 믿고 있었다. 우리 셋은 자리에서 일어나 새로 도착한 손님을 맞았고, 나는 그때까지 멜라니아가 딱 한 마디만 했다는 것을 깨달았다.

1999년 6월 11일, 오빠가 내게 전화해 할아버지가 병상을 롱아일랜드의 유대인 의료원으로 옮겼다는 소식을 전했다. 최근 몇 년간 할머니와 할아버지가 머물던 병원이었다. 오빠는 이제 마음의 준비를 해야 할 것 같다고 했다.

집에서 10분 정도 운전해 병원에 도착했다. 병실은 이미 사람들로 가득 차 있었다. 할머니는 침대 옆 의자에 앉아 있었다. 병실에 있는 유일한 의자였다. 엘리자베스 고모는 할아버지의 손을 잡고 할머니 옆에 서 있었다.

사람들에게 인사한 후 나는 로버트 삼촌의 아내 블레인이 있던 창가 가까이에 섰다. "런던에서 찰스 왕세자를 만날 예정이었는데." 블레인이 내게 말하고 있다는 것을 깨달았다. 드문 일이었다.

"아." 내가 말했다.

"왕세자의 폴로 경기 관람을 초대받았거든. 런던 일정을 취소해야 한다니 믿을 수가 없어." 몹시 화가 난 블레인은 목소리를 낮추는 척도 안 했다.

내 상황을 이야기해 블레인의 입을 다물게 만들 수도 있었다. 나는 일주일 내로 마우이 해변에서 결혼식을 올릴 예정이었다. 가족 중 이 소식을 아는 사람은 아무도 없었다. 가족들은 내 사생활에 놀라울 정도로 전혀 관심이 없었다(나는 가족 모임 중 이성 파트너를 데려가야 할 때마다 남자인 친구들에게 부탁하고는 했다). 남자친구가 있는지, 연애 중인지 묻는 사람은 아무도 없었다.

몇 년 전 할머니와 나는 다이애나 비의 장례식을 두고 이야기를 나눈 적이 있었다. 할머니는 이렇게 열변을 토했다. "엘튼 존 같은 쬐그만 게이 새끼가 장례식에서 노래를 부르게 하다니 부끄러운 일이야." 내가 여자와 약혼해 함께 살고 있다는 사실을 할머니가 모르는 편이 났다는 걸 깨달았다.

할아버지의 상태가 심각한 것을 보며 기분이 너무나 좋지 않았다. 몇 달간 여러 가지 어려운 문제를 극복하며 계획한 우리의 비밀 결혼식을 연기해야 한다는 소식을 약혼녀에게 전해야 했기 때문이다.

병실에 있던 모든 사람이 갑자기 대화를 중단한 것처럼 침묵이 방 안을 뒤덮었다. 그 순간 우리는 할아버지의 고르지 않은 호흡 소리만 들을 수 있었다. 할아버지는 불규칙하고 불안정하게 숨을 들이마신 뒤 걱정스러울 정도로 오랫동안 숨을 멈추고 있다가 다시 숨을 내뱉었다.

11장

트럼프 가족의 유일한 가치

할아버지는 1999년 6월 25일 세상을 떠났다. 이튿날《뉴욕타임스》에 「전후 중산층 주택 건설을 주도한 건축 전문가 프레드 트럼프, 93세를 일기로 작고」라는 제목의 부고가 실렸다. 부고를 작성한 기자는 '자수성가한 인물'인 프레드를 '유명세를 떨치는 아들 도널드'와 비교했다. 공사 현장에 떨어져 있던 못을 주워 다음날 목수에게 건네줬다는 일화는 할아버지의 출생 정보보다 더 앞에 소개되었다.《뉴욕타임스》는 도널드가 할아버지로부터 '적은 금액만을 지원받아' 스스로 사업을 성공시켰다며 트럼프 가문의 자수성가 혈통을 소개했다. 20년 후《뉴욕타임스》는 자신들의 손으로 쓴 이 기사를 직접 부인하게 된다.

우리는 각자《뉴욕타임스》를 한 부씩 들고 서재에 앉았다. 로버트 삼촌의 형(도널드)과 누나들은 그가 약 2억 5000~3억 달러 되는 할아버지의 재산 규모를 《뉴욕타임스》에 발설한 것을 두고 크게 비난하고 있었다. "언론에 숫자를 절대로 발설하지 마, 절대로." 로버트 삼촌이 마치 멍청한 아이라도 되는 것처럼 메리앤 고모는 설교했다. 삼촌은 부끄러운 듯 서서 할아버지가 자주 그랬던 것처럼 손가락 관절을 꺾으며 발을 까딱거렸다. 앞으로 연이어 날아올 세금 고지서를 상상하는 듯했다. 사실 기사에 소개된 추정 가치는 실제 가치보다 터무니없이 낮았다. 결국 우리는 트럼프 제국의 재산 규모가 사실은 그 추정치보다는 네 배 더 크다는 사실을 알게 되었다. 그러나 메리앤 고모와 도널드 삼촌은 실제 재산 규모를 절대 인정하지 않았다.

할아버지의 장례는 맨해튼 어퍼이스트사이드에 있는 프랭크 E. 캠벨 장례식장에서 치러졌다. 뉴욕을 통틀어 최고급 개인 장례 서비스를 제공하는 곳이었다. 우리는 장례식장 위층 매디슨 룸에 서서 길게 줄을 선 조문객들과 악수하며 미소를 지었다.

장례식에 참석한 조문객 수는 800명이 넘었다. 그중에는 부동산 개발업자인 샘 레프락Sam LeFrak과 조지 파타키George Pataki 뉴욕 주지사, 알 다마토Al D'Amato 전 상원의원, 훗날 텔레비전 리얼리티쇼 「셀러브리티 어프렌티스」에 참가한 희극인 조안 리버스Joan Rivers처럼 할아버지에게 존경을 표하러 온 사람들도 있었다. 그러나 나머지는 대부분 도널드를 한 번 보려고 온 사람들이었다.

장례식 마지막 날, 마블컬리지엣 교회에는 발 디딜 틈이 없었다. 처음부터 끝까지 참석한 사람 모두 맡은 역할을 다했다. 모든 것이 완벽하게 연출되었다. 엘리자베스 고모는 할아버지가 '가장 좋아한 시'를 낭송했고, 나머지 자녀들은 추도 연설을 했다. 오빠는 아버지를 대신해 추도 연설을 했고, 메리엔 고모의 아들 데이비드는 손주들을 대표해 추도 연설을 했다. 대부분 할아버지에 관한 이야기로 추도 연설을 하기는 했지만, 그를 인간적으로 묘사한 사람은 내 오빠뿐이었다. 추도 연설의 내용 대부분은 간접적이면서도 직접적이었는데 주로 할아버지의 물질적 성공과 '킬러' 본능, 절약 정신을 강조했다. 도널드는 준비된 대본을 그대로 읽지 않은 유일한 사람이었다. 그의 추도 연설은 자화자찬하는 내용으로 바뀌어 듣는 사람을 민망하게 했다. 메리엔 고모는 너무도 부끄러웠던 나머지 추후 자신의 장례식에서는 그 어떤 동생들에게도 추도 연설을 맡기지 말라며 아들에게 당부했다.

당시 뉴욕 시장이던 루돌프 줄리아니Rudolph Giuliani도 추도 연설을 했다.

장례식이 끝난 후, 다 자란 손주 여섯 명(도널드 삼촌의 딸 티파니는 아직 너무 어렸다)이 함께 상여꾼 역할을 맡아 영구차로 관을 옮겼다. 할아버지는 손주들에게 큰 관심을 보이지 않으셨지만 그런 할아버지의 관을 들어 옮기는 이들은 할아버지의 덕을 보게 될 손주들이었다. 다른 사람의 노력에 대한 공로를 가로챈다는 점에서, 이는 트럼프 가족의 면모를 잘 드러내는 장면 같기도 했다.

운구를 위해 5번가에서 45번가까지 미드타운 터널로 이어지는 16개가 넘는 블록에 통행이 금지되었다. 우리는 경찰의 호송을 받으며 차를 타고 쉽게 도시 밖으로 나갈 수 있었다. 그 덕분에 미들빌리지 근처에 있는 올페이스 묘지까지 빠르게 도착하였고, 이곳에서 매장이 진행되었다.

묘지에서 도시로 돌아오는 길도 오래 걸리지는 않았지만, 도시를 빠져나갈 때보다는 화려함이 덜했다. 우리는 도널드의 집에서 다 함께 점심식사를 했다. 그런 후에 나는 할머니를 댁으로 모셔다드렸다. 우리 둘은 서재 의자에 앉아 잠시 이야기를 나눴다. 할머니는 피곤해 하시면서도 한편으로는 후련해 보였다. 오늘은 긴 하루였다. 아니, 최근 몇 년은 참으로 기나긴 시간이었다.

위층에서 잠든 입주 가정부를 제외하면 집에 남은 사람은 우리 둘뿐이었다. 계획대로라면 나는 신혼여행을 즐기고 있어야 했다. 하지만 나는 할머니가 잠자리에 들 준비를 마칠 때까지 그와 함께 머물렀다. 할머니는 이제 자야겠다고 말씀하셨다. 나는 하우스에 남아 할머니 곁에 더 있어 드릴지, 아니면 떠나기 전에 해야 할 일이라도 있을지 물어보았다.

"아니야, 얘야. 괜찮아."

나는 몸을 굽혀 할머니 뺨에 입을 맞췄다. 할머니에게서는 바닐라 향이 났다. "할머니가 세상에서 제일 좋아요." 내가 말했다. 사실은 아니었지만, 할머니를 사랑하기 때문에 그렇게 말했다. 63년간 함께 지낸 남편을 방금 땅에 묻고 온 할머니 곁에는 같이 있어 줄 사람이 아무도 없었다.

"좋아, 그래야지." 할머니가 말했다.

나는 적막에 휩싸인 크고 텅 빈 집에 할머니를 홀로 두고 나왔다.

할아버지 장례식을 마치고 2주가 흘렀을 무렵, DHL 트럭이 우리 집 앞에 멈췄다. 할아버지의 유언장이 담긴 노란색 봉투가 배달된 것이다. 나는 행여 잘못 이해한 게 있을까 확인하기 위해 유언장을 두 번이나 읽었다. 오빠에게 새로운 소식이 있으면 바로 전화하겠다고 약속했지만 망설여졌다. 오빠와 새언니의 셋째 아이 윌리엄William은 할아버지의 장례식이 있고 몇 시간 뒤에 태어났다. 출생 24시간 만에 윌리엄은 발작을 일으켜 신생아 중환자실에 입원했다. 다른 두 아이도 아직 어렸으니 오빠는 일을 해야 했다. 이들 부부가 어떻게 이 모든 일을 해내고 있는지 놀라울 따름이었다.

나쁜 소식을 추가로 보태고 싶지는 않았지만 오빠도 알 것은 알아야 했다. 나는 오빠에게 전화를 했다.

"그래, 뭐라고 쓰여 있어?" 오빠가 물었다.

"아무것도." 내가 말했다. "우리는 아무것도 못 받아."

며칠 뒤 로버트 삼촌에게서 전화가 왔다. 내가 기억하기로 그의 전화를 받았던 적은 할머니가 입원하셨을 때가 유일했다. 그는 아무 일도 없는 사람처럼 행동했다. 그러고는 내가 유언장에 서명을 하면 모든 게 완벽해질 거라고 암시했다. 유언장 공증 절차에 들어가려면 반드시 내 서명이 있어야 했다.

할아버지가 우리 남매의 상속권을 박탈한 것은 사실이었다. 다시 말해 할아버지는 당신의 재산 중 아버지의 몫으로 돌아갈 20퍼센트를 나와 오빠에게 주지 않고, 자신의 살아 있는 네 자녀에게 동등한 비율로 나눠주기로 한 것이다. 우리의 이름은 할아버지가 손주들을 위해 별도로 분리해둔 유증 목록에 포함되어 있었다. 손주들에게 남겨진 유증 금액은 고모와 삼촌들이 물려받는 재산의 0.1퍼센트에 불과했다. 이는 유산 총액 대비 대단히 적은 액수이기는 하나, 삼촌은 우리 남매가 자산 분배를 막을 힘을 갖게 된다는 사실에 크게 분노했다.

며칠이 지나도 유언장에 서명하고 싶지 않았다. 폭넓고도 간결하게 잔인한 내용을 담고 있는 이 유언장은 우리 부모님의 이혼 합의서와 크게 닮아 있었다.

한동안 로버트 삼촌은 내게 매일 전화했다. 메리앤 고모와 도널드 삼촌은 그를 중간 연락책으로 썼다. 도널드 삼촌은 귀찮은 일을 맡고 싶지 않아 했고, 메리앤 고모는 식도암 판정을 받아 예후가 좋지 않은 남편 존을 돌봐야 했다.

"빨리 끝내 버리자, 귀염둥이 조카야." 마치 이 말을 들으면 내가 유언장의 내용을 잊어버리기라도 하는 듯 로버트 삼촌은 같은 말만 되풀이했다. 하지만 오빠와 나는 삼촌이 얼마나 같은 말을 반복하든지 간에 우리 앞에 놓인 선택지를 파악하기 전에는 그 어떤 문서에도 서명하지 않기로 약속했다.

결국 로버트 삼촌은 인내심을 잃었다. 모든 수혜자의 서명 없이는 유언장 공증 절차가 진행될 수 없었기 때문이다. 오빠와 내가 모든 절차 진행에 제동을 건 셈이었다. 우리가 당분간 서명할 생각이 없다는 사실을 로버트에게 알리자, 그는 셋이 함께 만나 이 사안을 논의하자고 했다.

첫 회동에서 우리는 할아버지가 이런 유언장을 쓰게 된 이유를 설명해 달라고 했다. 삼촌은 이렇게 답했다. "얘들아, 할아버지는 너희에게 전혀 신경을 쓰지 않으셨어. 너희들뿐 아니라 모든 손주에게도 신경을 쓰지 않으셨다고."

"아버지가 돌아가셨기 때문에 우리는 더 나쁜 대접을 받고 있어요." 내가 말했다.

"아니, 전혀 그렇지 않아."

다른 사촌들은 자신의 부모님이 할아버지에게서 물려받은 재산의 혜택을 입을 수 있다는 점을 지적하자 로버트가 말했다. "걔들도 언제든지 의절 당할 수 있어. 도널드 형의 아들 도니도 군대에 입대하겠다고 했나, 아무튼 비슷한 개소리를 해서 형이랑 형수님이 호적에서 파버리겠다고 했다니까."

"우리 아빠는 아무런 호사도 못 누렸어요." 내가 말했다.

이 말을 들은 로버트는 자세를 고쳐 앉았다. 할 말을 다시 생각해보는 듯했다. "간단한 얘기야." 그가 입을 뗐다. "너희 할아버지 생각에는 죽은 사람은 죽은 사람인 거야. 살아 있는 자식에게만 신경을 쓰신 거지."

나는 할아버지가 로버트 삼촌에게도 관심을 기울인 적이 없다는 점을 지적하고 싶었다. 하지만 오빠가 먼저 끼어들었다. "삼촌, 이건 말 그대로 불공평해요."

1999년 7월부터 9월 사이 우리 셋이 얼마나 많이 만났는지는 기억조차 할 수 없다. 그해 9월에는 내가 미뤄뒀던 결혼식을 올리고 신혼여행을 떠나느라 만나지 않았다.

우리가 만나 논의를 시작한 초반에 로버트 삼촌과 나, 그리고 오빠는 이 이야기를 할머니에게는 비밀로 하는 데 합의했다. 나는 할아버지가 유언장에 그토록 우리 남매를 불공평하게 대우한 내용을 남겼다는 걸 할머니는 모르고 있을 거라고 생각했다. 또 할머니를 속상하게 하고 싶지도 않았다. 모든 일을 할머니가 모르는 채 해결해 그 이후로도 할머니가 전혀 이 사안에 대해 알지 못하기를 바랐다. 나는 뉴욕에 없을 때 매일 할머니에게 전화했고, 뉴욕에 돌아오면 할머니 댁을 방문했다. 그러면서 이른바 우리의 '협상'을 이어 갔다. 사실 우리의 대화는 늘 지루한 내용의 반복이었다. 오빠와 내가 뭐라고 하든 삼촌은 이미 짜놓은 진부한 답변만 내놓았다. 상황은 진척되지 않았다.

나는 로버트에게 미들랜드 어소시에이트에 관해 물었다. 세금을 피하고 자녀들에게 혜택을 주기 위해 할아버지가 수십 년 전 설립했던 경영회사였다. 이 회사는 (서니사이드타워와 하이랜더 아파트를 포함한) 7개의 건물을 소유하고 있었다. 우리 가족은 이 회사를 '작은 제국'이라 부르고는 했다. 이 회사에 대해 내가 아는 바는 극히 적었다. 신탁을 관리하는 그 어떤 사람도 이 회사가 무슨 일을 하는지, 이 회사에서 돈이 어떻게 나오는지 내게 설명해주지 않았다. 그러나 어쨌든 나는 몇 달에 한 번씩 이곳으로부터 수표를 받았다. 우리 남매는 할아버지의 죽음이 이에 어떤 영향을 미치게 되는지 알고 싶었다.

우리는 재산의 일정 금액이나 일정 비율을 달라고 요구하는 게 아니었다. 우리는 그저 현재 우리가 보유한 자산이 미래에도 안전할지, 그리고 우리 가족이 보유한 엄청난 부를 고려해 가족들이 할아버지의 유산을 확실하게 처리해줄지만을 알고 싶었다. 유언 집행자이자 유일한 수혜자들인 메리앤·엘리자베스 고모, 도널드·로버트 삼촌은 유산 문제를 다룰 수 있는 운신의 폭이 넓었다. 하지만 그럼에도 불구하고 로버트 삼촌은 계속해서 모호한 태도를 보였다.

우리의 마지막 만남은 56번가와 파크애비뉴에 있는 드레이크 호텔 바에서 이루어졌다. 로버트는 우리가 타협할 의사가 없다는 것을 깨달았다. 그전까지는 우리에게 불쾌한 이야기를 하면서도 "자, 얘들아. 나는 그저 말을 전하는 사람일 뿐이야"라는 식의 상냥한 태도를 유지했는데, 마지막으로 만난 날에는 삼촌이 할아버지가 우리 어머니를 싫어했으며 당신의 돈이 어머니의 수중에 들어갈까 봐 걱정했다는 이야기를 다시 한번 들려주었다.

웃기는 이야기였다. 25년이 넘도록 어머니는 트럼프 가족이 보낸 편지에 명시된 규칙을 그대로 따르면서 살았다. 어머니는 퀸스 자메이카에 있는 낡고 유지보수도 안 되는 아파트에 살았다. 어머니의 이혼 수당과 양육비는 거의 동결 수준이었지만 어머니는 한 번도 돈을 더 달라고 요구하지 않았다.

결국 할아버지는 우리와 의절할 수 있어서 의절한 것뿐이었다. 최소한 재정적으로라도 우리를 보호해줄 임무를 지닌 사람들은 신탁 관리자인 메리앤 고모와 도널드 삼촌, 로버트 삼촌과 할아버지의 변호사 어윈 더벤이었지만, 이들은 우리를 보호하는 일에 관심이 없는 게 분명했다. 특히 자신들의 비용을 들여 우리를 보호할 생각은 전혀 없었다.

로버트는 몸을 앞으로 기울이면서 갑자기 심각하게 말했다. "잘 들어. 너희가 유언장에 서명을 하지 않고 우리를 고소할 거라면, 우리는 미들랜드 어소시에이트를 파산시켜 버릴 거야. 그러면 너희는 낼 필요가 없는 세금을 평생 꾸역꾸역 내면서 살게 되겠지."

더 이상 할 말은 없었다. 오빠와 내가 항복하거나 그들과 맞서 싸우거나 결말은 둘 중 하나였다. 어느 쪽도 좋은 선택은 아니었다.

우리는 최후의 동맹군으로 느껴지던 어윈과 상의하러 갔다. 그는 할아버지가 우리에게 너무도 불공평한 내용의 유언장을 남겼다며 화를 냈다. 미들랜드 어소시에이트와 트럼프 가족의 다른 재산에 얽힌 우리 몫을 물었을 때 로버트 삼촌이 보인 반응을 이야기하자 어윈은 이렇게 말했다. "쇼어헤이븐과 비치헤이븐의 그라운드 리스Ground Lease(한국의 지상권과 유사한 권리, 일정 기간 건축물에 대한 권리만 있고 땅에 대한 권리는 없는 부동산 매각 방법 - 옮긴이) 수익에서 두 분이 보유한 몫만 따져도 값을 매길 수 없을 정도예요. 가족들이 여러분에게 아무것도 주지 않으려 한다면 고소를 해야 합니다."

두 건물에 내 몫이 있었다는 사실과 그라운드 리스가 무엇인지는 전혀 몰라도, '값을 매길 수 없을 정도'라는 것이 무슨 말인지는 알았다. 또한 나는 어윈을 믿었다. 우리는 어윈의 제안에 따라 결정을 내렸다.

그로부터 수개월이 흘렀다. 윌리엄은 여전히 병원에 있었고, 오빠 부부의 삶은 벅찼다. 나는 오빠에게 내가 일을 처리하겠다고 말하며 그날 오후 로버트에게 전화를 걸었다.

"우리를 위해 해주실 수 있는 게 있나요, 삼촌?"

"먼저 유언장에 서명을 하렴. 그다음에 이야기하자."

"정말요?"

"너희 아버지는 돌아가셨어."

"아버지가 돌아가셨다는 건 알아요. 하지만 우리는 살아 있어요." 나는 이런 대화를 나누는 일에 진절머리가 났다.

삼촌은 잠시 말을 멈추다가 곧 대화를 이어 나갔다. "메리앤 누나, 도널드 형, 그리고 나는 그저 아버지의 유언을 따르고 있을 뿐이야. 할아버지는 너나 네 오빠, 특히 네 엄마가 한 푼이라도 받는 걸 원치 않으셨어."

나는 심호흡을 했다. "이런 식으로는 끝이 안 나겠네요." 내가 말했다. "오빠하고 저는 변호사를 선임할 거예요."

마치 스위치가 탁 눌린 사람처럼 삼촌이 소리쳤다. "뭔 짓거리를 하든 네 마음대로 해라!" 그는 수화기를 쾅 하고 내려놓으며 전화를 끊었다.

다음 날 집에 돌아와 보니 할머니가 자동응답기에 메시지를 남겨 놓았다. "메리, 할머니다." 아주 간결한 인사였다. 할머니가 내게 이렇게 싸늘하게 말한 적은 한 번도 없었다.

나는 곧바로 할머니에게 전화를 걸었다.

"로버트 삼촌이 말하기를 너와 네 오빠가 할아버지 재산의 20퍼센트를 차지하려 소송을 걸 거라고 하더구나."

나는 눈앞이 깜깜해지는 것을 느끼며 잠시 아무 말도 하지 못했다. 로버트가 우리의 합의를 깨고 할머니에게 우리가 무엇을 하려는지 자기 해석대로 전한 게 틀림없었다. 그러나 나를 더 당황하게 한 것은 할아버지의 재산에서 아버지가 물려받아야 할 몫을 요구한 우리의 행동이 마치 잘못되고 꼴사납다는 듯 말하는 할머니의 태도였다. 나는 혼란에 빠졌다. 의리는 무엇인지, 사랑은 무엇인지, 의리와 사랑의 경계는 무엇인지 모든 것이 혼란스러웠다. 나는 내가 가족의 일원이라고 생각했다. 전부 틀린 생각이었다.

"할머니, 저희는 아무것도 요구 안 해요. 로버트 삼촌이 뭐라고 말씀드렸는지는 모르겠지만 아무도 고소 안 할 거예요."

"그러는 게 좋을 거다."

"저희는 그냥 이 문제를 해결하려는 거예요. 그게 다예요."

"너희 아버지의 죽음이 어느 정도 가치가 있었는지 아니?" 할머니가 계속 말했다.

"하나도 없었다."

잠시 아무런 소리도 나지 않더니 이윽고 딸깍 하는 소리가 들렸다. 할머니가 내 전화를 끊은 것이다.

12장

가족의 와해

나는 수화기를 손에 든 채 어찌할 바를 모르고 멍하니 있었다. 모든 것이 바뀐 순간이었다. 이전까지의 모든 것도, 이후의 모든 것도 전부 다 바뀌었다. 너무나 크나큰 일이었기 때문에 한 번에 받아들일 수 없었다. 나는 오빠에게 전화를 걸었다. 오빠 목소리를 듣는 순간 눈물이 터졌다.

오빠는 할머니에게 다시 전화를 걸어 우리가 진정 원하는 것이 무엇인지 설명하려 했다. 하지만 둘의 대화는 내가 할머니와 나눈 이야기와 거의 비슷했다. 그래도 할머니가 오빠에게 가한 마지막 일침은 내용이 약간 달랐다. "너희 아버지는 두 손에 하나씩 들고 비빌 동전 두 닢도 없이 죽었어." 우리 가족에게 중요한 것은 돈뿐이었다.

돈이 유일하게 통용되는 통화가 되면 가치를 측정하는 유일한 수단도 돈이 되어버리고 만다. 아버지처럼 돈을 벌지 못하는 사람은 심지어 친아들일지라도 가치 없는 사람 취급을 받는다. 나아가 돈 한 푼 없이 죽은 사람의 자식들은 집안의 그 어떤 재산도 물려받을 수 없는 사람 취급을 받는다.

할아버지는 당신이 원하셨다면 자신의 권리에 따라 유언장 내용을 수정할 수 있었다. 고모와 삼촌들의 권리는 할아버지가 편지에 남긴 대로 유산을 상속받는 것이었다. 원래대로라면 그들 중 누구도 할아버지의 재산 중 내 아버지가 가질 수 있는 몫만큼의 재산을 가질 사람은 없다. 또한 타고난 팔자가 아니었다면 그들 중 누구라도 억만장자가 될 수는 없었을 것이다. 검사와 연방법원 판사 중에는 메리앤 고모처럼 팜비치에 2000만 달러짜리 별장을 살 여유가 있는 사람은 없다. 행정 보조원 중에서도 엘리자베스 고모처럼 사우스햄튼에 주말 별장을 보유한 사람은 없다(냉정하게 말하자면 메리앤과 엘리자베스 고모는 내 아버지를 제외한 형제자매 중 가족 사업에 참여하지 않은 유일한 사람들이었다). 그런데도 고모와 삼촌들은 할아버지가 쌓은 재산 한 푼 한 푼을 자신들이 번 것처럼 행세했다. 스스로 생각하는 자신의 가치와 돈이 너무나 밀접하게 맞닿아 있었기 때문에 이들은 절대로 돈을 포기할 수 없었다.

어원의 조언에 따라 우리는 나소카운티에서 최대 규모를 자랑하는 로펌 패럴프리츠Farrell Fritz의 파트너 잭 바노스키Jack Barnosky와 접촉했다. 거만하고 자기만족에 빠진 인물이었던 잭은 우리를 고객으로 받아들였다. 잭은 할아버지가 1990년 작성한 유언장을 뒤엎는다는 전략을 세웠다. 유언장에 서명을 할 때 프레드 트럼프는 정신이 온전치 않았으며, 자녀들로부터 과도한 영향을 받았다는 사실을 증명하겠다는 것이었다.

유언 집행자들을 만난 지 일주일도 채 안 됐을 때 잭은 루 라우리노Lou Laurino로부터 편지를 한 통 받았다. 그는 할아버지의 유산을 대표하는 매우 공격적이고 강단 있는 변호사였다. 편지에는 우리가 태어났을 때부터 지금까지 트럼프매니지먼트가 우리에게 제공한 의료보험을 철회하겠다는 내용이 담겨 있었다. 트럼프 가족의 모든 구성원은 이 의료보험의 보장을 받았다. 오빠는 이 의료보험에 의존해 아들의 엄청난 의료비를 감당하고 있었다. 윌리엄이 아프기 시작했을 때 로버트 삼촌은 오빠에게 의료비와 관련된 모든 것을 처리해주겠다고 약속했다. 오빠는 그저 트럼프매니지먼트로 의료비 청구서만 보내면 될 뿐이었다.

의료보험을 철회한다는 것은 메리앤 고모의 아이디어였다. 하지만 의료보험을 철회한다고 해서 고모와 삼촌들에게 이익이 있는 것은 전혀 아니었다. 그저 우리에게 더 큰 고통과 절망을 안기려는 속셈이었다. 당시 윌리엄은 퇴원한 상태였지만 여전히 발작을 일으켰고, 때로는 발작이 심각한 심장마비로 이어져 심폐소생술을 제때 받지 못하면 죽을 수도 있는 상황이 여러 번 찾아왔다. 윌리엄은 계속해서 24시간 간호를 받아야 하는 상태였다.

가족 모두가 의료보험을 철회한다는 사실을 알았지만 이에 반대한 사람은 아무도 없었다. 할머니도 마찬가지였다. 중병을 앓는 증손자가 평생 고가의 치료를 받으며 살 수도 있다는 사실을 아시면서도 말이다.

오빠와 나는 윌리엄의 의료보험 회복을 요구하는 또 다른 소송을 시작하는 수밖에 없었다. 소송을 제기하기 위해서는 윌리엄의 치료를 담당하는 의사들과 간호사들의 진술서와 증언이 필요했다. 준비 과정에는 많은 시간이 들었고 스트레스도 컸다. 이 모든 것은 법정에서 증언하기 위한 과정이었다.

의료보험 철회 결정을 변호한 라우리노는 우리에게 보험이 영원히 유효할 것이라고 기대할 권리는 없다고 주장했다. 보험은 할아버지의 마음에서 우러나와 선의로 제공된 선물이라는 얘기였다. 라우리노는 윌리엄의 상태가 그렇게 위중하지 않다고 평가절하하며, 24시간 윌리엄을 돌봐주면서 몇 번이나 그의 목숨을 살린 간호사들을 그저 비싼 유모 취급했다. 또한 아들에게 또 다른 발작이 올까 걱정된다면 오빠 부부가 직접 심폐소생술을 배우면 된다고도 말했다.

우리가 준비한 진술 자료들은 전혀 도움이 되지 않았다. 잭은 터무니없이 형편없는 교섭 담당자였다. 그는 소송과 관련된 내용을 더 알아보지도 않고 삼천포로 빠졌다. 오빠와 내가 긴 질문 목록을 준비해 갔지만 답변도 거의 해주지 않았다. 마지막으로 만났을 때보다 훨씬 더 우리와 거리를 두던 로버트 삼촌은 할아버지가 어머니를 싫어했다는 점을 또다시 언급하며 우리에게 상속권을 박탈한 이유를 정당화했다. 메리앤 고모는 화가 난 채 나와 오빠가 손주 노릇을 제대로 하지 않았다고 주장했다. 나는 내가 할머니 댁에 있었을 때 메리앤 고모에게서 전화가 온 모든 나날이 기억났다. 고모가 왜 단 한 번도 할머니를 통해 내게 안부를 묻지 않았는지 그제야 이해가 됐다. 고모는 우리 남매가 할머니와 전혀 시간을 보내지 않았기 때문에 할아버지가 크게 화를 내고는 했다고 주장했다. 지난 10년간의 상황을 완전히 무시한 주장이었다. 알고 보니 할아버지는 오빠가 넥타이를 매지 않는다는 것도 싫어했고, 십 대 시절 내가 헐렁한 스웨터와 청바지를 입고 다니는 것도 싫어했었다. 도널드는 자신의 증언 차례가 되자 이 모든 사실에 '알지 못했다', 또는 '기억이 나지 않는다'고 일관했다. 비난이나 조사를 피할 때 그가 여러 번 썼던 오리발 작전이었다. 세 사람은 모두 선서 증언을 하며 할아버지가 돌아가시기 직전까지 '날카롭고 총명했다'고 주장했다.

고소 기간 동안 엘리자베스 고모는 우리 가족이 아는 친구 한 명을 만났다. 이 사람은 나중에 오빠에게 엘리자베스 고모와 나눈 이야기를 전해줬다. "프리츠와 메리가 뭘 하고 있는지 알아?" 엘리자베스가 친구에게 물으며 말을 이었다. "걔들은 돈에만 관심이 있어."

물론 유언장의 내용은 돈에 관한 것이었다. 그러나 모든 것이 돈으로 통하는 우리 가족 안에서 유언장의 내용은 곧 사랑을 뜻했다. 나는 엘리자베스 고모도 이를 알고 있었을 거라고 생각한다. 그에게는 아무런 힘도 없었다. 당시 상황에 대한 고모의 의견은 나와 오빠를 제외한 그 누구에게도 중요하지 않았을 것이다. 하지만 엘리자베스 고모마저 다른 고모와 삼촌들이 시키는 대로 움직이는 모습은 우리에게 상처가 되었다. 우리 편을 들어주는 사람이 아무런 힘도 없이 침묵만 지킨다고 해도, 우리 편이 아무도 없는 것보다는 나았을 것이다.

약 2년이 지나자 고소에 드는 비용은 점점 늘어가는데 합의에는 별다른 진전이 없었다. 우리는 가족을 법정에 세울지 말지 결정해야 했다. 윌리엄의 병세는 여전히 심각했고, 재판을 계속하는 것은 아들에게 모든 힘과 관심을 쏟기에도 벅찬 오빠가 감당할 수 없는 일이었다. 마지못해 우리는 합의하기로 결정했다.

그러나 메리앤과 도널드, 로버트는 우리가 아버지로부터 물려받은 몫, 즉 미들랜드 어소시에이트에서 우리가 가진 몫과 '값을 매길 수 없는' 그라운드 리스의 수익마저 모두 포기하라고 강요했다.

고모와 삼촌들은 잭 바노스키에게 자산 감정서를 보냈다. 양측의 대표자인 잭과 루 라우리노는 진위가 의심되는 숫자를 기반으로 합의 금액을 도출했다. 잭은 우리에게 재판에 가지 않는 한 이것이 우리가 기대할 수 있는 최선의 결과라고 했다. "저 사람들이 거짓말을 하고 있다는 건 우리도 알고 있어요." 그가 말했다. "하지만 그걸 입증할 근거가 없어요. '고모가 그랬다', '삼촌이 그랬다' 이런 말뿐이니까요. 게다가 여러분의 할아버지가 물려준 유산의 실제 가치는 3000만 달러밖에 되지 않아요." 세간에 알려진 유산의 규모는 로버트 삼촌이 1999년 《뉴욕타임스》에 유출한 금액의 10퍼센트, 실제 유산 가치의 25퍼센트밖에 되지 않았다.

할아버지는 내 아버지 프레디가 도널드와 같은 도구, 같은 이점, 같은 기회를 갖고 있었다고 굳게 믿었다. 장남인 프레디가 이 모든 걸 버린 것은 아버지인 자신의 잘못은 아니라고 믿었다. 이 논리대로라면 아버지는 우리에게도 '끔찍한 부양자'였기 때문에 오빠와 나는 그런 아버지가 살아 있는 동안 신탁 기금을 낭비하지 않은 걸 다행으로 여겨야 했다. 이후 프레디의 아들, 딸로서 우리 남매가 겪은 일들은 '프레드 트럼프'라는 이름과는 전혀 상관이 없었다. 살아생전에 할아버지는 우리에게 '모든 책임'을 다 했으며, 더 이상 우리 남매는 할아버지와 고모, 삼촌들에게 더 많은 것을 요청할 권리가 없었다.

할머니는 소송이 진행 중일 때 잠시 병을 앓다가 2000년 8월 7일 88세를 일기로 돌아가셨다는 소식을 들었다. 할머니가 돌아가신 롱아일랜드 유대인 의료원은 할아버지가 임종을 맞은 곳과 같은 병원이었다.

할머니가 편찮으시다는 걸 알았다면 나는 할머니를 찾아뵈려 했을 것이다. 그러나 할머니는 나를 보고 싶어 하지 않으셨다. 그리고 이는 우리가 아주 쉽게 서로를 놓아버릴 수 있다는 사실을 증명했다. 할머니와의 마지막 전화 통화 이후 우리는 한 번도 대화를 나누지 않았다. 로버트와 도널드 삼촌, 메리앤과 엘리자베스 고모와도 다시는 말을 섞지 않았다. 나는 이들에게 연락해볼 생각조차 하지 않았다.

오빠와 나는 할머니의 장례식에 참석하기로 했다. 환영받지 못하는 손님이라는 걸 알았기에 우리는 마블컬리지엣 교회 뒤 남는 방에 서서 도널드의 경호원들과 함께 폐쇄회로 TV로 장례식을 지켜봤다.

추도 연설에서 언급된 내용보다 언급되지 않은 내용이 더욱 내 관심을 끌었다. 추도 연설은 대개 할아버지와 할머니가 천국에서 재회할 것이라는 내용으로 가득했다. 그러나 이들의 장남이자 27년도 더 전에 세상을 떠난 프레디의 이름은 단 한 번도 언급되지 않았다. 할머니의 부고를 알리는 기사에서도 내 아버지의 이름은 빠져 있었다.

할머니가 돌아가시고 몇 주 뒤 할머니의 유언장 사본을 우편으로 받았다. 할아버지의 유언장과 같은 내용을 담고 있었지만 단 한 가지 차이점이 있었다. 유증을 상속받는 손주들의 목록에서 오빠와 내 이름이 삭제되어 있었다. 내 아버지 프레디와 프레디의 모든 계보는 이제 트럼프 가족에게서 완전히 지워졌다.

4부

최악의 투자

TOO MUCH AND NEVER ENOUGH

13장

정치적인 것은 개인적인 것이다

십 년쯤 흘렀을까. 2009년 10월 이방카와 제러드 쿠쉬너Jared Kushner의 결혼식에서 가족들을 다시 만났다. 트럼프오거니제이션은 항상 그랬듯이 묵직한 종이에 인쇄한 초대장을 보내왔다. 어째서 내가 초대를 받았는지 의문이 들었다.

롱 아일랜드에 있는 집에서 리무진을 타고 뉴저지 베드민스터로 향했다. 하우스와 소름이 돋을 정도로 똑같이 생긴 도널드의 골프장 클럽하우스에 도착했을 때, 뭘 기대해야 하는지 확신이 들지 않았다. 안내원은 검은 숄을 나눠주었는데, 어깨에 숄을 덮으니 존재감이 덜 드러나는 것 같았다.

야외 예식은 하얀 천막 아래에서 열렸다. 금박이 새겨진 카펫 양옆으로 도금한 의자들이 줄지어 있었다. 흰 장미로 장식한 유대인 전통 후파Chuppah(비단이나 공단, 또는 벨벳으로 만든 천막을 장식하여 네 개의 기둥으로 받친 유대인의 결혼식 천막 – 옮긴이)는 내 집만 했다. 도널드는 어색하게 야물커(유대인 남자들이 정수리 부분에 쓰는 작고 동글납작한 모자)를 쓰고 있었다. 신랑·신부의 인사가 시작되기 전, 3년 전 감옥에서 풀려난 제러드의 아버지 찰스Charles가 자리에서 일어났다. 그러고는 제러드와 이방카가 처음 만났을 때의 일화를 소개했다. 솔직히 그는 처음부터 이방카를 며느릿감으로 생각하지는 않았다고 말했다. 하지만 유대교로 개종하기 위해 열심히 노력을 쏟고 마침내 개종하는 것을 보며 비로소 이방카를 가문의 일원으로 받아들이게 됐다고 덧붙였다. 매형을 꼬드기려고 창녀를 부르고, 그 둘의 불법적인 만남을 비디오로 찍어서 그 비디오를 아들 약혼 파티에 있던 누나에게 보낸 사람치고는 주제넘은 발언이었다(트럼프의 사돈 찰스는 불법 선거 운동 혐의로 벌금 50만 달러를 선고받았다. 당시 그의 매형이 연방 수사 기관에 협조하고 있었는데, 그런 매형에게 보복하려고 비디오를 찍었다 – 옮긴이). 나는 예식이 끝나고 오빠, 올케언니와 함께 클럽하우스로 들어갔다.

복도를 걸어가다 로버트 삼촌과 마주쳤다. 삼촌과 마지막으로 말을 섞은 건 1999년, 오빠와 내가 할아버지의 유언에 이의를 제기하기 위해 변호사를 고용했다는 소식을 듣고 전화를 끊었을 때였다. 로버트에게 다가갔을 때 그의 미소 짓는 얼굴을 보고 내심 놀랐다. 힐을 신은 나보다 훨씬 키가 컸던 로버트는 손을 내밀며 몸을 숙였다. 트럼프가의 전형적이고 가식적인 인사법에 따라 악수를 하고 볼에 뽀뽀했다.

"귀염둥이! 잘 지내?" 로버트가 밝게 말했다. "이쯤이면 마음이 풀렸을 거라고 생각했지." 대답을 채 하기도 전에 로버트가 말을 이어 나갔다. 발끝으로 폴짝폴짝 뛰면서 주먹으로 손바닥을 쳤다. 할아버지의 제스처를 따라 한 건데 별로 비슷하지는 않았다.

"그거 반가운 소리네요."

몇 분 동안은 즐겁게 이야기를 나눴다. 이야기가 끝나자 나는 칵테일 연회장으로 올라갔다. 정확하게 기억은 안 나지만 도널드는 시장 또는 주지사와 이야기를 나누고 있었다.

"삼촌, 안녕하세요." 도널드를 향해 걸어가면서 인사를 건넸다.

"메리! 얼굴이 좋아 보이는구나." 도널드는 내 손을 잡으며 볼에 뽀뽀했다.

"이렇게 보니까 좋네."

"저도요." 상냥하고 정중하게 대화를 나눌 수 있는 사이라는 걸 확인하자 마음이 놓였다. 길게 줄을 서 있는 사람들을 위해 길을 터주었다. 그중 일부는 신부 아버지에게 축하 인사를 전하고자 기다리고 있었지만, 아마도 대부분은 도널드와 사진을 찍으려고 기다리고 있었을 것이다(「어프렌티스」가 막 여덟 번째 시즌을 마친 시점이었다).

"좋은 시간 보내." 자리를 뜨는 내게 도널드가 말했다.

엄청난 규모의 연회장에서 피로연이 열리고 있었다. 전채 요리를 집을 수 있는 곳에서 연회장까지는 거리가 떨어져 있었다. 멀리서 엘리자베스 고모가 남편 뒤를 쫓아가는 걸 봤다. 눈을 마주친 후 손을 흔들었다. 고모는 손을 흔들며 인사했다. "이쁜이 안녕." 하지만 고모는 계속해서 남편을 따라다녔고, 그게 마지막으로 본 엘리자베스 고모의 모습이었다. 폭넓은 장식용 깃발과 번쩍 번쩍 빛나는 댄스플로어를 지나 연회장 언저리에 있는 '사촌 석 2'에서 내 이름을 찾았다. 헬기가 착륙하고 이륙할 때 나는, 프로펠러가 돌아가는 묵직한 소리가 멀리서 들려왔다.

코스 요리 중 첫 번째 요리를 먹고 메리앤 고모를 찾기로 했다. 테이블 사이로 몸을 부딪치며 지나가던 중 건배사를 하러 무대에 오르는 도널드의 모습이 보였다. 만약 도널드가 누군지 몰랐더라면, 그저 비서 딸의 결혼식에 건배사를 맡은 사람인 줄 착각할 만큼 무미건조했다.

메리앤 고모를 발견하고 잠시 걸음을 멈췄다. 메리앤 고모의 입김이 없었으면 이방카의 결혼식에 초대받지 못했을 것이다. 고모 바로 앞에 서기 전까지 고모는 나를 알아보지 못했다.

"안녕하세요, 고모."

고모는 내가 누군지 깨닫는 데 몇 초가 걸렸다.

"메리." 고모는 미소짓지 않았다.

"잘 지내니?" 고모가 굳은 표정으로 물었다.

"네, 잘 지내요. 제 딸은 이제 막 여덟 살이 됐어요."

"딸이 있는 줄도 몰랐는데."

할아버지의 장례식이 끝난 뒤 결혼한 여자와 아이를 함께 키우다가 이혼했다거나, 최근에 임상심리학 박사 학위를 받았다는 사실을 고모가 알 리 없었다. 하지만 그런 소식을 알리지 않았다는 게 모욕적인 것처럼 행동했다. 짧게 나눈 나머지 대화도 마찬가지로 팽팽한 긴장의 끈을 놓을 수 없었다. 고모는 이바나가 이방카의 브라이덜 샤워에 가지 못했다고 말하면서, 낮은 목소리로 그 이유는 말해줄 수 없다고 했다.

다시 테이블로 돌아왔다. 주문한 채식 식단이 나오지 않은 걸 보고 그 대신 마티니(드라이 진에 드라이 베르무트를 섞은 후 올리브로 장식한 칵테일 - 옮긴이)를 주문했다. 마티니에 꽂혀있는 올리브만 먹어도 배가 찰 것 같았다.

시간이 조금 지나고 메리앤 고모가 단호한 표정으로 우리에게 다가왔다. 고모는 오빠 앞에 바로 서서 말했다. "속 썩이는 문제에 관해 이야기 좀 하자." 그런 다음 손으로 나를 포함하는 동작을 했다. "우리 셋이서."

이방카와 제러드가 식을 올린 지 몇 주 후, 오빠와 나는 어퍼이스트사이드의 아파트에서 메리앤 고모와 로버트 삼촌을 만났다. 로버트가 왜 그 자리에 있었는지는 의문이지만, 아마도 섭섭한 마음이 풀릴 때가 됐다고 이야기하려 했을 것이다. 일단 좋은 조짐이라고는 생각했지만 오후가 되면서 정말 그런지 의심이 스멀스멀 올라왔다. 정작 해야 할 이야기는 입 밖에 꺼내지도 않았기 때문이다. 거실에 앉아 센트럴파크와 메트로폴리탄 미술관의 화려한 전망을 감상하고 있을 때, 메리앤은 지나가는 말로 소송이 '대실패'였다고 말했다. 하지만 그 누구도 소송에 관한 이야기를 하고 싶지 않은 것처럼 보였다.

로버트는 의자에 앉아 몸을 앞으로 기울였다. 나는 드디어 소위 '속 썩이는 문제'를 해결할 수 있길 바랐다. 하지만 그 이야기 대신 로버트는 다른 이야기를 풀었다.

10년 전 도널드의 재정 상황이 심각할 정도로 좋지 않았을 때,

로버트는 여전히 도널드를 위해 일하고 있었다고 한다. 투자자들은 술을 진탕 퍼부어 마시고 있었고 은행들은 도널드의 뒤를 쫓았으며 그의 결혼 생활도 파국으로 치닫고 있었다. 최악의 상황에 부닥쳤을 때, 도널드가 로버트에게 전화를 걸어 부탁했다는 것이다.

"로버트, 있잖아. 어떻게 될지 잘 모르겠어." 도널드가 말했다. "참 어려운 문제야. 심장마비로 죽을지도 몰라. 나한테 무슨 일이 생기면 내 사랑 말라를 챙겨줘." 그가 덧붙였다.

"당연하지, 형. 내가 어떻게 하면 되는지 알려줘." 로버트가 말했다.

"말라에게 천만 달러를 줘."

'맙소사, 삼촌에게 돈이 엄청나게 많구나!' 나는 이렇게 생각하던 찰나, 로버트가 말했다.

"하여튼, 완전 짠돌이 새끼야."

로버트는 그날을 회상하며 웃고 있었지만 나는 어안이 벙벙했다. 도대체 얼마나 많은 돈을 갖고 있는지 궁금해졌다. 마지막으로 들은 할아버지의 재산 규모에 비춰봤을 때, 천만 달러라는 액수는 할아버지 전 재산의 3분의 1에 해당하는 금액이었다.

"비슷한 시기에 나한테 전화해서는 자기가 제일 좋아하는 사람 세 명 중에 한 명이 나라고 말하더라." 메리앤이 말했다. "애가 셋이나 있다는 걸 까먹었나 봐." 그때는 도널드 부부가 티파니와 배런을 낳기 전이었다.

그 이후로 다시는 로버트를 만나지 못했다. 하지만 오빠와 나는 따로 또 같이 메리앤 고모와 함께 점심을 먹었다. 그때 난생처음으로 고모가 어떤 사람인지 알게 되었다. 도널드에 관한 책을 쓰면서 나는 조금이나마 가족의 일원인 것처럼 느껴졌다. 물론 도널드와 시간을 보내서는 아니다.

2017년 4월, 고모의 생일파티가 끝나고 두 달이 지났을 무렵이다. 거실에서 운동화 끈을 묶고 있는데 초인종이 울렸다. 보통은 문을 열어주지 않는데 그날은 왜 열어줬는지 모르겠다(집으로 찾아오는 사람 중 75퍼센트는 여호와의 증인이나 모르몬교 선교사였고, 그를 뺀 나머지는 청원서에 서명해달라는 사람들이었다).

문을 열자 부스스한 곱슬머리에 짙은 색 뿔테 안경을 쓴 여자가 서 있던 게 기억난다. 내가 모르는 사람이었다. 카키색 남방과 메신저 백을 든 모습이 이 지역 사람 같지는 않았다.

"안녕하세요.《뉴욕타임스》기자 수잔 크레이그입니다."

기자들이 연락을 끊은 지는 오래되었다.《마더 존스》(정치, 환경, 인권, 건강 및 문화를 다루는 진보적 성향의 잡지 - 옮긴이)의 데이비드 콘이나「프론트라인」(PBS 시사프로그램 - 옮긴이)의 관계자를 제외하면, 선거 전 유일하게 메시지를 남긴 사람은「인사이드 에디션」(CBS 시사프로그램 - 옮긴이)의 관계자뿐이었다. 2016년 11월 이전, 그러니까 삼촌이 대통령에 당선되기 전까지만 해도 삼촌에 대해 나는 해줄 수 있는 말이 없었다. 그런데 왜 지금에서야 내 이야기가 듣고 싶은 걸까?

그런 경박한 행동이 이 나를 짜증 나게 했다. 그래서 나는 이렇게 말했다.

"집 앞에 무턱대고 찾아오시는 건 좀 그렇네요."

"알겠습니다. 죄송합니다. 하지만 저희는 트럼프가의 재정에 관한 아주 중요한 이야기를 쓰고 있어요. 저희를 도와주실 수 있을 것 같아서 찾아왔습니다."

"힘들 것 같은데요."

"그래도 명함은 가지고 계셨다가 마음이 바뀌면 언제든지 전화 주세요."

"제가 기자들과는 이야기하지 않아서요." 어쨌든 명함은 받아 놓았다.

몇 주 뒤, 내 왼쪽 다섯 번째 중곡골(발목과 발가락 사이의 뼈 – 옮긴이)이 부러졌다. 4개월 동안 집에만 틀어박혀 있었고 소파에 앉을 때는 발을 항상 소파보다 높이 두어야 했다.

그 사이 수잔 크레이그에게서 편지가 왔다. 그는 '미국 대통령 역사를 다시 쓰는 데 도움이 될 만한' 문서가 나한테 있을 거라는 말을 되풀이했다. 나는 편지를 무시했지만 수잔 크레이그는 끈질기게 부탁했다. 한 달 동안 소파에 앉아 텔레비전을 틀어놓고 트위터에서 이런저런 글을 읽었다. 그러면서 규범을 무너뜨리고 동맹을 위험에 빠뜨리며 취약한 계층을 깔아뭉개는 삼촌의 행태를 실시간으로 지켜봤다. 원래 도널드가 그런 사람인 건 잘 알고 있었지만, 그에게 힘을 실어주는 사람이 그토록 많다는 것에 더 놀랐다.

삼촌의 정책 때문에 민주주의가 붕괴되고 국민의 삶이 뒤엉키는 걸 보자니 수잔 크레이그의 편지가 계속 마음에 걸렸다. 명함을 찾아 전화를 걸었다. 도와주고 싶어도 몇 년 전 소송과 관련된 문서가 내게 없다고 말했다.

"잭 바노스키가 여전히 보관하고 있을지도 몰라요." 수잔이 말했다.

열흘 후 나는 우리의 지난 법률 파트너인 잭 바노스키의 사무실로 향했다.

그가 근무하는 패럴프리츠 본사는 푸른 유리로 덮인 길쭉한 두 건물 중 한 동에 있었다. 쓸쓸하고 차가운 공기가 넓은 주차장을 가로지르며 밀려들어 왔다. 출입문 근처에는 차가 빽빽하게 주차돼 있어 차를 세우기에는 역부족이었다. 간신히 빈자리를 찾아 주차한 뒤 목발을 짚고 로비까지 올라가는 데만 10분이 걸렸다. 힘겹게 에스컬레이터를 타고 대리석이 깔린 바닥을 지났다.

도착하자마자 피로가 몰려왔고 땀이 뻘뻘 났다. 양쪽 벽에는 30개쯤 되는 서류 상자가 줄지어서 책장을 가득 채우고 있었다. 상자를 빼면 책상과 의자만 조촐하게 놓인 공간이었다. 잭의 비서는 친절하게 종이 뭉치와 펜, 그리고 클립 몇 개를 건네주었다. 나는 가방을 내려놓고 목발을 벽에 기대 놓은 뒤 상자 중 절반을 책상 위로 옮겼다. 어떤 상자에도 라벨이 붙어 있지 않아서 어디부터 시작해야 할지 막막했다.

나는 의자에 앉아 바퀴를 굴려 가며 방 이곳저곳을 둘러보았다. 한 발로 서서 상자를 옮겨놓은 지 한 시간이 지나자 비로소 어떤 상자에 무슨 서류가 들어있는지 파악이 되었다. 잭이 인사를 하러 들렀을 때, 내 얼굴은 벌겠고 온몸은 땀으로 뒤범벅됐다. 그는 어떤 서류도 이 방 밖으로 가지고 나갈 수 없다며 다시 한번 못을 박았다.

"이 서류들은 당신의 할아버지 것이기도 합니다. 오빠분의 허락도 필요하고요." 전혀 사실이 아니었다.

잭이 자리를 뜨려고 등을 돌렸을 때 나는 잭을 불렀다.

"잭, 잠깐만요. 왜 우리가 합의하기로 했는지 기억나세요?"

"돈이 많이 든다고 걱정했었지요. 아시다시피 저희는 성공 보수금을 받지 않기도 하고요. 상대측이 '아무개가 어쨌니 저쨌니' 둘러대면서 거짓말을 하는 건 알았지만, 어쨌든 할아버지 유산의 실제 가치는 3000만 달러밖에 안 됐잖아요." 대략 20년 전 잭을 마지막으로 봤을 때 들었던 말과 거의 토씨 하나 틀리지 않고 똑같았다.

"아, 알겠어요. 고맙습니다." 할아버지가 돌아가셨을 때 유산의 실제 가치가 10억 달러에 가까웠다는 내용을 증명하는 문서를 손에 쥐고 있었지만, 그때까지만 해도 나는 그 사실을 몰랐다.

나는 잭이 사라진 걸 확인한 뒤 할아버지의 유서와 소송 당시 진술 녹취록이 담긴 플로피 디스크, 그리고 은행 기록을 챙겨 가방에 넣었다(내게는 소송과 관련된 모든 문서를 법적으로 열람할 권리가 있었다).

다음 날 수잔이 집으로 찾아와 서류를 가져갔다. 그리고 더 안전하게 의사소통하기 위하여 임대폰도 두고 갔다. 우리는 일이 잘못되지 않도록 온 힘을 쏟았다.

패럴프리츠에 세 번째로 들른 날, 나는 모든 상자를 꼼꼼하게 훑어봤다. 그리고 모든 문서에 사본이 두 부씩 남겨져 있다는 걸 확인했다. 사본이 두 부씩이나 되니 오빠에게 허락을 받을 필요는 없겠다고 잭의 비서에게 말했다. 드디어 마음이 놓였다. 오빠를 이 일에 끌어들이고 싶지 않았기 때문이다. 그럴 일은 없겠지만 오빠에게도 서류가 필요할 경우를 대비해 한 부는 남겨두었다.

《뉴욕타임스》가 부탁한 자료 목록을 살펴보려던 참에 잭에게서 문자가 왔다. 사본 한 부를 남겨두기만 하면 뭐든 가져가도 된다고 했다. 그런 문자가 올 줄은 예상하지 못했다. 사실 몰래 빼돌린 문서를 들고 수잔과 그의 동료 러스 뷰트너, 데이비드 바스토와 함께 우리 집에서 오후 1시에 만나려던 계획이었다. 수잔에게 좀 늦을 거란 문자를 보냈다.

3시에 나는 건물 지하에 있는 로딩 독Loading Dock(트럭이나 기차에서 짐을 싣고 내리기 편하도록 건물 외부에 설치한 구역 - 옮긴이)으로 차를 몰고 갔다. 내 차의 클러치가 작동되지 않았기 때문에 트럭을 빌려야 했다. 트럭 짐칸에 9~10개의 상자를 실었다.

진입로에 차를 세웠을 무렵 날은 어둑어둑해지기 시작했다. 세 기자는 루돌프 뿔과 빨간 코로 장식한 데이비드의 흰색 SUV 안에서 나를 기다리고 있었다. 마침내 상자를 보여주자, 우리는 서로 부둥켜안았다. 지난 몇 달 중 가장 행복한 순간이었다.

수잔, 러스, 데이비드가 돌아가자 한꺼번에 피로가 몰려왔다. 하지만 한편으로는 마음이 홀가분했다. 지난 몇 주간 머리를 이리저리 굴렸었다. 그러면서도 얼마나 큰 위험을 감수하고 있는지 몰랐다. 내가 뭘 하고 있는지, 가족 중 누구라도 알게 된다면 큰일 날 것 같았다. 가족들이 도널드에게 얼마나 큰 앙심을 품고 있는지는 알았어도, 이 일이 얼마나 심각한 결과를 불러일으킬지는 가늠할 방법이 없었다. 하지만 여태까지 가족들이 벌여온 일에 비하면 이 정도는 쉽게 묻어갈 수 있는 일이었다. 마침내 변화를 일으킬 수 있을 것 같다는 기분이 들었다.

이전에는 내가 잘 해낼 수 있는 일이 별로 없다고 생각했기에 열심히 노력하지 않았다. 우리 가족에게는 '무언가에 소질이 있다'거나 '어떤 일을 잘한다'는 건 별로 중요하지 않았다. 무엇이든 비범하게 해내야 했다. 이를테면 단순히 '검사'여서는 안 됐다. '미국 최고의 검사'가 된다거나 '연방 판사' 정도는 돼야 했다. 그냥 '비행'해서도 안 되는 일이었다. '갓 도입한 제트기를 모는 유명 항공사의 전문 조종사'가 되어야 했다. 오랫동안 나는 이런 감정을 느끼게 해준 할아버지를 비난했다. 하지만 가족 중 그 누구도 '최고가 돼야 한다'는 할아버지의 기준이 (실패한) 아버지에게나 (기대치를 크게 뛰어넘은) 도널드 삼촌에게만 적용된다는 걸 일찍 깨닫지는 못했다.

마침내 내가 이루거나 이바지한 일에 할아버지가 관심이 없다는 걸 알았을 때, 그리고 내가 만든 비현실적인 기대가 나를 짓누르고 있다는 걸 깨달았을 때, 나는 내가 희생하는 것만이 이를 바로잡을 유일한 방법이라고 생각했다. 하지만 시리아 난민을 돕는 구호단체에서 봉사활동을 하는 것만으로는 부족했다. 도널드 트럼프를 끌어내려야 했다.

선거가 끝나자 도널드는 자신이 어땠는지 물어보는 척하면서 메리앤 고모에게 전화를 걸었다. 물론, 도널드는 이미 답을 정해 놓고 있었을 것이다. 그렇지 않다면 애초에 전화를 걸지도 않았을 테니 말이다. 일을 멋지게 해내고 있다는 걸 큰누나가 강력하게 인정해주길 바라는 마음이었다.

"별로 잘한 거 같지는 않은데." 메리앤 고모가 말했다.

"진짜 못됐다." 삼촌은 기분이 상했고 조롱하는 얼굴이 눈에 선했다. "누나, 과연 내가 없었어도 그 자리에 앉을 수 있었을까?" 난데없는 말이었다. 메리앤을 연방 판사직에 앉힌 게 자신이라는 우쭐한 마음에서 나온 말이었다. 영향력 있는 로이 콘 변호사가 수년 전 도널드의(그리고 메리앤의) 부탁을 들어주었기 때문이다.

한편 고모는 항상 자신의 능력으로 판사 자리에 올랐다고 주장해왔다. "한 번만 더 그렇게 말했다가는 가만 안 둘 줄 알아." 고모가 삼촌에게 쏘아붙였다. 하지만 그저 공갈 협박에 불과했다.

얼마 전까지만 해도 고모에게는 자부심이 있었다. 도널드 트럼프가 세상에서 유일하게 말을 듣는 사람이 큰누나뿐이었다는 사실이다. 그러나 이는 과거의 영광에 지나지 않았다. 그리고 2018년 6월부터는 더 명백해졌다. 도널드가 북한의 독재자 김정은과 첫 번째 정상회담을 하기 전날, 메리앤이 백악관으로 전화를 걸어 비서관에게 메시지를 남긴 시점이다.

"큰누나로서 도널드에게 조언하려고 전화했어요. 회담 전에 준비 잘하고, 전문가의 말에 귀 기울이고, 데니스 로드먼Dennis Rodman과 친하게 지내지 말고, 트위터는 꼭 집에 두고 가라고 전해주세요."

도널드는 누나의 모든 조언을 무시했다. 다음 날 정치 전문 일간지 《폴리티코》의 헤드라인은 이렇게 장식되었다. 「트럼프, 김 위원장과 만남에서 중요한 건 '준비 작업'이 아닌 '태도'」. 만약 메리앤이 동생을 쥐고 흔들었다면, 아마 이런 일은 발생하지 않았을 것이다. 생일에 잊지 않고 축하 전화를 건네는 것 이외에 이 둘은 별로 말을 섞지 않았다.

《뉴욕타임스》 기자들은 기사를 쓰는 동안 내게 할아버지의 부동산을 함께 둘러보지 않겠느냐고 제안했다. 2018년 1월 10일 아침, 그들은 루돌프 뿔과 빨간 코로 장식한 SUV를 타고 자메이카 기차역으로 나를 데리러 왔다. 우리는 내가 자란 하이랜더부터 둘러보기 시작했다. 하루에 최대한 많은 곳을 돌아보기 위해 눈을 뚫고 빙판길도 건넜다.

모든 부동산을 9시간 안에 둘러보는 건 역부족이었다. 그맘때는 목발이 아닌 지팡이를 짚고도 걸을 수 있었지만, 집에 돌아올 때면 여전히 정신적으로나 육체적으로 지쳐 있었다. 나는 눈으로 보고 온 게 말이 되는지 곰곰이 생각했다. 할아버지가 건물주라는 건 익히 알고 있었지만 얼마나 많은 건물을 보유했는지는 상상도 못 했다. 그중 들어보지도 못한 건물의 20퍼센트가 아버지 명의였다는 게 신경을 거슬리게 했다.

2018년 10월 2일, 마침내 《뉴욕타임스》는 1만 4000단어 분량의 기사를 통해 (할아버지와 고모, 삼촌들이 연루되어 있을 수 있는) 사기와 범죄 행위로 점철된 길고 긴 트럼프가의 역사를 파헤쳤다. 역사상 가장

긴 《뉴욕타임스》 기사였다. 해당 매체의 기자들이 쓴 특집 기사를 보면서 나 역시 우리 가족의 재정에 관해 지금껏 알고 있었던 것보다 더 많은 것을 배웠다.

예상했듯이 도널드의 변호사 찰스 하더Charles J. Harder는 혐의를 부인했다. 하지만 사건을 파헤친 기자들은 엄청나게 충격적인 이야기를 세상에 공개했다. 할아버지는 일생에 걸쳐 자식들에게 수억 달러의 재산을 양도했는데, 할아버지가 살아계셨을 때 도널드는 형제 중 유일하게 의문스러운 수단을 통하여 4억 1300달러를 증여받았다. 상환하지 않은 대출과 마무리 짓지 않은 부동산 투자, 그리고 본질적으로 세금이 부과되지 않은 증여액 등이 그 금액에 포함되었다. 할아버지의 기업을 매각해서 받은 1억 7000만 달러는 속해 있지도 않았다. 기사상의 금액은 도저히 이해할 수 없는 액수였고, 사 남매는 수십 년간 득을 보고 있었다. 내 아버지는 젊었을 때만 해도 함께 부를 누렸겠지만, 그가 서른이 될 무렵부터는 거의 빈손이었다. 아버지 돈이 다 어디로 갔는지는 모르겠다.

1992년, 도널드가 할아버지의 유언장에 유언 보충서를 붙여 형제자매를 재산 분할에서 제외시키려고 시도한 지 불과 2년 만에 사 남매는 갑자기 서로가 필요해졌다. 할아버지가 평생 이들의 싸움을 부추겼지만, 마침내 정부로부터 상속 자산을 보호해야 한다는 공동의 목표가 생긴 것이다. 변호사는 상속세를 최대한 덜 내려면 할아버지가 살아계실 때 기업을 물려줘야 한다고 조언했지만, 할아버지는 그 말에 귀 기울이지 않았다. 이는 곧 메리앤과 엘리자베스 고모, 도널드와 로버트 삼촌이 상속세로 수억 달러를 내야 할 수도 있다는 뜻이었다. 할아버지에게는 수십 채의 건물 외에도 엄청난 현금이 있었다. 게다가 할아버지의 사업은 빚이 없었고 매년 수백만 달러의 수익을 올렸다. 사 형제는 문제를 해결하기 위해 올카운티All County Building Supply & Maintenance를 설립하자고 의견을 모았다. 할아버지는 반대하지 않았겠지만 치매 증세가 점차 심해져 사업에서 발을 빼고 있던 시점이었다. 아버지가 돌아가신 이후로 메리앤과 도널드, 그리고 로버트는 자기가 원하는 대로 할 수 있었다. 우리 남매의 수탁자였지만 누구도 그 의무를 다하라며 압력을 넣는 사람은 없었다. 우리를 따돌리는 건 그들에게 일도 아니었다.

고모와 삼촌들은 할아버지만큼이나 세금 내는 걸 싫어했다. 기사에 따르면 올카운티의 주목적은 '합법적인 사업 거래'로 위장해 트럼프매니지먼트로부터 대규모 증여를 받는 것이었다. 이 계략은 매우 효과적이어서, 1999년 할아버지가 세상을 떠나며 남긴 돈은 190만 달러의 현금과 도널드가 준 1030만 달러의 차용증서가 전부였다. 이듬해 할머니가 돌아가신 후 산출한 할아버지와 할머니의 재산 합계액은 5억 180만 달러에 불과했다. 나는 코웃음을 칠 수밖에 없었다. 4년 후 도널드의 형제들은 할아버지의 기업을 7억 달러 이상의 금액에 매각했기 때문이다.

도널드에 대한 할아버지의 투자는 단기적으로 보면 아주 성공적이었다. 도널드의 '경력'에 있어 중요한 시점에 할아버지는 수백만 달러, 아니 종종 수천만 달러를 전략적으로 투입했다. 때때로 그 돈은 도널드의 이미지를 만드는 데 쓰였고 또 그 이미지에 걸맞은 품위 유지비로 나갔다. 때때로 도널드는 남들에게 돈을 쥐어주면서 원하는 걸 손에 넣거나 부탁을 들어달라고 했다. 돈은 자주 그렇게 도널드를 구제해줬다. 프레드는 돈을 주고 산 도널드의 영광을 자신의 영광인 양 동일시했다. 자신의 전문적 지식과 금전적인 후원이 없었으면 도널드의 명성은 불가능했을 거라며 뿌듯해했다. 하지만 장기적으로 보면 할아버지의 투자는 실패였다. 자신이 일군 기업이 영원히 번성했으면 하는 할아버지의 유일한 소원이 이루어지지 않았기 때문이다.

오빠와 함께 로버트 삼촌을 만나 할아버지의 재산에 관한 이야기를 나눌 때마다, 삼촌은 할아버지의 유언(이를테면 우리 남매가 단 한 푼도 물려받지 않았다는 것)을 지키는 게 얼마나 중요한 일인지 말했다. 하지만 사 남매는 이익에 눈이 멀어 할아버지가 눈에 흙이 들어가도 말렸을 법한 일을 저질렀다. 도널드가 회사를 매각한다고 했을 때 아무런 토씨도 달지 않은 것이다.

2004년, 할아버지가 70년 넘게 키워온 사업 대부분이 루비 슈론 Ruby Schron이라는 사람에게 7억 5600만 달러에 팔렸다. 회사 매입 과정에서 슈론에게 자금을 조달해주던 은행은 할아버지의 자산 가치를 약 10억 달러로 산정했다. '거래의 달인'이라고 불리는 도널드 삼촌이 3억 달러가량의 손실을 본 셈이다.

재산을 대량으로 매각하는 전략은 결국 재앙으로 끝났다. 특히 트럼프매니지먼트만큼은 팔지 않고 그대로 유지하는 게 가장 현명했을 것이다(해마다 사 남매는 손끝 하나 까딱하지 않고 500만 달러에서 1000만 달러의 수입을 올리고 있었다). 하지만 도널드는 더 많은 현금이 필요했다. 그런 '쥐꼬리만 한' 돈을 매년 받는 것으로는 부족했다.

건물과 단지를 한꺼번에 넘기지 않았더라면 더 큰 수익을 올릴 수 있었을 것이다. 부동산을 각각 팔았더라면 더 많은 수익을 올릴 수 있었을 것이다. 하지만 그러려면 오랜 시간이 필요했고, 애틀랜틱시티 채권단에게 쫓기던 도널드는 더 기다릴 여유가 없었다. 게다가 수십 개의 건물을 매각하는 걸 비밀로 유지하는 건 거의 불가능했다. 그래서 가능한 한 가장 빠르고 조용하게 한 번의 거래로 트럼프매니지먼트를 넘겼다.

그리고 도널드는 한 번에 자산을 통째로 매각하는 데 성공했다. 도널드가 체결한 거래 중 언론의 주목을 받지 못한 단 하나의 거래였다. 메리앤, 엘리자베스, 로버트가 한마디 하고 싶었을지라도 그들은 하고 싶은 말을 가슴에 묻어두어야 했다. 메리앤은 트럼프가의 둘째 아들 보다 약 열 살이 많고 더 똑똑했으며 인생에서 더 많은 걸 성취했는데도 여태껏 도널드의 말을 따랐다. "도널드는 언제나 자기 마음대로 한다"고 말하면서 말이다. 게다가 형제자매 중에서 위험을 무릅쓰고 싶은 사람은 아무도 없었다. 그들 모두 올컨트리에 묻어둔 비밀을 알고 있었다.

그렇게 사 형제는 기업을 매각해 각각 약 1억 7000만 달러씩 나눠 가졌다. 그래도 도널드는 돈이 부족했다. 아마도 모두에게 충분하지 않은 돈이었을지도 모른다. 그들에게 충분한 건 애초부터 없었으니까.

2018년 9월,《뉴욕타임스》기사가 세상의 빛을 보기 한 달쯤 전 메리앤 고모와 만났다. 고모는《뉴욕타임스》기자 데이비드 바스토로부터 연락을 받았다고 했다. 고모의 아들 데이비드는 이 모든 이야기를 폭로한 장본인으로 할아버지의 오랜 회계사 잭 미트닉을 지목했는데, 그의 행방을 추적한 결과 아흔한 살의 잭은 플로리다의 한 요양원에 머물고 있었다.

메리앤은 별일 아니라며 가볍게 치부했다. 기껏해야 1990년 '유언 보충서 논란'에 관한 내용일 거라는 이야기였다. 하지만 고모가 바스토와 이야기를 나눠봤다면, 그 순간 기자들이 무엇을 파헤치는지 바로 알아챘을 것이다. 그들이 그토록 숨기고자 했던 올컨트리에 관한 세금 사기 의혹이었다. 하지만 고모는 당황하지 않는 것처럼 보였다. 나는 간혹 메리앤 고모와 로버트 삼촌이 대통령 선거에 출마하는 도널드를 왜 말리지 않았는지 궁금했다. 도널드와 한 데 묶여 자신들도 언제까지나 정밀 조사를 피할 수 없다는 걸 알았을 텐데 말이다.

《뉴욕타임스》기사가 나오고 얼마 지나지 않아 다시 메리앤을 만났다. 고모는 모든 내용을 부인했다. 고모는 한낱 '소녀'일 뿐이었다. 서명해야 하는 종이가 앞에 놓였을 때도 고모는 아무런 질문도 하지 않고 서명했다.

"벌써 60년 전 얘기야. 내가 판사가 되기 전에 일어난 일이란 거 알지?" 고모는 마치 60년 전에 수사가 끝난 것처럼 말했다. 끝이 안 좋을 수도 있다는 걸 염려하지 않는 것 같았다. 고모의 혐의에 대해 법원 조사가 시작됐지만, 논란에 종지부를 찍기 위해 은퇴를 하면 그뿐이었다(고모는 정말 은퇴했고 연간 20만 달러의 연금을 받았다).

그 사이 고모는 의심의 눈초리를 잭 미트닉에서 자신의 사촌 중 가장 나이가 많은 존 월터John Walter에게로 옮겼다. 존은 고모의 고종사촌으로 작년 1월에 세상을 떠났다. 나는 고모가 그런 결론에 도달했다는 데 내심 놀랐지만, 한편으로는 마음이 놓였다. 존은 수십 년간 할아버지를 위해 일했고, 할아버지의 재산으로 엄청난 득을 봤으며, 올카운티에도 깊게 관여하면서 내가 아는 한 할아버지에게 매우 충성했다. 물론 나에게는 유리했지만, 왜 고모가 존을 의심하는지는 이상하게 느껴졌다. 그 당시에 내가 몰랐던 점은 존의 사망 기사에 도널드의 이름이 언급되지 않았다는 사실이다. 존은 트럼프가의 가족사에 항상 관심을 두었고 트럼프매니지먼트와의 인연을 자랑스럽게 여겼다. 그 때문에 도널드의 이야기가 빠진 점은 놀라웠다. 하지만 더 놀라운 건《뉴욕타임스》의 기사가 내 심기를 불편하게 할 이유가 없다고 믿는 메리앤 고모의 생각이었다. 그는 마치 과거의 기억을 지우고 새로 지어낸 허구의 세계를 믿는 사람처럼, 폭로 기사가 어떤 식으로든 나에게 영향을 줄 거라는 걸 전혀 깨닫지 못했다.

사실 그렇게 막대한 돈을 챙겼는데도 할아버지의 유언장과 가치가 폭락한 미들랜드 어소시에이트의 지분(이때 나는 처음으로 파트너십 구조를 이해했다)을 두고 싸우는 아버지의 형제들이 비정상적이고 쩨쩨해 보였다. 우리의 건강보험과 조카가 받은 치료를 생각하면 그들은 더욱 잔인한 사람들이었다.

14장

공무원, 도널드 트럼프

하우스에서 트럼프타워, 도널드의 3층짜리 아파트를 지나 백악관 서쪽 별관까지 관통하는 하나의 선이 있다. 그리고 트럼프매니지 먼트에서 트럼프오거니제이션, 백악관 내 대통령 집무실을 관통 하는 또 하나의 선이 있다. 첫 번째 선은 도널드의 물질적인 욕구 가 빠짐없이 충족된 근본적으로는 통제된 환경이며, 두 번째 선 은 다른 사람의 손을 빌려 쟁취한 명예직이자 도널드의 전문성은 결코 요구되지 않는 환경을 하나로 묶는다. 두 개의 선은 각각 도 널드에게 성공했다는 착각을 심어주었고, 실패로부터 그를 보호 했다.

할아버지에게 도널드가 갖는 의미는, 도널드에게 있어 '미국과 멕시코 국경 지대'가 상징하는 바와 같다. 가치 있는 일보다는 허영심 가득 찬 프로젝트를 추진하는 일 같은 것이다. 할아버지는 도널드에게 성공의 길을 열어주기 위해 사업을 가르쳐준 게 아니었다(도널드에게 만약 분별력이 있었다면 트럼프매니지먼트를 다른 사람의 손에 맡기지는 않았을 것이다). 도널드는 실패를 거듭했고 판단력도 부족한 사람이었지만, 할아버지는 자신이 이루지 못한 꿈을 대신 이뤄주는 '얼굴마담'으로 그를 이용했다. 할아버지는 도널드가 실질적으로 성취한 게 없어도 성취감을 느끼도록 부추겼고, 그럼으로써 도널드는 자신보다 더 강한 남성의 꾀에 쉽게 넘어가게 되었다.

도널드를 이용해먹으려는 사람들은 주위에 넘쳤다. 1980년대 뉴욕 언론인과 가십성 칼럼니스트들은 도널드가 조롱과 아첨을 구분할 수 없다는 사실을 깨달았다. 그러고는 그의 파렴치함을 이용해 판매 부수를 높였다. 또한 그의 이미지와 그런 이미지를 표방하는 남자들의 허점은 마크 버넷 PD와 같은 사람의 마음도 사로잡았다. 「어프렌티스」가 처음으로 방영된 2004년, 도널드의 재정 상태는 엉망이었다. 도널드와 형제들은 할아버지의 재산을 팔아 1억 7000만 달러의 손실을 봤고, 트럼프오거니제이션은 '트럼프 스테이크', '트럼프 보드카', '트럼프 대학' 등 셀 수 없는 브랜드를 찍어냈다. 이는 버넷의 눈에 쉽게 띄게 하는 표적이 되었다. 사실에 반하는 증거가 넘쳐났는데도 도널드를 합법적으로 성공한 재벌로 포장한 「어프렌티스」는 도널드와 텔레비전 시청자 모두를 조롱거리로 만들었다.

할아버지는 부동산 사업을 시작하고 40년 동안 그 누구에게도 빚을 지지 않았다. 하지만 1970년대와 1980년대에 도널드의 야망이 날로 커지면서 실수를 저지르는 횟수도 잦아지자 상황은 바뀌었다. 할아버지의 자본과 영향력 없이는 실현이 불가능했던 도널드의 첫 프로젝트(그랜드하얏트호텔 개발과 트럼프타워 건설 사업) 이후 그가 벌인 모든 일은 할아버지의 기업을 확장하는 일과는 거리가 멀었고 기업의 가치를 폭락시켰다. 1980년대 후반 트럼프오거니제이션은 '돈을 버는 사업'이 아니라 '돈을 날리는 사업' 같았다. 도널드는 '부동산 천재'이자 '거래의 대가'라는 자신의 신화를 뒷받침하기 위해 트럼프매니지먼트로부터 몰래 백만 달러를 빼돌리기도 했다.

도널드가 부동산 사업에서 실패하는 일이 잦았는데도, 아이러니하게도 할아버지는 그에게 성공적인 사업가 이미지를 만들어주었다. 할아버지는 해당 분야에서 실력이 뛰어난 사람들을 도널드 곁에 붙여주면서 모든 공을 도널드에게 돌렸다. 그렇게 도널드의 주변에는 그의 사기를 북돋아주고 그를 위해 거짓말하는, 즉 '사업을 좀 할 줄 아는' 사람들로 가득 채워졌다.

할아버지가 도널드에게 더 많은 돈을 퍼줄수록 도널드의 자신감은 하늘을 찔렀다. 그 덕에 도널드는 규모가 더 크고 더 위험한 프로젝트를 추진하면서 더욱 처절하게 실패했다. 그 뒤치다꺼리는 할아버지의 몫이었다. 계속해서 도널드에게 힘을 실어주는 건 자식을 망치는 지름길이었다. 도널드는 언론의 주목을 더 갈구했고, 공짜 돈을 더 많이 요구했으며, 자신이 얼마나 '위대한'지를 착각하며 연신 자랑을 해댔다.

도널드를 구제해주는 건 할아버지의 주특기였다. 하지만 은행도 곧 이에 합류하기 시작했다. 초반에는 도널드의 불도저 같은 추진력과 업무 수행 능력을 믿었기에 '잘되겠지' 하는 마음으로 프로젝트 파트너로 참여했을 것이다. 하지만 도널드의 기업이 줄줄이 파산하고 무모하게 소비한 것들의 대금 결제일이 다가오면서 도널드는 계속해서 대출을 받아야 했다. 이제 대출은 은행에도 도널드가 언젠가 성공하리라는 환상을 유지하기 위한 수단으로 변모했다(은행은 초반에 도널드에게 속아 넘어간 그 명분을 지키고 싶어 했다).

도널드가 스스로 주도권을 쥐고 있다고 착각한 일은 이해할 만하다. 그는 다른 사람들이 자신을 이용해 각자의 목적을 달성하려 한다는 걸 전혀 알지 못했다. 게다가 모든 게 자신의 손안에 있다고 믿었다. 그렇게 할아버지와 은행, 언론은 서로의 목적에 따라 도널드가 더 많은 입찰을 따내도록 부추겼다.

도널드는 코모도어호텔 인수 초기 단계에서 기자회견을 열고 프로젝트에 참여하는 게 기정사실인 양 말했다. 성사되지 않은 거래를 두고 거짓말을 했고, 자신을 그 자리에 빠져서는 안 될 인물인 것처럼 포장했다. 그렇게 뉴욕 언론에 이름을 날린 도널드와 할아버지는 새롭게 얻은 명성을 이용해 몇백만 달러를 지출하면서 차기 트럼프타워 개발 프로젝트에 엄청난 세금 감면 혜택을 받았다.

도널드는 부정행위를 저지르면서도 스스로 모든 걸 성취했다고 생각했다. 대체 그는 몇 개의 인터뷰에서 "아버지는 내게 100만 달러만 빌려줬고, 나는 그 돈을 갚아야 했으며, 설령 아버지가 도와주지 않았어도 나는 자수성가했을 것"이라는 뻔한 거짓말을 내

뱉었을까? 도널드가 스스로 이런 말을 믿게 된 이유는 쉽게 납득할 수 있다. 자유라는 가치가 흔들리고 있는 '자유의 나라'에서 도널드가 지도자가 된 아이러니처럼, 엄청난 실패를 거듭하면서도 '안 좋은 쪽으로만' 성장하는 이는 그밖에 없을 테니 말이다.

도널드는 세 살 때나 지금이나 변한 게 없다. 그에게는 성장·학습·발달 능력이 없고, 스스로 감정을 조절할 능력도 없으며, 자신의 반응을 절제하거나 정보를 받아들여 취합할 기술도 없다. 그는 인정받고 싶다는 마음이 너무 큰 나머지, 자신의 지지자 중 대다수가 유세 현장이 아닌 곳에서 만났다면 그와 말도 섞지 않았을 사람들로 구성돼 있다는 사실도 알지 못했다. 그는 마음속 깊은 곳에 자리한 불안을 달래기 위해 욕구를 채워 넣어야 했는데, 마치 '밑 빠진 독에 물 붓기'처럼 아무리 채워도 늘 부족함을 느끼며 독에 붓자마자 사라질 '칭찬'이라는 물을 계속해서 필요로 했다.

무엇도 도널드의 욕구를 완전하게 채우지는 못한다. 그리고 이는 일반적인 나르시시즘의 수준을 훨씬 뛰어넘는다. 도널드는 단순히 유약한 사람이 아니다. 그는 자신의 허상을 믿으면서도 마음속 깊은 곳에서는 타인에게 보이는 자신의 모습이 허상이라는 것 또한 모를 리 없다. 그 때문에 타인의 지지와 인정을 통해 자신의 낮은 자존감을 보호하려 안간힘을 쓴다. 한 번도 사랑을 받아본 적 없는 도널드는 아주 사소한 말에도 맞장구를 쳐달라고 한다. 가령 "이 비행기 멋지지 않아?"라고 물어본 뒤 "네, 도널드, 멋지네요"라는 반응을 끌어내는 식이다. 이런 사소한 말에 "아니요"

라고 답하는 건 무례한 행동이기에 사람들은 맞장구를 칠 수밖에 없다.

취약성과 불안을 다른 사람의 책임으로 돌리는 건 그다음 단계다. 그의 주변 사람들은 도널드가 상처를 적게 받고 덜 불안해하도록 기분을 맞춰줘야 한다. 그렇게 챙겨주지 않으면 도널드는 오랫동안 견딜 수 없는 공허함을 느낄 것이다. 만약 도널드로부터 인정받고 싶다면 계속해서 인정을 받을 수 있도록 무슨 일이든 해야 한다. 도널드가 힘들어할 때 괴로움을 달래주지 못한다면 그 역시 고통받아야 마땅한 사람이다.

하우스에서 보낸 어린 시절부터 뉴욕 부동산 업계와 상류 사회에 첫발을 들였을 때, 그리고 오늘날에 이르기까지 주변 사람들은 도널드의 도를 넘는 행동을 정상적인 것처럼 받아주었다. 도널드가 뉴욕 부동산 업계에서 새로운 별로 떠올랐을 때, 그는 '건방지고' '자수성가한' 거래 성사자로 거듭났다(그에게 '건방지다'는 말은 칭찬이었다. 무례하거나 오만하다기보다는 자기주장이 확실하다는 뜻으로 받아들였다). 사실 도널드는 자수성가한 사람도, 능력 있는 거래 성사자도 아니다. 하지만 문제는 도널드가 경솔하게 말을 뱉을 때 언론에서 이를 예리하게 지적하지 못하면서 시작되었다.

도널드의 능력(자아도취와 과대망상, 거짓말과 교묘한 속임수)은 브랜드를 성공으로 이끈 특유의 강점으로 거듭났다. 그는 재산에 관한 이야기와 그다음에 이어지는 '성공 스토리'를 끊임없이 자기 입으로 내뱉으면서 다른 사람은 물론 우리 가족까지도 믿게 했다. 불법 체류자를 고용해 차별 대우를 하거나, 작업을 완료한 하청업체에 돈을 주지 않는 건 사업을 하는 사람이라면 응당 해야 할 일이라고 생각했다. 사람들에게 무례하거나 인색하게 구는 것도 그를 더욱 힘 있는 사람처럼 보이게 했다.

하지만 당시만 해도 이런 잘못된 이미지는 누구에게도 해가 되지 않았다. 그저 《뉴욕포스트》의 판매 부수나 「인사이드에디션」의 시청률을 올리기 위한 한 방법일 뿐이었다. 하지만 시청률을 올리기 위한 꼼수로 사용되던 도널드의 이미지는 훗날 심각한 결과를 가져왔다. 사람들은 도널드의 사업 전략이 비윤리적인 속임수가 아닌 합법적인 계산이라 믿게 됐으며, 마침내 할아버지와 도널드가 수십 년간 해온 밑작업이 빛을 발하기 시작한 것이다.

취임 이후에도 도널드의 성격은 그대로였다. 하지만 그가 받는 스트레스만큼은 급격히 증가했다. 그가 대통령으로서 실질적으로 하는 일은 거의 없기 때문에 업무에서 오는 스트레스는 아니다(텔레비전을 보거나 트위터로 다른 사람에게 모욕을 주는 것을 '업무'로 치지 않는다면 말이다). 하지만 정치, 시민, 또는 인간의 존엄성에 관해 아무것도 모른다는 사실을 다른 사람들이 눈치채지 못하도록 주의를 다른 데로 돌리려면 할 일은 엄청나게 많다.

그는 지난 수십 년간 좋은 의미로든 나쁜 의미로든 언론의 숱한 주목을 받았다. 하지만 한 번도 정밀 조사의 대상이 된 적은 없었다. 강력한 반대에 맞설 필요도 없었다. 그러나 이제는 도널드 자신에 대한, 그의 세계를 둘러싼 판단력에 대한 의문이 하나둘 제기되고 있다.

도널드의 문제점은 쌓여가고 있다. 그가 문제를 해결하거나 아예 문제 자체가 없다고 주장하기 위해 쓰던 묘책은 날이 갈수록 뒤엉키고 있으며, 이런 상황을 무마하기 위해 동원해야 할 사람의 수도 훨씬 더 많아지고 있다. 도널드는 스스로 문제를 해결하거나 벌인 일을 수습할 준비가 전혀 되어있지 않다. 결국 도널드가 세상을 대하는 방식은 더 큰 세상으로 나아가기 위해서가 아니라, 자신의 약점으로부터 자기의 존재를 보호하기 위해 만들어졌다.

세상으로부터 도널드를 보호해주던 값비싸고 튼튼한 '벽 보호대'(환자가 벽에 머리를 박아 다치는 상황을 막기 위해 미국 정신 병동 벽에 설치해 놓은 보호대 - 옮긴이)가 무너지고 있다. 도널드에게 접근하는 사람들은 도널드보다 힘이 없고 겁이 많지만, 도널드만큼 필사적이다. 이 사람들의 미래는 도널드의 성공과 총애에 직접적으로 달렸다(자신의 운명이 과거 도널드에게 충성했던 사람들과 같아질 거라는 걸 전혀 알지 못하거나 그런 일은 없을 거라고 생각한다). 도널드가 자신에 대한 근거 없는 신념을 영구화하는 동안, 수많은 사람은 박수부대의 일원이 되어 도널드의 무능함을 감춰주었다. 애초에 도널드를 대통령 자리에 앉힌 건 힘 있는 사람들이었지만, 그 자리를 지키도록 도와주는 사람들은 도널드보다 더 유약한 이들이다.

도널드가 강력한 공화당 대선 후보로 지목되고 또 후보로 발탁됐을 때, 미국 언론은 도널드의 병리(허세와 망상적인 과장된 당당함)와 인종차별, 여성 혐오를 마치 성숙함을 감추고 논점을 흐리기 위한

우스운 기행 정도로 취급했다. 그렇게 시간이 지나면서 극우파에서 소위 중도파에 이르기까지 공화당 당원 대부분은 트럼프를 포용하거나 남에게 휘둘리는 그의 성격을 이용해 자신의 이익을 챙겼다.

선거가 끝난 시점에, 할아버지와 필연적으로 심리적 유사성을 지닌 블라디미르 푸틴과 김정은, 미치 매코널Mitchell McConnell(공화당 상원 원내대표이자 트럼프의 측근-옮긴이) 등은 도널드의 파란만장한 개인사와 고유한 성격적 결함이 자신보다 더 똑똑하고 힘 있는 남자들의 조작에 극도로 취약하다는 걸 간파했다. 도널드가 지닌 마음의 병은 그를 지나치게 단순한 사람으로 만들었는데, '가장 똑똑'하고 '가장 멋진 사람'이자 '최고'라는 말만 하루에 수십 번씩 해주면 그의 손을 빌려 못 할 일은 없었다. 그 일이 비록 아이들을 구금시설에 수용하거나 동맹국을 배신하는 일, 경제를 망가뜨릴 정도의 감세를 하거나, 미국의 번영과 자유민주주의 융성에 이바지한 모든 제도를 퇴행시키는 것일지라도 말이다.

《디애틀랜틱》의 아담 서워Adam Serwer 기자는 한 기사에서 "도널드의 가장 큰 문제점은 바로 잔인함"이라고 썼다. 이는 완전히 할아버지에게도 해당하는 말이다. 할아버지는 (돈을 벌 때를 제외하고) 다른 사람에게 모욕을 줄 때 즐거움을 느꼈다. 놀랄 만한 성공을 쟁취하고 자신이 우월하다는 믿음이 있었던 할아버지는 모든 상황에서 자신이 옳다고 믿었다. 자신의 권위에 도전하는 사람들을 빠르고 단호하게 처벌했고 그들의 주제를 알게 했다. 트럼프매니지먼트의 회장으로 내 아버지 대신 도널드를 승진시킨 일도 바로 그러한 예다.

할아버지의 유능한 후임이자 할아버지와 다른 맨해튼 부동산 개발자로서, 카지노 재벌로서, 그리고 지금은 대통령 집무실 수장으로서 도널드 삼촌은 '자격 미달'이나 '불법적으로 이겼다'는 오명을 지우기 위해 고군분투했다. 인생 전반에서 할아버지가 반복적으로 개입해 엄청난 돈을 쏟아부었는데도 실패를 반복했지만, 그는 정당성을 인정받는 대신 정당성이 없다는 걸 아무도 알아채지 못하도록 술책을 쓰는 데 안간힘을 썼다. 이는 지금의 미국 상황과도 딱 맞아떨어지는 설명이며, 현재 미국이 처한 난제이기도 하다. 미국 행정부와 의회의 절반, 그리고 대법원 소속 대다수는 도널드의 자존심을 지키는 일에 전적으로 힘쓰고 있다. 그리고 이제 도널드의 에고Ego를 보호하는 일은 이들 기관의 존재 목적이 되어버렸다.

도널드의 잔혹성은 그가 실패한 범위를 알아채지 못하게 하는 동시에 도널드 자신은 물론 우리의 주의를 다른 데로 돌리는 수단이 되고 있다. 터무니없는 실패를 할수록 도널드의 잔인함은 더욱 지독해진다. 내부 고발자를 쫓아내겠다고 협박한 일, 탄핵 증거가 압도적인데도 상원의원들이 부결을 시키도록 압력을 넣는 일, 시체 앞에서 '셀카'를 찍어 전쟁범죄로 기소된 네이비실(미 해군 특수부대) 에드워드 갤러거Edward Gallagher 중사를 사면하는 일이 같은 달에 일어난다면, 도널드가 납치해서 멕시코 국경의 구금시설에 넣은 아이들에게 관심을 보낼 사람이 몇이나 될까? 도널드가 4만 7000개의 회전판을 동시에 돌리고 있다면, 그중 한 회전판에만 집중할 수 있는 사람은 아무도 없다. 그렇다. 이는 모두의 주의를 분산시키려는 책략이다.

무자비한 행동은 도널드가 권력을 행사하는 방법이었다. 그는 자신보다 약한 사람, 또는 의무를 이행 중이거나 특정 기관에 속해 강력하게 대항할 수 없는 이들에게 권력을 휘두른다. 직원이나 공직자들은 도널드가 트위터에서 자신을 공격할 때 맞서지 못한다. 도널드에게 맞서면 직업이나 명성이 위태로워지기 때문이다. 동생이 비행에 대한 열정을 조롱했을 때 내 아버지는 가족을 돌봐야 한다는 의무와 예의를 지키고자 도널드에게 보복할 수 없었다. 코로나19 위기에서 시민들에게 적절한 도움을 주기 위해 절박했던, 주민 대다수나 민주당을 지지하는 주의 주지사들도 매한가지였을 것이다. 도널드가 생명을 구하는 데 필요한 인공호흡기와 기타 물자를 지원해주지 않을 거라는 두려움에 휩쓸려 그의 무능함을 눈감아줬다. 도널드는 이런 식으로 표적을 상대하는 법을 오래전에 배웠다.

도널드는 무관심에 대한 공포와, 형을 파멸로 이끌었던 실패에 대한 공포 사이의 어두운 공간에서 부유하고 있다. 형을 끌어내리는 데까지는 42년이 걸렸지만, 형을 끌어내리기 위한 밑 작업은 그전에 이미 끝나 있었다. 도널드가 트라우마로 힘들어할 때 형이 무너지는 광경이 눈앞에서 펼쳐졌다. 도널드가 목격한 일과 직접 경험한 일의 조합은 도널드를 고립시키고 공포에 떨게 했다. 어린 시절에 느낀 두려움의 기제가 성인이 돼서까지 영향을 끼친다는 건 아무리 강조해도 지나치지 않는다. 그리고 두려움이 지금까지도 도널드를 압도한다는 사실은 그 감정의 뿌리가 60년 전, 하우스에서 기원한다는 사실을 명확히 증명한다.

어떤 사항을 두고 도널드가 "가장 위대하다"거나 "최고"라거나 "가장 크다"거나 "가장 대단하다"고 이야기할 때마다 (그리고 그게 다 자기 덕분이라고 넌지시 암시할 때마다) 그의 본질은 '형처럼 자신도 무능할까 봐 걱정하는 아이'라는 걸 기억해야 한다. 그리고 이런 걱정은 결국 도널드를 망가뜨릴 거라는 것도 잊지 말아야 한다. 도널드의 자랑과 허세는 다수의 청중을 향한 게 아니다. 오직 단 한 명의 청중, 오래전에 세상을 떠난 자신의 아버지를 향해 있다.

도널드는 항상 성급한 일반화를 통해 상황을 교묘하게 모면해 왔다. "나는 그 누구보다 ○○를 잘 알고 있습니다. 정말입니다." 또는 "나보다 ○○에 대해 더 잘 아는 사람은 없습니다"를 반복한다. 그는 아무것도 모르면서도 핵무기, 중국과의 무역 전쟁, 그 밖의 다른 문제에 관해 이런 식으로 허세를 부릴 수 있었다. 임상시험을 거치지 않은 코로나19 치료제의 효능을 과장해서 선전할 때나, 자신이 실수한 것도 잘못한 것도 없다는 터무니없는 말을 하며 역사 수정주의에 가담했을 때도(아베 신조 전 일본 총리의 역사 수정주의는 결국 일본이 전쟁 피해자라는 주장에 근거한다. 이는 미국을 전범으로 만듦으로써 미국의 이익을 저해할 수 있다는 논란이 있었다 - 옮긴이) 도널드는 아무런 제지를 받지 않았다.

왜 그렇게 생각하는지 설명해달라는 사람도 없고, 해당 사안에 대해 실질적으로 얼마나 이해하고 있는지를 증명할 필요도 없는데, 심지어 화자가 대화를 쥐락펴락하기까지 한다면 그 이야기는 일관되고 풍부한 지식을 기반으로 한 것처럼 들린다. 언론이 도널드의 거짓말과 파렴치함을 팔짱을 끼고 지켜보지만 않았어도 도널드가 대통령직에 앉는 걸 막을 수도 있었다는 의미다. 취지와 목적이 존재하지도 않는 정책과 견해를 이야기할 때도 언론은 그에게 말이 되는 설명을 해달라거나 사안을 깊이 이해한다는 것을 보여달라는 기대도, 요구도 하지 않았다. 선거가 끝나자 도널드는 그런 질문을 완전히 피해 가는 법을 터득했다. 백악관 브리핑과 정식 기자회견에서 썩 듣고 싶지 않은 질문이 날아오면 '헬리콥터 소리'가 들리는 양 귀를 틀어막았다. 2020년 코로나19 사태가 진행되는 와중에도 도널드는 거의 매일 언론 브리핑을 했는데, 이는 대중 선동과 자화자찬으로 점철된 소규모 선거 캠페인 유세로 재빠르게 변질됐다.

도널드는 기자회견에서 이미 수천 명의 목숨을 앗아간 자신의 터무니없는 실패를 부인했고, 진척 상황에 관해 거짓말을 했다. 정부로부터 적절한 보호 장비와 용품을 받지 못한 채 생명을 구하기 위해 목숨을 걸고 사투를 벌인 사람들을 희생양으로 만들기도 했다. 수십만 명의 미국인들이 아파 죽어가고 있는 상황에서도, 훌륭한 리더십을 보여주는 예라며 자신의 '승리'를 극찬했다. 제아무리 도널드라도 엄숙하거나 침울해할 수 있는 행사에서마저도 침구 모델에 관한 실없는 농담이나 페이스북 팔로워수에 관한 거짓말이나 하면서 지켜보는 이들을 김빠지게 했다. 그래도 언론은 나서지 않았다. 도널드에게 맞선 몇몇 기자와 '겁에 질린 국민'에게 위로의 한마디를 부탁한 사람들은 결국 조롱당하고 '못됐다'며 내쫓겼다. 할아버지가 부추긴 유년 시절의 파괴적인 행동과 쓴소리를 하지 않는 언론, 그리고 2017년 1월 20일부터 매일같이 저질러온 부정부패에 눈감아준 공화당원들의 행태는 결국 '위대한' 한 국가의 경제, 민주주의, 보건 시스템의 붕괴를 임박하게 했다.

언론과 정치의 합작을 이해하려면 도널드가 전략적으로 영리하다는 생각을 버려야 한다. 도널드에게는 전략이 없다. 아니, 단 한 번도 전략이 있었던 적이 없었다. 좋게 말하면 의혹이고 나쁘게 말하면 불법인, 부정 선거라는 요행수를 써서 '승리'를 손에 쥐었지만 그는 시대정신을 읽지 못했다. 도널드의 허세와 뻔뻔함은 일부 국민의 공감을 샀을 뿐이다.

2016년 도널드의 경선 캠페인 전략이 통하지 않았더라도, 그는 계속해서 거짓말을 하고, 누구나 알 만한 말만 하면서 남을 속이고, 분열의 씨앗을 뿌렸을 것이다. 왜냐하면 이게 도널드가 할 줄 아는 전부이기 때문이다. 도널드에게는 대통령직을 수행할 능력이 없을 뿐만 아니라 변화하는 상황에 적응할 능력도 없다. 도널드는 자신의 특기인 뿌리 깊은 편견과 미숙한 분노를 그저 평소처럼 활용한다. 1989년 《뉴욕타임스》에 실은 '센트럴 파크 파이브 사건 용의자 사형 촉구' 전면 광고는 도널드가 법치에 깊은 관심이 있어서 한 일이 아니었다(도널드는 당시 네 개 일간지에 사형 제도를 부활시켜 센트럴 파크 파이브 사건의 용의자 다섯 명을 영원히 사회에서 추방하고 사법제도의 질서를 세워야 한다고 광고했다 - 옮긴이). 영향력 있고 명망 있는 유명 일간지에 권위자처럼 보이는 글을 실음으로써, 시에서 발생한 심오하고 중대한 문제에 관심이 있다는 걸 손쉽게 보여주기 위함이었다. 하지만 이는 이미 인종 혐오가 끓어오르고 있던 뉴욕에서 인종 혐오를 더욱 부추길 의도를 지닌, 적나라한 인종차별 행위였다. 누명을 쓴 다섯 명의 소년(케빈 리처드슨Kevin Richardson, 앤트론 매크레이Antron McCray, 레이먼드 산타나Raymond Santana, 코리 와이즈Korey Wise, 유세프 살람Yusef Salaam)의 DNA는 현장에서 나온 그 누구의 DNA와도 일치하지 않아 소년들은 논란의 여지 없이 모두 무죄로 풀려났다. 그러나 현재까지도 도널드는 그들이 유죄라고 우기고 있다. 기정사실에 모순되는 실질적인 증거가 있을 때조차 도널드가 자기 주장을 포기하지 못한다는 걸 보여주는 좋은 예이다.

도널드는 사소한 책망도 자신에 대한 도전으로 받아들인다. 또한 비판을 받으면 애초에 비판의 표적이 된 행동보다 더 나쁜 행동을 하면서 그래도 되는 것처럼 끈질기게 군다. 할아버지는 도널드의 집요함을 높이 평가했는데, 집요함을 곧 아들들이 가졌으면 하는 강인함의 표현으로 받아들였기 때문이다.

그로부터 50년 후, 모두를 파멸로 이끄는 결정과 대책 없는 소통 방식은 말 그대로 여러 사람을 죽어나게 하고 있다. 수백만 명의 목숨이 위태로운 상황에서 연방정부에 직접 인공호흡기를 제공하지 않았다는 비난이 쏟아졌을 때조차 도널드는 주지사가 자신에게 충분히 충성하지 않는다면 그 주에는 재정적 지원을 끊고 구명장비를 제공하지 않겠다고 협박했다. 난 이 소식을 듣고 조금도 놀라지 않았다. 소시오패스처럼 대놓고 생명을 하찮게 여기는 태도와 한 사람의 행동이 불러올 수 있는 결과에 단체로 침묵하는 행위는, 내게 다시 한번 어린 시절에 겪었던 절망의 나락을 상기시켜줌과 동시에 진짜 문제는 도널드가 아니라는 진리를 다시 한번 명확히 확인시켜주었다.

이 모든 것은 도널드가 상황을 빠져나갈수록 주변에서 계속해서 도와준 결과이다. 또한 전통과 존엄성, 법과 인간에게 죄를 저질러온 한 사람에게 보상으로 반응해온 최종 결과물이기도 하다. 상원에서 탄핵소추안이 부결되면서 도널드가 악행에 대한 또 다른 보상을 받았듯이 말이다.

도널드의 입에서 나온 거짓말이 도널드의 마음속에서는 사실이 될 수 있지만, 진실은 여전히 거짓말에 불과하다. 이는 상황을 교묘하게 모면할 수 있는 또 다른 술책일 뿐이다. 그리고 지금까지 도널드는 이런 식으로 모든 상황에서 약삭빠르게 빠져나왔다.

에필로그

2016년 11월 9일, 도널드의 잔인함과 무능함이 사람들의 생명을 앗아갈 거라는 확신이 들어 절망감에 사로잡혔다. 그 당시에 생각할 수 있었던 가장 논리적인 시나리오는 도널드가 자초한 재앙 때문에 사람들이 목숨을 잃게 될 일이었다. 예를 들면, 도널드가 전쟁을 선동하거나 우연히 전쟁에 발을 들여 상황을 위태롭게 만들 수도 있었다. 하지만 내가 예상하지 못했던 것은 그런 도널드의 '잔인한 본능'을 일깨우고 도널드에게 힘을 실어준 사람들의 숫자다.

결국 아동을 납치하고 국경에서 난민을 억류해 동맹국을 배신하는 만행이 벌어졌다. 하지만 그때까지만 해도 도널드가 타인의 생명에 어이없을 만큼 무관심하다는 걸 보여주는 전염병이 전 세계적으로 대유행할지는 몰랐다.

코로나19 사태의 초기 대응은 어떠한 대가를 치르더라도 부정적인 면을 최소화하려는 도널드의 욕구를 분명하게 보여준다. 트럼프가에서 '나약함'으로 치부되는 두려움은 도널드가 세 살 때 그랬던 것처럼 지금도 받아들여질 수 없는 일이다. 하지만 대통령이 된 지금에는 '가장', '아주' 등의 최상급 수식어를 붙여 대응하는 것만으로는 충분하지 않다. 골칫거리에 대한 그의 반응은 터무니없다거나 비상식적일 만큼 독특해야 한다. 도널드의 임기 중에 상륙한 허리케인 마리아처럼 큰 비 피해를 입힌 허리케인은 없었다. 또한 코로나19가 워싱턴주를 강타하기 몇 달 전 보건복지부는 시뮬레이션을 돌리고 있었는데도 '아무도 예측할 수 없었던' 감염병이 대유행했다. 도대체 왜 그러는 걸까? 바로 두려움 때문이다.

2019년 12월과 2020년 1월, 2월, 3월에 도널드가 늑장 대응을 한 건 나르시시즘 때문이 아니라, '훌륭하고' '아름답고' '완벽하다'는 메시지를 던지는 데 실패한 자신이 약해 보일까 봐 두려웠기 때문이다. 아이러니는 실패를 마주하지 못하는 그의 태도가 불가피하게 더 큰 실패로 이어졌다는 점이다.

이런 상황이 계속될 경우, 수십만 명이 목숨을 잃을 수도 있고 역사상 가장 부유한 나라의 경제가 무너질 수도 있다. 하지만 만약 그렇게 된다고 해도 도널드는 이 모든 걸 인정하지 않을 게 분명하다. 증거를 숨기기 위해 상황을 더 복잡하게 만들고, 그래도 자기가 잘한 덕분에 200만 명이나 죽을 수 있는 걸 수십만 명으로 줄였다고 스스로를 납득시킬 것이다.

도널드는 "당한 만큼 갚아주라"라고 말했지만, 종종 도널드의 복수 대상은 자신이 먼저 골탕 먹인 상대, 예를 들어 도널드가 대금 지급을 거부한 하청업체나 치료를 거부한 조카였다. 복수에 성공했다고 해도 반드시 당한 만큼 갚아주겠다는 악한 마음이 앞서 부차적인 피해를 더 입혔다. 코로나19 대응을 실질적으로 이끌어가는 앤드류 쿠오모Andrew Cuomo 뉴욕 주지사는 거의 죄인 수준이다. 도널드에게 '아첨을 덜한 죄'를 저질렀을 뿐만 아니라, 능력 있고 존경받고 효율적으로 일을 처리하는 진정한 지도자의 면모를 보여줌으로써 궁극적으로 도널드를 '궁지에 몰아넣는 죄'를 저질렀다(앤드류 쿠오모 주지사는 트럼프 대통령이 퍼트린 거짓 정보가 코로나19 대유행을 부추겼다며, 감염 확산의 책임론을 제기했다 – 옮긴이). 도널드는 쿠오모의 입을 다물게 하거나 결정을 번복하게 해서 반격을 할 수 없다. 전국적인 대응을 이끌 권한을 이미 넘겨버린 바람에 주 차원에서 내린 결정에 반대할 수가 없기 때문이다. 도널드는 쿠오모를 모욕하고 불평할 수 있지만, 뉴욕 주지사가 매일 보여주는 리더십 행보는 도널드가 비열하고, 한심하고, 무식하고, 무능하고, 역량이 부족하고, 착각에 빠져 사는 소인배라는 걸 숨김없이 드러냈다. 도널드가 느끼는 무력감과 분노를 상쇄하기 위해 할 수 있는 일은 우리 모두를 벌하는 것뿐이다. 도널드는 자신에게 충분히 굽실거리지 않는 주에 인공호흡기를 제공하지 않거나 심지어는 그곳의 물자를 훔칠 것이다. 그런 식으로 뉴욕주의 설비가 계속해서 부족하게 되면 쿠오모는 무능력해 보이고 나머지 사람들은 처참한 상황에 처해지기 때문이다. 다행히 뉴욕주에는 도널드를 지지하는 사람이 그렇게 많지 않지만, 도널드의 '복수'에 대한 갈망 때문에 목숨을 잃는 사람도 있을 것이다. 이런 맥락에서 도널드가 생각하는 정당한 보복은 '다중살인'이라고 볼 수 있다.

도널드는 쉽게 영웅이 될 수도 있었다. 오바마 행정부가 넘겨준 감염병 대유행 매뉴얼을 선반에서 집어 들기만 했어도, 도널드를 미워하고 비판했던 사람도 그를 용서하거나 계속되던 잔인한 행동에 눈감아주었을 것이다. 코로나19 바이러스가 전염성이 강하고 사망률이 높으며 전파 억제가 어렵다는 증거를 처음으로 발견했을 때, 해당 정부 기관과 주 정부에 이를 알렸더라면 결과는 어떻게 바뀌었을까? 1950년 국방 물자 생산법을 들어 최악의 시나리오에 대비하기 위해 개인 보호 장비, 인공호흡기와 필요한 기타 장비를 생산하기 시작했으면 어땠을까? 의료진과 과학자들이 매일 기자회견을 열어 사실을 분명하고 투명하게 알렸으면 어땠을까? 체계적인 상의하달식 접근법으로 관련 기관 사이에 협력을 보장했다면 어땠을까? 이렇게 했더라면 도널드는 큰 노력을 쏟지 않아도 됐을 것이다. 전화를 몇 통 걸고, 한두 번 연설하고, 다른 사람에게 위임하기만 하면 되는 일이었다. 지나치게 조심스러운 행보라는 비난을 받았을 수도 있지만, 국민 대부분은 코로나19로부터 안전했을 거고 사망자도 줄었을 것이다.

하지만 도널드는 주에 압력을 넣어 민간 협력업체로부터 중요한 물자를 납품받았다. 연방 정부는 그 물자를 징발하고, 연방 재난관리청은 징발한 물자를 민간 협력업체에 나눠주었으며, 민간 협력업체는 이를 되파는 상황이 벌어졌다.

수천 명이 쓸쓸히 죽어갈 때 도널드는 주식이 올랐다고 자랑했다. 내 아버지가 병상에서 혼자 죽음을 맞이하고 있을 때 도널드는 영화를 보러 갔다. 당신의 죽음이 도널드에게 득이 된다면 도널드는 당신의 죽음을 재촉할 사람이다. 그리고 당신이 죽었다는 사실은 모른 척할 것이다.

도널드가 행동에 나서기까지 왜 그리 오랜 시간이 걸렸을까? 왜 코로나19 바이러스를 심각하게 생각하지 않았을까? 부분적으로는 할아버지처럼 상상력이 없던 탓이었다. 유행병은 도널드와 직접적으로는 상관없는 일이고, 매 순간 위기를 관리하는 건 도널드가 제일 좋아하는 이야기(자기보다 일을 더 잘하는 사람은 없다는 이야기)를 할 빌미를 주지 않기 때문이다.

유행병이 발생한 지 석 달, 넉 달째에 접어들면서 사망자 수가 수만 명을 넘어 계속해서 늘고 있을 때 비로소 언론은 사망자와 사망자 가족에 대한 도널드의 공감능력이 부족하다고 비판하기 시작했다. 하지만 간단히 말하면, 도널드는 사실 다른 사람의 고통을 근본적으로 이해할 수 없다. 코로나19로 우리가 잃어버린 것들을 이야기하면 도널드는 분명 지루해할 거다. 코로나19로 많은 사람이 목숨을 잃은 걸 인정하는 순간 이는 곧 나약함을 인정한다는 뜻으로, 할아버지가 줄곧 경멸하라고 가르쳐온 특질(개인을 다른 사람들과 구별해주는 일관적인 심리적 경향성)이기도 하다. 또한 아프고 죽어가는 사람을 감싸주는 일은 내 아버지와 할아버지의 사이에 끼어드는 일과 같은 의미다. 하지만 이 모든 걸 차치하더라도 가장 결정적인 것은 도널드라는 사람 자체가 공감에서 아무런 가치를 찾지 못하고, 다른 사람의 일에 관심을 두는 건 실제로 좋을

게 없다고 생각한다는 점이다. 미국의 정치 기자 데이비드 콘은 이런 글을 썼다.

"이 가엾고 망가진 인간에게 모든 게, 정말 모든게 다 거래다."

내 조부모의 가정교육 실패로 도널드 삼촌이 다른 사람의 내재된 가치를 이해하지 못하게 된 것은 참으로 비극이다.

도널드는 의지만으로 피해갈 수 없는 위협이 있다는 것을 인정하는 일조차 나약함을 내보이는 행위로 간주했다. 또한 그에게 책임을 진다는 것은 비난할 여지를 주는 행위다. 영웅이 되거나 좋은 사람이 되는 건 원체 불가능하다는 의미다.

도널드가 마틴 루서 킹Martin Luther King 암살 이래로 미국에서 발생한 최악의 사회 불안을 다루는 방식도 이를 뒷받침한다. 이 또한 도널드가 쉽게 '승리'할 수 있었던, 재임 중 발생한 세 번째 위기였다. 그러나 그의 무식함이 국가적 재앙을 자신에게 유리하게 해결할 기회를 압도했다. 만약 효과적으로 대응했다면 미국은 더욱 단결할 수 있었을 것이다. 하지만 도널드에게는 분열이 필요했다. 수십 년 전 자녀들을 서로 대적하게 한 할아버지 밑에서 그가 유일하게 살아남을 수 있었던 역동은 '분열'이기 때문이다.

도널드는 백인 경찰관 데릭 쇼빈Derek Chauvin이 바지 주머니에 손을 넣고 카메라를 빤히 응시한 채 흑인 남성 조지 플로이드George Floyd를 살해할 당시 보여준 일상적인 잔인함과 소름 끼치는 무관심을 내심 부러워했을 것이다. 자신의 무릎으로 플로이드의 목을 눌렀더라면 더 좋지 않았을까 하고 생각하는 그의 모습이 눈에 훤히 그려진다.

하지만 도널드는 트위터, 《폭스뉴스》 등 위협이 없고 익숙하면서도 편안한 영역으로 대피하는 쪽을 선택했다. 현장에서 멀리 떨어진 마음속의 벙커나 실제 '벙커'에 숨어 남을 비난하기로 한 것이다. 도널드는 자신의 약한 면이 드러나는 바로 그 순간에 다른 사람의 약한 면을 콕 집어 폭언을 퍼붓는데, 그럼에도 그는 겁에 질린 어린아이의 모습에서 절대 벗어날 수 없다.

도널드의 괴물 같은 모습은 도널드가 평생을 피해 다녔던 유약함을 드러내는 방식이다. 강인한 면모를 보여주기 위해서 도널드는 항상 긍정적인 태도를 유지해야 했다. 비록 그런 긍정적인 태도가 착각에 불과하다 할지라도, 긍정적인 태도를 유지하지 않으면 할아버지에게 사형 선고를 받는 것과 다름없었기 때문에 그렇게 할 수밖에 없었다. 젊은 나이에 생을 마감한 우리 아버지가 바로 그 증거다. 할아버지는 병든 아내의 불평을 막기 위해, 죽어가는 아들을 괴롭히기 위해, 총애하는 아들 도널드 트럼프가 상처받은 과거를 치유하지 못하게 하기 위해, 오로지 긍정적인 면에만 초점을 맞추고 부정적인 감정을 유발하는 모든 걸 차단했다. 그리고 지금, 이 나라는 바로 그 '해로운 긍정성Toxic Positivity'으로 인해 신음하고 있다.

"다 좋아. 그렇지, 여보?"

감사의 글

사이먼앤드슈스터Simon & Schuster 출판사의 존 카프Jon Karp, 에이먼 돌란Eamon Dolan, 제시카 친Jessica Chin, 폴 디폴리토Paul Dippolito, 린 앤 더슨Lynn Anderson, 재키 소Jackie Seow에게 감사의 말을 전합니다.

WME의 제이 만델Jay Mandel과 시안 애슐리 에드워즈Sian-Ashleigh Edwards에게도 고마운 마음입니다.

제 글을 친절하게 검토해준 캐럴린 레빈Carolyn Levin, 《마더존 스》의 데이비드 콘, 사실 확인 작업을 훌륭하게 해낸 대런 앙크 롬Darren Ankrom, 좋았던 시절에 관해 이야기해준 스튜어트 올치 크Stuart Oltchick, TWA의 멋진 연혁을 알려준 제리 로러Jerry Lawler 기장, 몰랐던 이야기를 들려준 메리앤 트럼프 배리 고모, 감사합 니다.

연대를 보여준 데니즈 켐프Denise Kemp와 위대한 이야기를 들려준 내 어머니 린다 트럼프, 그리고 지지가 필요한 시기에 우정과 신뢰를 보여준 로라 슈위어스Laura Schweers, 데비 RDebbie R, 스테파니 BStefanie B 고마워요. 전통을 이어갈 수 있도록 도와준 질Jill과 마크 나스Mark Nass에게도 고마움을 전합니다.

사랑하는 아빠, 매일매일 보고 싶어요.

만남에 응해주고 대의를 믿어준 테드 부트로스Ted Boutrous와 넓은 아량과 우정을 보여준 애니 챔피언Annie Champion에게 깊은 감사를 전합니다. 주도면밀한 피드백을 준 팻 로스Pat Roth, 항상 그 자리를 지켜줘서 고맙습니다. 내 아버지의 좋은 친구가 되어주신 안나마리아 포시어에게도 감사합니다. 당신을 만난 건 행운이에요. 수잔 크레이그와 러스 뷰트너, 훌륭하고 진실한 기사에 감사드리고 또 저를 데리고 다녀주셔서 고맙습니다. 수잔, 당신의 끈기와 용기, 격려가 없었다면 여기까지 오지 못했을 거예요. 나와 이 여정을 함께해주고 책을 더 좋은 방향으로 다듬어준 리즈 스테인Liz Stein, 외로운 작업이 될 뻔했는데 함께해줘서 즐거웠습니다. 꼼꼼하고 열성적인 피드백을 준 에릭 애들러Eric Adler에게도 고마워요. 이 책을 쓰는 데 처음부터 함께해준 앨리스 프랭크스턴Alice Frankston에게는 잘될 확신이 없었을 때부터 이 책의 잠재력을 믿어줘서, 그리고 나보다 더 내 글을 꼼꼼하게 많이 읽어줘서 고맙습니다. 앞으로 무슨 일이 일어날지 기대되네요.

마지막으로, 그 어떤 아이보다 더 깊은 인내심을 가지고 엄마를 이해해준 딸 애버리에게 사랑한다는 말을 전합니다.

옮긴이 문수혜

한국외국어대학교 통번역대학원 한불과와 프랑스 파리 소르본 3대학을 졸업한 후 현재 출판번역 에이전시 글로하나에서 영어와 프랑스어 번역가로 외서 번역과 검토에 힘쓰고 있다. 《르몽드 디플로마티크》한국어판 번역위원 및 프로듀싱 DJ로도 활동하며 패션 브랜드 아프루이카AFRU-IKA 대표를 맡고 있다. 역서로는 『공감이 이끄는 조직』, 『별난 기업으로 지역을 살린 아르들렌 사람들』(공역) 등이 있다.

옮긴이 조율리

한국외국어대학교에서 국제통상학·스페인어를 전공하고 동 대학 통번역대학원에서 한서과에 재학 중 장학생으로 선발돼 독일 하이델베르크대학교 석사 과정을 졸업했다. 캐나다 킹스턴대학교에서 영어 연수를 마친 뒤 멕시코와 칠레 생활을 거쳐 주한멕시코 대사관에서 통번역사로 근무했다. 현재는 독일에 거주하면서 글로하나 출판번역 에이전시의 영어, 스페인어, 독일어 번역가로 활동하고 있다. 심리학 학사 졸업을 앞두고 있으며 요가·명상 지도자 자격증도 보유하고 있다.

너무 과한데 만족을 모르는

초판 1쇄 인쇄 2020년 9월 16일
초판 1쇄 발행 2020년 9월 23일

지은이 메리 트럼프
옮긴이 문수혜·조율리
펴낸이 김선식

경영총괄 김은영
기획편집 한다혜 **디자인** 윤유정 **크로스교정** 성기병, 문주연 **책임마케터** 권장규
콘텐츠개발1팀장 임보윤 **콘텐츠개발1팀** 윤유정, 한다혜, 성기병, 문주연
마케팅본부장 이주화
채널마케팅팀 최혜령, 권장규, 이고은, 박태준, 박지수, 기명리
미디어홍보팀 정명찬, 최두영, 허지호, 김은지, 박재연
저작권팀 한승빈, 김재원
경영관리본부 허대우, 하미선, 박상민, 김형준, 윤이경, 권송이, 김재경, 최완규, 이우철

펴낸곳 다산북스 **출판등록** 2005년 12월 23일 제313-2005-00277호
주소 경기도 파주시 회동길 357, 3층
전화 02-702-1724 **팩스** 02-703-2219 **이메일** dasanbooks@dasanbooks.com
홈페이지 www.dasanbooks.com **블로그** blog.naver.com/dasan_books
종이 (주)한솔피앤에스 **출력·인쇄** 갑우문화사

ISBN 979-11-306-3137-0 (02340)

다산북스(DASANBOOKS)는 독자 여러분의 책에 관한 아이디어와 원고 투고를 기쁜 마음으로 기다리고 있습니다.
책 출간을 원하는 아이디어가 있으신 분은 다산북스 홈페이지 '투고원고'란으로 간단한 개요와 취지, 연락처 등을 보내주세요.
머뭇거리지 말고 문을 두드리세요.